集人文社科之思 刊专业学术之声

集 刊 名：数字治理评论
主办单位：教育部人文社会科学重点研究基地中山大学中国公共管理研究中心、
　　　　　中山大学政治与公共事务管理学院
主　　编：郑跃平　郑　磊

Digital Governance Review Vol.3

编委会成员（按姓氏字母为序）：

安小米（中国人民大学）	刘文静（暨南大学）	张　楠（清华大学）
陈　涛（华中科技大学）	马　亮（中国人民大学）	张会平（电子科技大学）
邓　崧（云南大学）	孟天广（清华大学）	章燕华（浙江大学）
樊　博（上海交通大学）	宋　煜（中国社会科学院）	曾润喜（重庆大学）
葛蕾蕾（国际关系学院）	孙宗锋（山东大学）	郑　磊（复旦大学）
胡广伟（南京大学）	孙　宇（北京师范大学）	郑跃平（中山大学）
黄　萃（清华大学）	谭海波（湖南大学）	朱　琳（华东理工大学）
黄　璜（北京大学）	汤志伟（电子科技大学）	
李　燕（大连理工大学）	王　芳（南开大学）	
刘红波（华南理工大学）	王少辉（武汉大学）	
刘淑华（复旦大学）	于文轩（南洋理工大学）	

学术委员会成员（按姓氏字母为序）：

蓝志勇（清华大学）
孟庆国（清华大学）
徐晓林（华中科技大学）
张锐昕（吉林大学）
Chen, Yu-Che (University of Nebraska - Omaha)
Holzer, Marc (Suffolk University)
Manoharan, Aroon (University of Massachusetts - Boston)
Medaglia, Rony (Copenhagen Business School)
Reddick, Christopher G. (University of Texas - Austin)
Skoric, Marko (City University of Hong Kong)

第3辑

集刊序列号：PIJ-2017-215
中国集刊网：www.jikan.com.cn
集刊投约稿平台：www.iedol.cn

本集刊获得教育部人文社会科学重点研究基地重大项目
"新技术革命与公共治理转型"（项目批准号：16JJD630013）与
"科技革命与国家治理：基于中国智慧城市的研究"（项目批准号：15JJD630014）的资助与支持

DIGITAL GOVERNANCE

REVIEW Vol.3

数字治理评论

第 3 辑

郑跃平　郑　磊　主编

社会科学文献出版社
SOCIAL SCIENCES ACADEMIC PRESS (CHINA)

目　录

论　文

国际组织项目对政府开放数据的影响：对"开放政府合作伙伴"
　　的实证研究 ………………………………………… 袁千里 / 1
基于办事成本的"互联网+政务服务"评价模型研究
　　……………………………… 龙　怡　吕　斌　刘新萍 / 35
基于系统动力学视域的政府网络舆情回应问题探析
　　………………… 石　佳　郭雪松　胡向南　肖笑甜 / 78
网络舆情、国家治理和网民参与指数
　　——一项网络舆情案例的时间序列分析 ……… 翁士洪 / 100

专　栏

移动政务研究述评 ……………………… 赵金旭　王海贤 / 126
我国移动政务发展的现状与问题
　　——基于大中城市的实证研究 ………… 刘　特　李　佳 / 151
政务 App 服务满意度及其影响因素探究
　　——基于27个城市的调查分析 ………… 孙宗锋　黄思颖 / 179

研究设计

线上线下一体化政务服务用户满意度影响因素研究方案
　　——以上海市"一网通办"为例
　　……………… 张　瑜　程　飞　李政蓉　黄华津　Kalin Grose / 205

征稿启事 / 229

稿件体例 / 231

国际组织项目对政府开放数据的影响：
对"开放政府合作伙伴"的实证研究

袁千里*

【摘要】 自 2009 年美国奥巴马政府启动开放政府项目以来，开放政府数据正逐步成为数字治理发展进程中的国际热点议题。为了进一步促进政府开放数据，一些国际组织和协会启动了相关政策项目来帮助各国政府部门提升数字治理能力并实现政府数据的有效开放。然而当前学术研究却较少探究这些国际组织项目的影响。本文以 2011 年成立的"开放政府合作伙伴"为案例，并利用"开放数据晴雨表"中的开放数据实施指数，构建模糊性断点回归模型来检验加入国际组织项目对一国开放政府数据实施水平是否存在影响。模型估计表明加入国际组织并未对国家政府开放数据实施水平产生显著的影响。本研究认为，由于缺乏对政府内部因素影响并缺乏有效的约束手段，国际组织项目对政府开放数据的实施水平影响比较有限，而国际组织项目所倡议的公共议题在一定程

---

* 袁千里，现就读于美国纽约州立大学奥尔巴尼校区洛克菲勒公共事务与政策学院博士项目。任洛克菲勒学院公共管理系的研究助理，纽约州立大学政府技术研究中心项目助理。主要的研究兴趣：开放政府、开放式创新、协同生产、合作治理和社交媒体。

度上可以影响政府开放数据的内容。

【关键词】 开放数据；国际组织；"开放政府合作伙伴"；断点回归

一　引言

自 2009 年美国奥巴马政府的开放政府项目启动以来，政府开放数据正逐步成为数字治理发展中的国际热点议题（Amugongo, Muyingi, & Sieck, 2015）。政府开放数据频繁出现在各类国际峰会和国际组织的议程框架中，如欧盟峰会、联合国可持续发展计划，以及八国峰会（Kassen, 2014）。政府开放数据通常被定义为政府部门将自身所拥有的数据以可机读的方式分享给公众个人和企业组织，使政府外部的利益相关者能够再次分享和利用这部分数据来创造价值（Open Knowledge Foundation, 2012）。众多国家政府部门期望通过建立开放数据平台，与企业、社会组织、研究机构和社会公众等各方共享政府数据，来完善公共事务管理并增强社会经济发展（Janssen, Charalabidis, & Zuiderwijk, 2012; Jetzek, Avital, & Bjørn-Andersen, 2013）。然而，当前研究表明诸多政府开放数据项目在推进过程中仍然面临着国内政府体制、组织能力、文化理念、技术水平等多方面的阻碍（Barry, & Bannister, 2014）。

为了进一步促进各国政府开放数据，一些国际组织和协会建立了相关推动项目来帮助各国政府部门提升数字治理能力并实现政府数据的有效开放。例如，世界银行设计的"政府开放数据工具箱"（Open Government Data Toolkit）旨在帮助各国政府部门正确理解开放数据的概念，熟悉开放数据的要素，指导具体项目的规划和实施（World Bank, 2013）。经济合作与发展组织（OECD）则在拉丁美洲、加勒比地区和东南亚地区建立了"开放与创新政府网络"（Open and Innovative Government Networks）作为各国交流经验的平台，构建政府部门、公民、商业团体等的跨界多边互动，来探索开放政府最佳实践案例，为各国开展电子政务和开放数据项目提供政策建议（OECD，2016）。而 2011 年成立的"开放政府合作伙伴"（Open Government Partnership）则通过建立国家行动计划和年度实施进度报告等方式来督促政府部门实现其开放政府的承诺，建立一个更加包容和负责的政府。自成立以来，"开放政府合作伙伴"的成员数量由最初的 8 个扩充为 79 个，共产生超过 3100 个关于开放政府的承诺（Open Government Partnership，2013）。

尽管有很多国际组织和协会正大力促进各国政府开放数据，然而当前学术研究却较少涉及这些国际组织项目与政府开放数据水平之间的关系。近年来有越来越多的关于政府开放数据影响因素的研究，但大部分研究着重探讨国家内部因素对政府开放数据的影响（Charalabidis, Alexopoulos, & Loukis, 2016；Janssen et al., 2012；Zuiderwijk & Janssen, 2014）。这些研究从创新扩散理论和信息共享理论的视角探究了政府组织结构、行政文化以及政治制度等多方面因素对政府开放数据的影响（Fan & Zhao, 2017；Grimmelikhuijsen & Feeney, 2016）。这表明，对国际组织项目产生的影响是目前开放数据领域研究中存在的一个空白。弥补这方面的研究能够进一步加深我们对政府开放数据进程的理解。

本研究即以"开放政府合作伙伴"项目为案例，来探究国际组织项目对一个国家政府开放数据的影响，试图回答以下研究问题：国际组织项目是否对政府开放数据产生影响？利用"开放数据晴雨表"（Open Data Barometer）的相关数据以及"开放政府合作伙伴"资格分数据（Eligibility Score），本文构建模糊性断点回归模型（Fuzzy Regression Discontinuity Design）来探究两者之间的关系。本文接下来将会在第二、三部分回顾相关研究和理论框架并提出研究假设，第四部分将详细描述研究设计、数据来源及分析模型，第五部分将呈现数据分析结果及其检验，第六部分将对分析结果进行讨论。

二 文献综述：政府开放数据的影响因素

对政府开放数据影响因素的相关学术研究正在逐渐增多。一部分研究从创新扩散理论的视角，将开放数据视为政府部门引入内部的一项公共管理创新。该创新采用过程需要与政府内部组织结构相契合，同时受到政府外部因素的影响（Zuiderwijk et al., 2012）。另一部分文献则从信息共享的角度出发，将开放数据视为政府跨部门数据共享，建立开放数据平台与外部利益相关者分享数据信息，受到政府部门信息技术、组织结构以及政策环境等多方面内部和外部因素的影响（Gil-García, & Pardo, 2005；Zhang, & Dawes, 2006）。本文文献综述部分将以此为基础回顾影响政府开放数据的内外部因素，总结研究空白并提出研究问题。

从政府内部因素来看，现有研究首先指出政府组织的信息技术基础是影响开放数据重要因素之一（Welch, Feeney, & Park, 2016）。为了能够及时发布准确可用的政府数据，这些数据需要整理为可机读格式并清理敏感性信息，以便与其他实体共享。政府部门原有的数据格式、数据质量及数据存储方式将影响其开放数据的水平（Conradie, & Choenni, 2014）。然而，政府跨部门之间多样的数据结构、零散的数据库，以及不完整的数据标准均是开放数据在技术层面所面临的挑战（Attard, Orlandi, Scerri, & Auer, 2015）。另一些研究则进一步发现元数据（Metadata）在开放数据中的重要作用。高质量的元数据能够有效展现政府数据的使用目的、访问链接以及数据更新等要素，使数据使用者能够更准确地发现所需的政府数据，提高开放数据的水平（Martin, Foulonneau, & Turki, 2013）。政府部门因而需要一定的信息技术基础来支撑政府数据的采集、存储和共享，同时也需要建立相应信息数据标准、应用平台、共享接口、互动终端等来提升数据管理和数据开放的能力（Yang, & Wu, 2016）。

众多研究指出，政府部门内部的组织能力是影响开放数据的另一个重要因素（Ma，2014；Yang，Lo，& Shiang，2015）。研究表明，政府部门需要花费额外的时间和资金去梳理整合不同格式的碎片化政府数据，提高政府数据数量和质量，并维护开放数据平台（Meijer，Koops，Pieterson，Overman，& Tije，2012）。而在开放数据之后，政府部门也需要确保数据不被滥用，保护数据安全以及数据隐私（Barry，& Bannister，2014；Yang，& Wu，2016）。政府部门在开放数据的同时也放开了对数据使用的控制，增加了管理信息数据的额外责任以避免错误使用数据（Hossain，Dwivedi，& Rana，2016）。因此，政府开放数据需要足够的财政和资金支持（Ma，2014）。政府部门需要进一步加强开放数据的资金投入来推动平台建设、流程再造、人力培训，以提高开放数据水平。另外，研究提出政府组织的学习能力将影响其开放数据的水平（Yang，& Wu，2016）。政府部门可以通过学习开放数据的成功经验和案例来改善自身开放数据的策略与方式，同时，信息技术和数据管理的相关培训能够进一步帮助政府部门掌握专业技能来支持开放数据（Zuiderwijk，& Janssen，2014）。

为了进一步提升开放数据水平，有研究认为政府组织结构转变和组织领导将发挥重要作用。当前政府部门仍然缺乏开放数据的针对性管理流程及机制，对开放数据职责划分仍然不够清晰，难以支撑持续性、制度化的数据共享与开放（Verma，& Gupta，2013）。政府部门需要进一步将现有传统的管理模式转变为与政府开放数据相适应的新管理机制，从而更好地与外部数据使用者进行互动，提升开放数据水平（Janssen et al.，2012）。Fan 和 Zhao（2017）指出，强有力的组织领导将有利于跨部门数据共享和政府开放数据。在引入技术创新的过程中，强有力的领导可以提供相应的战略指导，激励组织内部进行改变，吸引各类资源，创造有利于创新的环境，推动政府共享并开放数据（Lee，& Kwak，2012；Wang，& Lo，2016）。

政府部门对信息技术和开放数据的态度是影响开放数据以及信息

共享的重要因素之一。作为一项信息技术创新，政府部门对开放数据潜在利益的认知影响了其是否实施该项创新（Zuiderwijk, Janssen, & Dwivedi, 2015）。研究表明，当政府官员意识到开放数据能够增强公众对政府的信任感、提高政府服务效率、提升公共管理绩效和提高经济收益时，政府部门会进一步引入这一有利的创新实践来完成自身目标（Parycek, Hochtl, & Ginner, 2014；Sayogo, & Pardo, 2013）。这些潜在的收益成为政府部门持续进行数据开放的内在动力。另外，政府部门对开放数据潜在成本的担忧会阻碍其采用该项创新。研究发现，当政府官员认为开放数据会给组织部门带来巨大的财政压力和管理成本时，开放数据的动力将降低（Yang, & Wu, 2016）。同时，政府部门担忧开放数据往往挑战了政府内部的日常管理流程和结构，降低了政府组织的权威性，增加了数据滥用的风险和不确定性，提高了政府受批评的可能性，从而进一步降低了开放数据的意愿（Verma, & Gupta, 2013）。

　　政府部门对开放数据的态度一定程度上受到其组织文化的影响。具有创新氛围的政府组织更有能力进行风险管理，更加愿意采用新的信息技术（Oliveira, & Welch, 2013；Reddick, & Norris, 2013）。具备创新文化的政府部门更容易认识到开放数据的潜在价值，减少部门内部进行数据开放的阻力（Janssen et al., 2012；Zuiderwijk et al., 2014）。另外，有研究表明拥有开放透明组织文化的政府部门更倾向于开放数据（Yang, & Wu, 2016）。这类政府部门更加愿意与外部利益相关者进行互动，这也更有利于政府部门运用开放数据来促进合作参与。然而，Grimmelikhuijsen 和 Feeney（2016）发现政府组织文化往往是规避风险的。政府部门期望尽可能维持现状而减少变化。这类规避风险的文化阻碍了政府部门采纳开放数据的政策。因而，必要的组织文化变革能够促进政府部门进一步开放政府数据（Janssen et al., 2012；Zuiderwijk et al., 2012）。

　　从政府外部因素来看，一些研究指出进一步完善法律法规和政策框架是提升政府开放数据水平的重要因素之一。Attard 等（2015）发现当前政府部门仍然缺乏完善的开放数据政策框架。尽管有一部分政府信息公开和政府数据运用的相关法律法规来指导政府开放数据，然而这些法律法规存在界定模糊和可操作性较低的问题。同时，政府开放数据产生了全新的信息政策问题，如隐私保护、数据安全、知识产权等（Dulong de Rosnay, & Janssen, 2014）。Eckartz等（2014）认为，考虑到社会公众运用政府开放数据可能存在的风险和问题，法律法规仍然需要进一步完善来确定这些问题的责任归属和问责主体，从而减少政府部门开放数据可能存在的风险以促进开放数据水平。Yang等（2015）则建议政府部门需要建立一个统一且清晰的法律法规框架来保证政府开放数据得以持续推进。

政府部门所处制度环境会产生各类政治及公众压力，影响了其开放数据的水平。制度理论指出，组织有时会采用创新作为适应环境并使其存在合法化的一种方式（Powell, & DiMaggio, 2000）。根据该理论，政府部门引入管理创新将受到三类外部压力的影响：强制性、竞争性和规范性压力（Aldrich, & Ruef, 2006）。强制性压力来自政治任务。上级政府可以利用行政命令让下级政府开展创新活动，要求政府部门开放数据（Zuiderwijk, & Janssen, 2014）。这些来源于上级的行政命令成为政府部门采取特定技术进行数据开放的动力来源。竞争性压力来源于同级政府部门。那些没有竞争力并没有以同样的速度采用创新的政府部门将落后于同行。Ma（2014）研究发现，政府部门间的横向竞争与政府机构采用信息技术创新呈正相关。当更多的政府机构开放其数据时，其他政府机构可能会受到影响并采用类似的行为来开放数据（Yang et al., 2015）。规范性压力主要来源于公众、媒体以及社会习俗等一致认同的普遍性行为、价值和准则（Berry, & Berry, 1990）。开放数据用户（如企业、非营利组织和个人）会积极要求政府部门向公众开放数据。媒体在推动政府机构开放数据方面也发挥了重要作用（Grimmelikhuijsen, & Feeney, 2016）。

研究显示，政府部门开放数据的水平也同时受到其他政治、经济、人口等外部环境因素的影响。Grimmelikhuijsen 和 Feeney（2016）认为政治竞争的程度能够影响政府开放数据的水平。政治竞争的不确定性使政府领袖倾向于开放政府数据以保证任期结束后能够继续获得政府数据。然而，过度的政治竞争反而导致了极端化的政治环境，并不利于政府开放数据。Barry 和 Bannister（2014）则发现国家的经济状况影响了政府财政收入，并进而影响了政府开放数据可利用的财政资源。而其他研究则发现经济和财政危机可以促使政府部门公开财政信息及数据来增强透明度与政府问责（Alcaide Muñoz, Rodríguez Bolívar, & López Hernández, 2016）。Janssen 等（2012）认为社会公众整体缺乏理解和运用政府数据的能力降低了政府数据的利用程度，难以完全实现政府数据的潜在价值，从而可能降低了政府部门进一步开放数据的意愿。

以上文献回顾表明当前针对政府开放数据影响因素的研究主要集中于政府内部因素的影响，如信息技术基础、组织能力、组织领导、组织变革、组织态度及文化等。一部分研究也探究了政府外部因素的影响，包括法律法规、政策框架、环境压力以及其他政治、经济、人口等因素。然而，当前研究所探讨的影响因素局限于国家内部的相关因素，对国家以外的国际影响因素仍然缺乏研究。为了促进各国政府开放数据，一些国际组织和协会建立相关推动项目来帮助各国政府建立成功的开放数据策略与模式。目前研究对这部分国际组织项目的影响仍然较少。本文则通过研究"开放政府合作伙伴"这一国际组织项目，尝试探究国际组织项目对政府开放数据的影响，从而进一步加深对政府开放数据进程的理解。

三 研究假设：国际组织项目的影响

随着信息技术的发展，电子政务正逐步成为国际化的热点议题，其被各国政府视为提升政府管理能力和解决公共管理问题的重要策略和手段。与电子政务相关的词语频繁出现在各类国际峰会和国际组织的议程框架中，如电子治理、电子参与、开放数据等（Kassen，2014）。作为一项全球化的议程，一些国际组织和协会建立了相关推动项目来帮助各国政府部门提升数字治理能力并实现政府数据的有效开放。本部分将回顾之前的研究来理解这些国际组织项目对政府开放数据的潜在影响，并提出本文的研究假设。

尽管尚未有研究探索国际组织项目和政府开放数据之间的关系，但一部分电子政务研究探索了国际组织对政府运用信息技术的影响。前人研究显示，国际组织能够提升政府内部的组织能力并转变组织结构来推进电子政务的发展。各类国际组织如世界银行、国际货币基金组织、经济合作与发展组织等均建立了众多项目向各国政府提供资金支持以提升国家能力来进行政府改革。这些新的国际援助项目将增强发达国家和欠发达国家运用信息技术的资金能力，从而满足更多公众对信息技术的需求（United Nations Dept. of Economic and Social Affairs，2010）。Clark（1995）认为国际组织专注于某一项公共议题，能够集中组织资金和人力资源来推动一国政府部门在该议题上的相关决策和行为。其所拥有的资源能够弥补国家在推动人权、环境、劳动力等议题上的能力缺陷。Navarra（2010）则发现国际组织的全球信息化项目将对政府组织结构变革和流程转变产生深远的影响。该类项目帮助政府部门整合技术平台、信息资源、专家系统以及其他分散的基础设施，以促进电子政务的实现。Wisitpongphan 和 Khampachua（2017）研究了泰国电子政务的发展，发现国际组织项目的策略和政策有助于政府部门梳理改革目标和发展路径，能够帮助政府部门重新设计运作流程和管理模式，整合信息和数据资源，进而提升政府运用信息技术的水平。

一些研究显示，国际组织项目影响了政府部门电子政务战略，进而影响了政府部门运用信息技术的成效（Purcell, & Hassall，2017）。国际组织为了推广信息技术运用，往往会针对全球信息技术和电子政务发展建立战略目标和议程框架。这些战略和议程显示了信息技术的重要性，为政府部门指明了本国电子政务潜在的发展策略，并为政府部门提供了可行的政策工具和管理模式来推动国内信息技术在公共管理领域的运用（Amoretti，2007）。Choucri 等（2014）研究了国际组织在网络安全中的角色，发现国际组织在制定强制性的网络安全协议和行动规范上起到了重要作用。这些强制性的安全协议和行动规范进一步促进了各国政府部门制定相应的法律法规与行动策略来完善本国网络安全。这些统一的标准和准则也使得各国间的网络安全策略更加协同，从而减少了安全漏洞。

另一部分电子政务相关的研究认为，各国政府部门电子政务建设在一定程度上受到国际组织和全球环境带来压力的影响。全球各国对电子政务潜在收益的共识成为政府部门采用信息技术的动力之一。Welch 和 Wong（2001）发现全球信息化趋势将对政府部门造成一定压力，促进政府部门购买技术设备来满足信息共享的需求。Gibbs 等（2003）发现来自国际贸易组织、经济合作与发展组织、欧盟等推动自由贸易和国际市场的压力将推动政府部门建立相关战略和政策来采用电子商务项目。其他关于国际组织的研究则认为国际非政府组织专注于特定专项公共问题，通过国际倡议能够激发内社会公众和媒体对政府部门的压力，从而影响政府部门的决策和行为（Clark，1995；Tarlock，1992）。

然而有研究认为，国际组织项目所提倡的电子政务发展路径过于标准化，未能考虑到各国政治、经济、文化、制度的多样性，难以对各国电子政务发展产生真正的影响（Whitmore，Choi，& Arzrumtsyan，2009）。真正推进电子政务的全球化议程需要综合考虑各国特有的优势和劣势来制定相应的战略（Kassen，2014；Krauss，2013）。Welch 和 Wong（2001）认为全球环境压力对运用电子政务的影响会受到各国国内政治、经济和文化条件的限制。该研究发现国内因素，如政府组织结构、公务员制度以及政府资源等，将影响政府运用信息技术的速率和产生的效果。另外，关于国际组织的研究认为这类组织的政策和法则并未成为真正意义上的法律。其松散的组织结构也弱化了这类国际组织监督政策执行情况的能力（Wells，2007）。Clark（1995）发现如果国际组织未能与国内政府机构成员形成有效的联系，那么该类组织对政府部门行为的影响将十分有限。

基于以上文献回顾，国际组织项目能够通过政府内部和外部因素来影响政府电子政务的运用与发展。国际组织项目通过向政府内部提供相应的组织资源并支持组织变革，或通过建设政策战略并施加外部环境压力来推进电子政务的发展。然而，仅仅对电子政务政策战略以及外部环境施加影响仍然存在一定的局限性。

作为电子政务的重要议题之一，政府开放数据也可能受到国际组织项目的潜在影响。政府开放数据意味着政府部门运用信息技术将政府内部数据分享给公众使用。与实施电子政务项目类似，政府开放数据项目也会受到政府部门信息技术基础、组织能力、组织领导力、组织文化、法律法规、政策框架、环境压力等多个政府内部和外部因素的影响。因而，国际组织项目同样可以通过这些内外部因素来影响国家开放数据的进程。国际组织可以向政府部门提供资源以提升技术基础和组织能力，或者协助建设开放数据政策战略，或者施加外部压力以改变组织文化，来推进政府开放数据的发展。然而，仅仅对政府外部因素施加影响可能会限制国际组织项目的作用。基于前人研究内容，本研究提出以下研究假设：

H_a：加入国际组织项目将提高一国政府部门开放数据项目的实施水平。

H_0：加入国际组织项目对一国政府部门开放数据项目的实施水平没有影响。

四　研究设计

本研究旨在探索国际组织项目对一个国家政府开放数据的影响。以"开放政府合作伙伴"项目为案例，本文试图回答以下问题：国际组织项目是否对政府开放数据产生影响？结合"开放数据晴雨表"的相关数据，本文构建了模糊性断点回归模型来检验以下研究假设：加入国际组织项目将提高一国政府部门开放数据项目的实施水平。本文研究设计部分将首先介绍"开放政府合作伙伴"这一案例，进而详细描述研究模型和数据来源。

（一）"开放政府合作伙伴"项目

"开放政府合作伙伴"项目（下文简称为"伙伴项目"）于2011年9月成立，由8个创立国（巴西、印度尼西亚、墨西哥、挪威、菲律宾、南非、英国和美国）联合建立，来支持"开放政府宣言"并推动其国家行动计划。该项目旨在建立国际化的互动平台，使各国政府部门与社会群体能够互相合作，制订开放政府行动计划，建立包容性政府部门，推动政府部门改善公共服务和治理水平，提高政府运作效率和问责。"伙伴项目"已经迅速成为促进各国政府开放以及数据开放的国际项目典型代表。首先，"伙伴项目"涉及国家范围较广，具有较强的国际影响力。自2011年以来，已有79个国家政府和20个地方政府加入该项目，并做出了超过3100项承诺，促使更多政府部门更加开放和负责。其次，"伙伴项目"的重点推进项目之一是电子政务和政府开放数据。在各国行动计划中，近三分之一的国家承诺涉及政府开放数据和信息公开。因此，该项目更有可能对各国政府开放数据产生影响。再次，"伙伴项目"拥有开放政府相关的专业知识和经验来提供各类指导建议。"伙伴项目"建立了由政府和民间社会组织的代表组成的指导委员会。该委员会一方面确保参与国国内高层领导对开放政府的承诺，另一方面则为参与国提供技术和政策方面的专业支持。最后，"伙伴项目"也建立了相应的开放政府进度追踪机制，从而更有效地评估现有水平以进一步提高政府开放数据。因此，研究"伙伴项目"能够帮助我们进一步理解国际组织项目对政府开放数据的影响。

为了促进政府部门开放数据，"伙伴项目"建立了三项推进机制来保障开放政府进程：①资格条件机制、②国家行动计划和③开放进度评估机制。首先，参与"伙伴项目"的国家需要符合一定的资格条件。该资格条件来源于其他国际组织所发布的多项公共治理指标和指数。设立该资格条件旨在显示参与国政府部门支持开放政府的原则，确保政府部门推动开放数据的意愿和动力。政府需要至少获得总分数的75%才有资格提出申请加入"伙伴项目"。在满足资格条件后，参与国政府部门需要成立或指定专门的领导团队。"伙伴项目"的政府支持团队将与参与国领导团队进行对接，开始下一阶段的开放数据推进任务。其次，"伙伴项目"将组织参与国领导团队与社会群体建立国家行动计划（National Action Plan）。该行动计划包括该国开放政府所需要完成的各项承诺以及实施战略和计划，为期两年。该行动计划将包括政府开放数据类别、开放时限、开放形式和程度等一系列细化目标，同时将涵盖政府开放数据总体策略、机制以及方法。通过建立为期两年的国家行动计划，参与国政府拥有了更加清晰可行的目标和步骤来推进数据开放。在执行国家行动计划期间，"伙伴项目"的政府支持团队将持续提供相应的政策工具、指导意见以及策略来帮助政府部门提高开放数据水平。最后，"伙伴项目"建立了政府开放进度评估机制，为参与国政府提供及时的反馈。一方面，"伙伴项目"督促参与国建立自我评估机制，通过建立多方合作机制和公众参与的方式来自我评估开放数据进展。另一方面，"伙伴项目"建立了独立报告机制（Independent Reporting Mechanism），每年会对各参与国开放政府实施情况进行评估，并提出技术性建议。这些报告旨在促进参与国政府间的对话并推动参与国政府对公民更加负责。因而，"伙伴项目"一方面帮助参与国政府完善开放政府实施战略和政策；另一方面则建立一定程度上的问责机制，增加外部压力，来确保政府部门完成开放数据的承诺。

（二）模糊性断点回归模型

本研究建立了模糊性断点回归模型（Fuzzy Regression Discontinuity

Design）来检验以下研究假设：加入国际组织项目将提高一国政府部门开放数据项目的实施水平。断点回归模型（Regression Discontinuity Design）利用某个配置变量（Running Variable），基于样本个体的配置变量的值是否高于某个断点（Cutoff）来决定该样本个体被分配为实验组还是控制组（Skovron, & Titiunik, 2015）。这种不连续性可帮助我们研究实验干扰对结果的影响。该模型假设，在断点附近，略低于断点的样本个体和略高于断点的样本个体在其他特性上基本相当。两者唯一的不同在于高于断点的样本个体受到实验干预，而低于断点的样本个体未受到干预，分别成为实验组和对照控制组。因此，断点回归模型利用断点附近的样本构建了一个近似的随机实验（Lee, 2008）。因而，在断点附近实验组与对照组之间结果均值（因变量）的差异即可以视为实验干预（自变量）对结果的影响。该影响即为在断点附近的局部平均效应（Local Average Treatment Effect）。非参数估计法是估计该局部平均效应的常用方法。非参数估计需要在断点左右两侧选取一定的样本带宽（Bandwidth），该带宽包括断点两侧特性相当的样本个体。利用局部线性回归在断点两边带宽内估计因变量拟合，并计算断点处因变量估计值的差值，而该差值即为局部平均效应。

构建断点回归模型需要满足一系列前提条件（Imbens, & Lemieux, 2008; Jacob, Zhu, Somers, & Bloom, 2012）。首先，配置变量需要独立于实验干预并在干预前进行测量。配置变量不能受实验干预的影响（Lee, & Lemieux, 2010）。这就意味着配置变量需要在断点处连续，不存在突然跳跃的情况。其次，断点位置与配置变量测量无关，以确保样本分配的随机性。最后，如果不进行试验干预，断点附近的样本潜在结果均值应该相同。这就意味着断点附近样本在其他特点的均值上应该相同。除了观察结果之外的其他变量应该在断点处连续。

在本研究中，加入"伙伴项目"的资格条件使断点回归分析成为可能。政府需要至少获得总分数的75%才有资格提出申请加入"伙伴项目"。高于资格条件的国家更有可能加入"伙伴项目"，在开放数据过程中受到该国际组织项目的影响,成为实验组。而低于资格条件的国家则并未受到影响,成为对照控制组。该资格条件由多个国际组织所测量的多个治理指标和分数组成,其测量在加入"伙伴项目"之前,并且独立于"伙伴项目"的影响[①]。75%这一断点的设置也与配置变量不存在显著关系。因此,该资格条件意味着将国家随机分配为实验组和控制组。在实际情况中,一部分有资格加入但未加入的国家并没有受到国际组织项目影响。实际加入国际组织项目的国家并未遵从配置变量的分配,从而构成了模糊性断点回归模型。高于断点的样本个体更有可能成为实验组,而配置变量成为推断样本个体在多大程度上受到"伙伴项目"影响的一个工具变量。考虑到各国制订和实施国家行动计划可能需要一些时间,参与"伙伴项目"可能会对OGD的实施产生滞后效应。根据以上考虑,本研究建立了以下分析模型:

$$OGP_{it-1} = \beta_0 + \beta_1 Eligible_{it-1} + f_1(EliScore_{it-1} - 75\%) + \beta_2 Eligible_{it-1} f_1(EliScore_{it-1} - 75\%) + \delta_{it}$$

$$OGD_{it} = \alpha_0 + \alpha_1 \widehat{OGP}_{it-1} + f_2(EliScore_{it-1} - 75\%) + \alpha_2 \widehat{OGP}_{it-1} f_2(EliScore_{it-1} - 75\%) + \delta_{it}$$

其中,

OGP_{it-1}是一个虚拟变量,表示国家(i)是否在$t-1$时参加"伙伴项目";

$Eligible_{it-1}$是一个虚拟变量,表示国家(i)是否在$t-1$时达到75%的资格条件;

$EliScore_{it-1}$表示国家(i)在$t-1$时达到的资格分百分比;

OGD_{it}表示国家(i)在t时开放数据实施水平;

$f_1(EliScore_{it-1} - 75\%)$表示配置变量与加入"伙伴项目"之间的关系;

[①] "伙伴项目"的资格条件指标数据来源于以下多个国际组织:International Budget Partnership the Centre for Law and Democracy and Access Info Europe、World Bank、Economist 等。

$f_2(EliScore_{it-1} - 75\%)$ 表示配置变量与国家开放数据实施水平之间的关系。

α_1 即代表了加入"伙伴项目"对开放数据水平在断点附近的局部平均效应。

(三) 数据来源与变量测量

本研究将结合"开放数据晴雨表"和"伙伴项目"相关数据来测量断点回归模型中的相关变量。首先,本文将利用 2013 年至 2016 年"开放数据晴雨表"中的开放数据实施指数来测量因变量。该指数由万维网基金会(World Wide Web Foundation)主持,对各国开放数据准备度、开放数据实施水平以及开放数据影响三个方面进行评估。建立评估指数的主要依据为:专家评审调查、对 15 类数据开放情况评估、政府自我评估以及国际组织二手数据。本研究的因变量将由一个总体开放数据实施指数和三个特定领域的开放数据实施指数来衡量。总体开放数据实施指数是基于专家调查构建的,该调查对 15 类数据的十个方面进行评估,对这十个方面进行加权平均,得到最后的分数。三个特定领域的开放数据实施指数分别为:创新领域开放数据、社会政策开放数据和政府问责开放数据。根据 15 类数据的常用方式将其划分到这三组中,并对各组中所包含的几类数据的开放程度进行评估。"开放数据晴雨表"将所有分数标准化为 0~100 范围。

首先,运用这一测量可以较为全面地显示政府开放数据的类别。该开放数据实施指数测量了 15 类政府数据开放情况,涵盖的数据涉及国家统计、土地、财政、支出、立法、交通、商业、医疗、教育、环境、犯罪等多个方面。其次,该测量针对每个数据类别的多个方面进行测量。该指数不仅仅测量了数据是否开放,还对数据的可机读性、更新程度、可接入程度、持续性等方面进行了测量。因而,该指数能够较为全面地反映每个数据类别的开放情况。同时,该测量由专业研究人员填写完成,能够较为客观地反映政府部门数据开放情况。

配置变量则通过"伙伴项目"的资格条件分数进行测量。该资格条件由多个国际组织所测量的多个治理指标和分数组成，来判断某个国家多大程度上支持开放政府原则。该资格条件分数由四个方面的指数组成：财政透明度、信息获取、资产披露和公民参与。每个方面将会得到一定的分数，各国最多可得到 16 分。如果其中一个方面未被衡量，则最多可获得 12 分。获得所有分数中 75%（16 分中的 12 分或 12 分中的 9 分）及以上的国家有资格申请加入"伙伴项目"。截至 2016 年年底，187 个国家中有 122 个国家有资格加入 OGP，其中有 79 个国家参加。

前定变量则由"开放数据晴雨表"中开放数据准备度指数来测量。这些指数衡量政府、民间社会和商业对开放数据的准备情况，在某种程度上代表了每个国家内可能影响开放数据实施水平但未观察到的其他变量。它们是验证断点回归模型是否成立的重要变量，这些指数由一系列专家调查和二手数据集构建（Web Foundation，2016）。表 1 为本研究涉及变量及相应测量。

表 1　因变量、自变量及其测量

变量	数据来源	测量指标	范围
因变量	开放数据晴雨表	开放数据实施指数	0~100
		创新领域开放数据实施指数	0~100
		社会政策开放数据实施指数	0~100
		政府问责开放数据实施指数	0~100
配置变量	"伙伴项目"资格条件	每个国家得分比例	0%~100%
分配变量	"伙伴项目"资格条件	一个国家是否加入"伙伴项目"	0，1
前定变量	开放数据晴雨表	开放数据准备度指数	0~100

五　研究发现

本部分将展示利用模糊性断点回归模型来分析国际组织项目对政府开放数据的影响。本研究将改变断点附近的带宽宽度来检验模型系数的稳健性。首先，本部分将呈现各变量的描述性统计数据，并验证断点回归模型设计。其次，本部分将呈现模糊性断点回归模型估计结果以检验研究假设。最后，将呈现各类稳健性检验结果。

（一）描述性统计数据和断点回归模型验证

表2显示了本研究中所有变量的描述性统计数据。从表2中可以看出，政府问责开放数据实施指数平均值是所有四个因变量测量值中最低的。而社会政策开放数据实施指数平均值是最高的。在断点左侧的样本量更多，这表示在选择断点附近样本带宽时，断点两侧所选择的带宽应当有所不同。

表2　各变量的描述性统计数据

变量	样本量	均值	标准差	最小值	最大值
因变量					
开放数据实施指数	368	32.68	22.85	0	100
创新领域开放数据实施指数	368	35.15	24.03	2	96
社会政策开放数据实施指数	368	38.33	22.40	1	96
政府问责开放数据实施指数	368	28.62	19.21	1	96
配置变量					
各国资格分数与75%的差距（$t-1$）	935	−0.14	0.32	−0.75	0.25
分配虚拟变量					
是否加入"伙伴项目"（$t-1$）	935	0.31	0.46	0	1
前定变量					
开放数据政府准备度指数	368	47.55	25.85	0	100
开放数据社会准备度指数	368	53.31	27.69	0	100
开放数据商业准备度指数	368	45.41	24.12	0	100

一个国家是否加入"伙伴项目"取决于其资格条件分数是否达到75%。图1显示了是否加入"伙伴项目"和国家资格条件分数之间的关系。它显示了在断点处的不连续性，同时一部分达到75%标准的国家并未加入"伙伴项目"，因而形成了模糊性断点回归模型。因此，可以

使用资格条件分数作为工具变量来估计"伙伴项目"的意向影响效果（Intent-to-Treat Effect）。

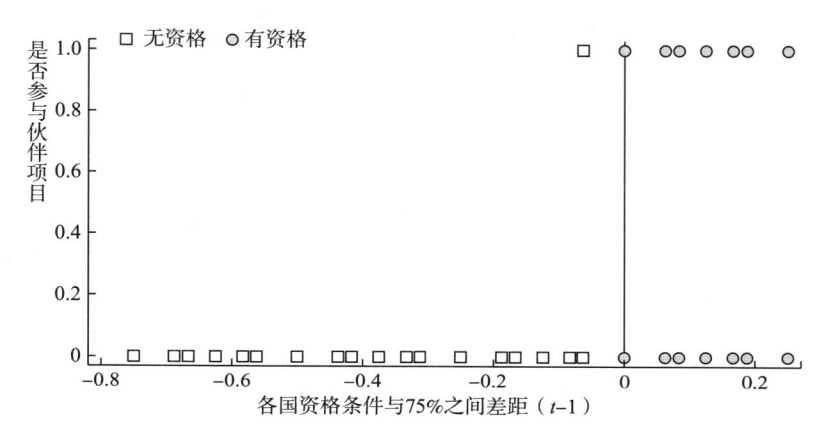

图1　"伙伴项目"参与情况与国家资格条件分数之间的关系

图2显示了配置变量，即各国资格条件分数的密度分布。该图显示在断点处的资格分数没有明显的跳跃，配置变量并不受是否有资格加入"伙伴计划"的影响，上述图表中并没有直观证据表明各国可能操控其资格分数。因而可认为某一国政府并不会因为想要加入"伙伴项目"而特意追求提高资格分数，断点两侧附近的国家是由于断点分数值而被随机分配到实验组和控制对照组。

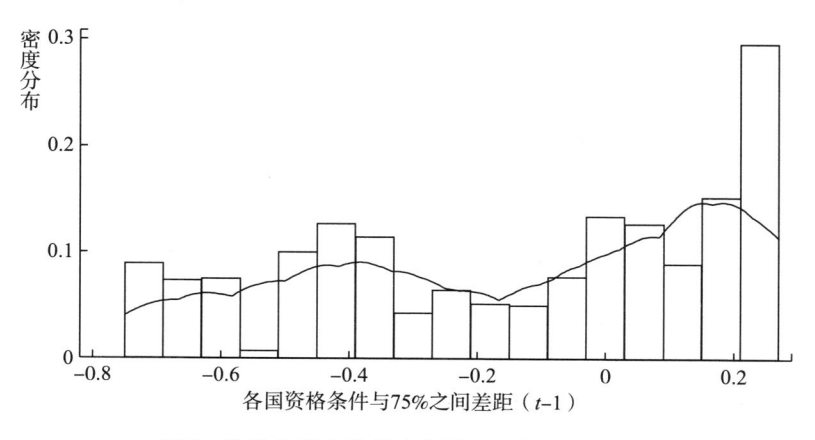

图2　资格条件分数的直方图（以断点为中心）

为了进一步验证模糊性断点回归模型是否成立，本研究利用开放数据准备度指数来检验除了因变量之外的其他变量是否在断点处连续。在表3中，我们首先比较了三个前定变量在样本带宽为0.1中的平均值。结果表明，这些差异在统计学上均不显著。统计分析不能拒绝零假设，即在断点前后的前定变量之间没有显著差异。这表明断点两侧样本在其他特性上基本相当。因此可认为断点附近的样本类似于被随机分配为实验组和对照组，而加入"伙伴项目"只影响了开放数据实施水平。

表3　前定变量在断点附近的均值（样本带宽为0.1）

前定变量	样本左带宽 （-0.1）	样本右带宽 （+0.1）	均值差异的P值
开放数据政府准备度指数	38.316 (2.878)	35.519 (2.006)	0.516
开放数据社会准备度指数	41.684 (4.001)	45.948 (2.200)	0.382
开放数据商业准备度指数	28.053 (2.584)	34.273 (1.828)	0.115
样本量	19	77	

注：括号内为稳健的标准误；*** $p<0.01$，** $p<0.05$，* $p<0.1$。

（二）"伙伴项目"对政府开放数据水平的影响

本部分首先利用图形来直观呈现断点附近政府开放数据实施指数存在的差异，并进而利用断点回归模型的非参数估计法来评估"伙伴项目"对政府开放数据水平的局部平均效应。

图3展示了加入"伙伴项目"对政府开放数据实施指数的影响。该图利用所有样本数据来展示断点前后各类政府开放数据实施指数随国家资格条件分数的变化趋势。从图3中可以看出，开放数据实施指数、社会政策开放数据实施指数以及政府问责开放数据实施指数在断点处均存在不连续性的跳跃。然而，图3所显示的加入"伙伴项目"

对政府开放数据的局部平均效应是否具有统计学意义尚不清晰。在95%的置信区间内，在断点附近开放数据实施指数、社会政策开放数据实施指数以及政府问责开放数据实施指数的不连续跳跃并不明确。创新领域开放数据实施指数在断点处并未出现明显的不连续性跳跃。这表明加入"伙伴项目"可能对与商业和社会创新相关的政府开放数据没有影响。

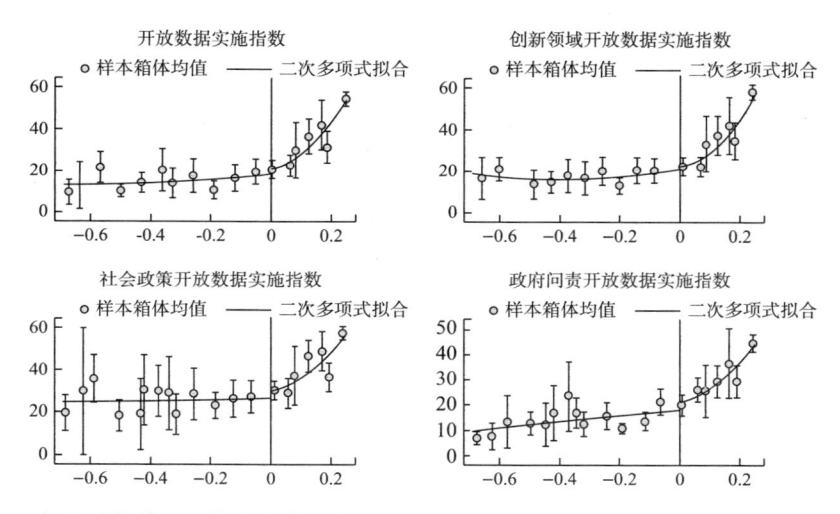

图3 加入"伙伴项目"与各类政府开放数据实施水平指数的分布（95%的置信区间）

本研究进一步利用非参数估计方法来评估"伙伴项目"对政府开放数据水平的局部平均效应。非参数估计法是指选择断点前后一定样本带宽，利用局部线性回归在断点两边带宽内估计因变量拟合，并估计断点处因变量的差值，而该差值即为局部平均效应。表4显示了运用非参数方法所得出的估计结果。所有模型均显示第一阶段的回归估计显著，F统计量高于建议的最小值10，表明资格条件分数是预测是否参与"伙伴项目"的良好工具变量。局部线性回归结果显示加入"伙伴项目"对政府开放数据实施指数的局部平均效应为负。"伙伴项目"参与国政府开放数据实施指数比未参与国减少了9.778分。而在三个特定领域的开放数据实施指数上，"伙伴项目"参与国比未参与国在创新领域开放数据实施指数上高出2.491分，在社会政策开放数据实施指数上高出 7.826 分，而在政府问责开放数据层面则低了 23.251 分。然而这些估计在统计学意义上均不显著。由于非参数估计使用较少的样本量，因此所有系数的标准误均比较大，p 值无法接近 5% 的显著水平。总体而言，加入"伙伴项目"并未体现对国家政府开放数据实施水平的显著影响。"伙伴项目"的参与国并未在创新领域和社会政策开放数据实施水平上表现得比未参与国更好，还可能在整体政府开放数据实施水平和政府问责开放数据实施水平上表现更糟糕。

表4 加入"伙伴项目"对政府开放数据水平的模糊性断点回归分析结果（非参数估计）

	非参数估计			
	局部平均效应	p 值	样本左带宽	样本右带宽
开放数据实施指数				
第一阶段	0.408*** (0.115)	0.001	0.221	0.122
第二阶段	-9.788 (16.737)	0.562	0.221	0.122
创新领域开放数据实施指数				
第一阶段	0.408*** (0.115)	0.001	0.183	0.132
第二阶段	2.491 (20.226)	0.903	0.183	0.132
社会政策开放数据实施指数				
第一阶段	0.407*** (0.115)	0.001	0.278	0.121
第二阶段	7.826 (19.59)	0.650	0.278	0.121
政府问责开放数据实施指数				
第一阶段	0.408*** (0.115)	0.001	0.184	0.083
第二阶段	-23.251 (18.413)	0.215	0.184	0.083

注：每个单元格代表左侧列中列出的实施结果测量中的不连续性的单独估计。非参数估计方法是基于 Imbens 和 Lemieux（2008）提出的局部线性回归。考虑到左侧有更多的观测，在断点的左侧和右侧选择不同的样本带宽。本文基于 Skovron 和 Titiunik（2015）提出的方法选择最佳样本带宽。表中的系数则汇报了加入"伙伴项目"的局部平均效应。

括号内为稳健的标准误；*** $p<0.01$，** $p<0.05$，* $p<0.1$。

（三）模型稳健性检测

本部分进一步对非参数估计所得出的结果进行敏感性检测。这种稳健性测试旨在检验改变样本带宽是否会对非参数估计的局部平均效应造成影响，该结果是否保持近似一致（Skovron, & Titiunik, 2015）。我们将样本带宽改为原始最佳带宽的25%、50%和200%，并运用相同模型来估计"伙伴项目"的局部平均效应，对比原始结果来检验该结果的敏感度。表5显示了稳健性检测结果。当使用原始最佳带宽的25%时，只有社会政策开放数据实施指数具有足够的样本量来估计"伙伴项目"的影响。在此样本带宽中，"伙伴项目"的参与国比未参与国在社会政策开放数据实施指数上高了7.601分，与基本模型类似。当使用原始最佳样本带宽的一半时，结果显示"伙伴项目"对整体开放数据实施指数、创新领域和政府问责开放数据实施指数的局部平均效应发生显著变化。而"伙伴项目"对社会政策开放数据实施指数的影响仍然相当一致，为6.417分。当使用原始最佳样本带宽的两倍时，结果显示加入"伙伴项目"将提高整体开放数据实施指数6.477分。有趣的是，"伙伴项目"对创新领域开放数据实施指数的影响转变为负，而对政府问责开放数据实施指数的影响转变为正。而"伙伴项目"对社会政策开放数据实施指数的影响为6.137分，与原始模型的估计结果类似。然而，所有这些局部平均效应的估计在统计学意义上均不显著。

表5 不同样本带宽下非参数估计"伙伴项目"的局部平均效应

样本带宽	原始结果	25%带宽	50%带宽	200%带宽
第一阶段	0.408***	-	0.257	0.503***
	(0.116)	-	(0.185)	(0.092)
	[0.000]	-	[0.173]	[0.000]
开放数据实施指数	-9.788	-	2.566	6.477
	(16.737)	-	(12.572)	(9.336)
	[0.562]	-	[0.840]	[0.490]

续表

样本带宽	原始结果	25%带宽	50%带宽	200%带宽
创新领域开放数据实施指数	2.491	-	8.501	-2.766
	(20.226)	-	(31.524)	(12.103)
	[0.903]	-	[0.789]	[0.820]
社会政策开放数据实施指数	7.826	7.601	6.417	6.137
	(19.593)	(14.002)	(31.349)	(10.115)
	[0.650]	[0.592]	[0.839]	[0.546]
政府问责开放数据实施指数	-23.251	-	-3.264	2.440
	(18.413)	-	(10.248)	(8.923)
	[0.215]	-	[0.753]	[0.785]

注：每个单元代表局部线性回归模型的灵敏度测试。第一列是表4的初始结果。第二列到第四列则显示了将带宽改变为最佳带宽的25%、50%和200%后重新估计的"伙伴项目"对开放数据的局部平均效应。圆括号中为稳健的标准误，方括号中为 p 值。

*** $p<0.01$, ** $p<0.05$, * $p<0.1$。

从以上结果可以推断，随着样本带宽的变化，加入"伙伴项目"并没有对国家政府开放数据实施水平产生显著的影响。断点回归模型并未验证本文的研究假设。"伙伴项目"对社会政策开放数据实施指数的局部平局效应较为稳定，而对其他实施指数的影响则对样本带宽的选择较为敏感。加入"伙伴项目"将可以提高社会政策开放数据实施指数6.1分至7.8分，其变化范围较小。因而我们更有信心认为"伙伴项目"对社会政策开放数据实施指数影响的估计相较于其他三个指数偏差更少，更接近真实的影响效应。然而该局部平均效应却由于系数的标准误比较大导致 p 值无法接近5%的显著水平。尽管"伙伴项目"对其他三个开放数据实施指数的局部平均效应较为敏感，其随着样本带宽的变化趋势表明加入"伙伴项目"对创新领域开放数据实施水平的影响最有可能为正，而对政府问责及整体开放数据实施水平的影响最有可能为负。"伙伴项目"对政府问责开放数据可能产生的负面影响拖累了对整体开放数据实施的影响。

六 相关讨论

本研究以"开放政府合作伙伴"为案例来探究国家组织项目对政府开放数据水平的影响。研究假设加入国家组织项目将提高一国政府部门开放数据项目的实施水平。然而分析结果显示,加入"伙伴项目"对政府开放数据水平并未产生显著的影响。

这一结果表明"伙伴项目"国际组织项目对政府开放数据的影响仍然存在一定的局限性。正如前人研究所示,仅仅影响政府电子政务策略和环境压力的国际组织项目对最终政府运用信息技术的影响比较有限(Welch, & Wong, 2001;Whitmore et al., 2009)。电子政务或政府开放数据的水平往往受到国家政府内部的组织结构、政府能力、组织文化等因素的影响。在本研究中,"伙伴项目"主要通过建立国家行动计划和开放政府进度评估来推进政府开放数据,并未直接参与政府部门执行行动计划的过程中,也并未对政府部门提供资金支持。因而,"伙伴项目"更大程度上影响了政府外部因素,而未对政府内部因素产生显著影响,其对政府开放数据水平的影响比较有限。本研究结果表明仅影响政府外部因素的国际组织项目对政府开放数据水平的促进作用比较有限。

这一结果同时表明尽管"伙伴项目"建立了独立报告机制来监督参与国的开放政府进度,然而国际组织的监督问责效果仍然有限。正如电子政务研究所显示的,国际组织项目倡议能够在一定程度上对政府部门施加压力并推动信息技术的运用,然而这类倡议或准则并未成为真正意义上的法律,难以起到真正的监督约束作用(Wells, 2007)。在本研究中,"伙伴项目"每年会对参与国开放政府实施情况进行评估并公开评估报告,但缺乏权力对评估结果不佳的国家进行问责。"伙伴项目"缺乏对参与国开放政府表现的直接监督约束机制,反而更加依赖于各国国内社会公众和团体对该国政府产生的社会压力。因而,本研究表明国际组织对政府开放数据项目执行的监督能力仍然比较有限，难以保障政府开放数据水平的提升。

另外，本研究结果表明，国际组织项目所倡议的公共议题在一定程度上可以影响政府开放数据的内容。尽管该估计结果在统计学意义上不显著，分析结果显示加入"伙伴项目"将提高社会政策开放数据实施指数 6.1 分至 7.8 分，该估计值较为稳定。其可能原因在于"伙伴项目"参与国所提交的开放政府承诺大多数与社会政策议题相关，涉及教育、性别、健康、自然资源和边缘化社区等。这些开放的数据涉及卫生部门绩效、教育绩效、国家环境统计数据和详细的人口普查数据，与"开放数据晴雨表"中社会政策开放数据相关。因此相较于影响其他三项开放数据实施指数，加入"伙伴项目"更有可能影响社会政策开放数据实施水平。进一步研究"伙伴项目"参与国的开放政府承诺内容能够进一步阐释该国际组织项目对开放数据的影响。

令人惊讶的结果是，加入"伙伴项目"更有可能降低政府问责开放数据实施水平，并降低整体开放数据实施指数。虽然"伙伴项目"的参与国承诺促进财政透明度和反腐败，但刚刚超过临界点的国家可能面临需要在国际社会中保持良好声誉的压力。这些国家可能只披露支持其国际声誉的政府问责开放数据，同时避免开放可能危及其声誉的其他信息。这一选择性开放数据在一定程度上降低了政府问责开放数据实施指数。另一种可能的解释是，"伙伴项目"参与国政府通过发布官方文档、记录或文件而不是开放可用数据的方式来实施责任承诺。未来研究需要进一步理解国际组织项目对政府问责开放数据实施水平产生影响的机制和过程。

七 结论

本文以"开放政府合作伙伴"为例，探究国际组织项目是否对政府开放数据水平产生影响。利用"开放数据晴雨表"和"伙伴项目"

资格条件分数，本研究构建了模糊性断点回归模型来估计国际组织项目的影响。分析结果显示加入"伙伴项目"并未对国家政府开放数据实施水平产生显著的影响，表明国际组织对政府外部因素的影响及有限的监督能力并不能显著提升政府开放数据的水平。同时，本研究认为国际组织项目所倡议的公共议题在一定程度上可以影响政府开放数据的内容。

本文的研究结论能够进一步帮助国际组织完善开放数据的促进项目。首先，国际组织项目需要加强对政府内部因素的支持力度。此类项目可以通过直接提供资金、建设技术设施、协助建立专业机构、培训技术人员等方式来改善政府内部组织能力和结构，从而更有力地推进开放数据。其次，国际组织项目需要增强监督约束机制。通过定期访谈问询等方式，评估政府开放数据进度，并结合国内政府部门或社会群体建立问责机制。最后，国际组织本身需要进一步提高自身组织能力，以保障充分的资金和人力资源来推动政府开放数据。

本研究进一步加深了对政府开放数据影响因素的理解，但仍然存在一定的局限性。尽管断点回归模型可视为近似于在断点处的随机试验，然而该模型的外部效度和统计功效较低。由于数据集中国家和时间段有限（共368个有效观测值），样本数量较少，因此在较小的样本带宽内局部线性回归的统计功效较小，导致系数不显著。未来研究可以进一步跟踪各国政府开放数据情况，增加样本量以验证本研究结果。同时，研究"伙伴项目"参与国的开放政府承诺内容能够进一步阐释该国际组织项目对开放数据的影响。

参考文献

Alcaide Muñoz, L., Rodríguez Bolívar, M. P., & López Hernández, A. M. 2016. Financial incentives and open government: A meta-analysis. *Information Polity*, 21（2），189–209.

Aldrich, H., & Ruef, M. 2006. Organizations evolving (2nd ed.). Thousand Oaks, CA: Sage.

Amoretti, F. 2007. International Organizations ICTs Policies: E-Democracy and E-Government for Political Development. *Review of Policy Research*, 24 (4), 331 – 344.

Amugongo, L. M., Muyingi, H. N., & Sieck, J. 2015. Increasing Open Data Awareness and Consumption in Namibia: A Hackathon Approach. 13*th Culture and Computer Science-Cross Media Conference*, 187 – 198.

Attard, J., Orlandi, F., Scerri, S., & Auer, S. 2015. A systematic review of open government data initiatives. *Government Information Quarterly*, 32 (4), 399 – 418.

Barry, E., & Bannister, F. 2014. Barriers to open data release: A view from the top. *Information Polity: The International Journal of Government & Democracy in the Information Age*, 19 (1/2), 129 – 152.

Berry, F. S., & Berry, W. D. 1990. State Lottery Adoptions as Policy Innovations: An Event History Analysis. *The American Political Science Review*, 84 (2), 395 – 415.

Charalabidis, Y., Alexopoulos, C., & Loukis, E. 2016. A taxonomy of open government data research areas and topics. *Journal of Organizational Computing and Electronic Commerce*, 26 (1 – 2), 41 – 63.

Choucri, N., Madnick, S., & Ferwerda, J. 2014. Institutions for Cyber Security: International Responses and Global Imperatives. *Information Technology for Development*, 20 (2), 96 – 121.

Clark, A. M. 1995. Non-Governmental Organizations and their Influence on International Society. *Journal of International Affairs*, 48 (2), 507 – 525.

Conradie, P., & Choenni, S. 2014. On the barriers for local government releasing open data. *Government Information Quarterly*, 31, S10 – S17.

Dulong de Rosnay, M., & Janssen, K. 2014. Legal and Institutional Challenges for Opening Data across Public Sectors: Towards Common Policy Solutions. *Journal of Theoretical and Applied Electronic Commerce Research*, 9 (3), 1 – 14.

Eckartz, S. M., Hofman, W. J., & Veenstra, A. F. V. 2014. A Decision Model for

Data Sharing. *Electronic Government*: *Proceedings of the* 13 *th IFIP WG* 8.5 *International Conference*, *EGOV*, 8653, 253 – 264.

Fan, B., & Zhao, Y. 2017. The moderating effect of external pressure on the relationship between internal organizational factors and the quality of open government data. *Government Information Quarterly*, 34 (3), 396 – 405.

Gibbs, J., Kraemer, K. L., & Dedrick, J. 2003. Environment and policy factors shaping global e-commerce diffusion: A cross-country comparison. *Information Society*, 19 (1), 5 – 18.

Gil-García, J. R., & Pardo, T. A. 2005. E-government success factors: Mapping practical tools to theoretical foundations. *Government Information Quarterly*, 22 (2), 187 – 216.

Grimmelikhuijsen, S. G., & Feeney, M. K. 2016. Developing and Testing an Integrative Framework for Open Government Adoption in Local Governments. *Public Administration Review*, 77 (4), 579 – 590.

Hossain, M. A., Dwivedi, Y. K., & Rana, N. P. 2016. State-of-the-art in open data research: Insights from existing literature and a research agenda. *Journal of Organizational Computing and Electronic Commerce*, 26 (1 – 2), 14 – 40.

Imbens, G. W., & Lemieux, T. 2008. Regression discontinuity designs: A guide to practice. *Journal of Econometrics*, 142 (2), 615 – 635.

Jacob, R., Zhu, P., Somers, M. - A., & Bloom, H. 2012. *A Practical Guide to Regression Discontinuity*. Retrieved from https://eric.ed.gov/? id = ED565862.

Janssen, M., Charalabidis, Y., & Zuiderwijk, A. 2012. Benefits, Adoption Barriers and Myths of Open Data and Open Government. *Information Systems Management*, 29 (4), 258 – 268.

Jetzek, T., Avital, M., & Bjørn-Andersen, N. 2013. Generating Value from Open Government Data. *ICIS* 2013 *Proceedings*.

Kassen, M. 2014. Globalization of e-government: open government as a global agenda; benefits, limitations and ways forward. *Information Development*, 30 (1), 51 – 58.

Krauss, K. 2013. Collisions between the Worldviews of International ICT Policy-Makers and a Deep Rural Community in South Africa: Assumptions, Interpretation, Implementation, and Reality. *Information Technology for Development*, 19 (4), 296 – 318.

Lee, D. S., & Lemieux, T. 2010. Regression Discontinuity Designs in Economics. *Journal of Economic Literature*, 48 (2), 281 – 355.

Lee, D. S. 2008. Randomized experiments from non-random selection in U. S. House elections. *Journal of Econometrics*, 142 (2), 675 – 697.

Lee, G., & Kwak, Y. H. 2012. An Open Government Maturity Model for social media-based public engagement. *Government Information Quarterly*, 29 (4), 492 – 503.

Ma, L. 2014. Diffusion and Assimilation of Government Microblogging: Evidence from Chinese cities. *Public Management Review*, 16 (2), 274 – 295.

Martin, S., Foulonneau, M., & Turki, S. 2013. 1 – 5 Stars: Metadata on the Openness Level of Open Data Sets in Europe. In E. Garoufallou & J. Greenberg (Eds.), *Metadata and Semantics Research*, pp. 234 – 245.

Meijer, A. J., Koops, B. J., Pieterson, W., Overman, S., & Tije, S. 2012. Government 2.0: Key challenges to its realization. *Electronic Journal of E-Government*, 10 (1), 59 – 69.

Navarra, D. D. 2010. The Architecture of Global ICT Programs: A Case Study of E-Governance in Jordan. *Information Technology for Development*, 16 (2), 128 – 140.

OECD. 2016. *Open Government: The Global Context and the Way Forward.*

Oliveira, G. H. M., & Welch, E. W. 2013. Social media use in local government: Linkage of technology, task, and organizational context. *Government Information Quarterly*, 30 (4), 397 – 405.

Open Government Partnership. 2013. About OGP | Open Government Partnership. Retrieved September 23, 2015, from https://www.opengovpartnership.org/about/about-ogp.

Open Knowledge Foundation. 2012. Open Definition 2.0. Retrieved February 25, 2018, from http://opendefinition.org/od/2.0/en/.

Parycek, P., Hochtl, J., & Ginner, M. 2014. Open Government Data Implementation Evaluation. *Journal of Theoretical and Applied Electronic Commerce Research*, 9 (2), 80 – 99.

Powell, W. W., & DiMaggio, P. J. 2000. The iron cage revisited institutional isomorphism and collective rationality in organizational fields. In *Advances in Strategic Management: Economics Meets Sociology in Strategic Management*, Vol. 17, pp. 143 – 166.

Purcell, G. F., & Hassall, G. 2017. Global Policies and Initiatives for E-Government in Pacific SIDs. In R. Cullen & G. Hassall (Eds.), *Achieving Sustainable e-Government in Pacific Island States*, pp. 33 – 53.

Reddick, C. G., & Norris, D. F. 2013. Social media adoption at the American grass roots: Web 2.0 or 1.5? *Government Information Quarterly*, 30 (4), 498 – 507.

Sayogo, D. S., & Pardo, T. A. 2013. Exploring the determinants of scientific data sharing: Understanding the motivation to publish research data. *Government Information Quarterly*, 30, S19 – S31.

Skovron, C., & Titiunik, R. 2015. *A Practical Guide to Regression Discontinuity Designs in Political Science*, 47.

Tarlock, A. D. 1992. The Role of Non-Governmental Organizations in the Development of International Environmental Law. *Chicago-Kent Law Review*, 68, 61.

United Nations. Dept. of Economic and Social Affairs. 2010. *United Nations e-government survey 2010: leveraging e-government at a time of financial and economic crisis*. Retrieved from http://unpan1.un.org/intradoc/groups/public/documents/un/unpan038851.pdf.

Verma, N., & Gupta, M. P. 2013. Open Government Data: Beyond Policy & Portal, a Study in Indian Context. *Proceedings of the 7th International Conference on Theory and Practice of Electronic Governance*, 338 – 341.

Wang, H.-J., & Lo, J. 2016. Adoption of open government data among government agencies. *Government Information Quarterly*, 33 (1), 80 – 88.

Web Foundation. 2016. *Open Data Barometer* 4th edition. Washington DC: World Wide

Web Foundation.

Welch, E. W., Feeney, M. K., & Park, C. H. 2016. Determinants of data sharing in U. S. city governments. *Government Information Quarterly*, 33 (3), 393 – 403.

Welch, E. W., & Wong, W. 2001. Global information technology pressure and government accountability: the mediating effect of domestic context on website openness. *Journal of Public Administration Research and Theory*, 11 (4), 509 – 539.

Wells, D. 2007. Too Weak for the Job: Corporate Codes of Conduct, Non-Governmental Organizations and the Regulation of International Labour Standards. *Global Social Policy*, 7 (1), 51 – 74.

Whitmore, A., Choi, N., & Arzrumtsyan, A. 2009. One Size Fits All? On the Feasibility of International Internet Governance. *Journal of Information Technology & Politics*, 6 (1), 4 – 11.

Wisitpongphan, N., & Khampachua, T. 2017. Impact of Globalization on Interoperability in Digital Government. *17th European Conference on Digital Government (ECDG 2017)*, 254 – 261.

World Bank. 2013. Open Government Data Toolkit | Data. Retrieved September 23, 2018, from http://opendatatoolkit.zognet.net//en/index.html.

Yang, T. - M., Lo, J., & Shiang, J. 2015. To open or not to open? Determinants of open government data. *Journal of Information Science*, 41 (5), 596 – 612.

Yang, T. M., & Wu, Y. J. 2016. Examining the socio-technical determinants influencing government agencies'open data publication: A study in Taiwan. *Government Information Quarterly*, 33 (3), 378 – 392.

Zhang, J., & Dawes, S. S. 2006. Expectations and Perceptions of Benefits, Barriers, and Success in Public Sector Knowledge Networks. *Public Performance & Management Review*, 29 (4), 433 – 466.

Zuiderwijk, A., Helbig, N., Gil-Garcia, J. R., & Janssen, M. 2014. Special Issue on Innovation through Open Data-A Review of the State-of-the-Art and an Emerging Research Agenda: Guest Editors' Introduction. *Journal of Theoretical and Applied Electronic Commerce Research*, 9 (2), 1 – 2.

Zuiderwijk, A. , & Janssen, M. 2014. Barriers and Development Directions for the Publication and Usage of Open Data: A Socio-Technical View. In *Public Administration and Information Technology. Open Government*, pp. 115 – 135.

Zuiderwijk, A. , Janssen, M. , & Dwivedi, Y. K. 2015. Acceptance and use predictors of open data technologies: Drawing upon the unified theory of acceptance and use of technology. *Government Information Quarterly*, 32 (4), 429 – 440.

Zuiderwijk, A. , Janssen, M. , Meijer, R. , Choenni, S. , Charalabidis, Y. , & Jeffery, K. 2012. Issues and Guiding Principles for Opening Governmental Judicial Research Data. In H. J. Scholl, M. Janssen, M. A. Wimmer, C. E. Moe, & L. S. Flak (Eds.), *Electronic Government*, pp. 90 – 101.

The Effect of International Program on Open Government Data Implementation: An Empirical Study on Open Government Partnership

Yuan Qianli

Abstract: Since the launch of the Obama administration's open government initiative in 2009, open government data is gradually becoming an international heated topic in the development of digital governance. To further promote open government data, a number of international organizations and associations have initiated assistance programs to help governments improve their digital governance capabilities and to release government data effectively. However, current academic research has less explored the impact of these international organization projects. Taking the example of "Open Government Partnership" established in 2011 and using the open data implementation index from "Open Data Barometer", this paper constructs a fuzzy regression discontinuity model to test the hypothesis regarding the impact of international programs on open data implementation. The results show joining international organizations has not had a significant impact on the level of national government open data implementation. This study suggests that the effect of international organization projects on the implementation of open government data is limited due to the lack of projects' influence on government internal conditions and lack of effective means of enforcement. To a certain extent, the public issues advocated by the international organization project can affect the content of the government's open data.

Keywords: Open Data; International Organizations; Open Government Partnership; Regression Discontinuity

基于办事成本的"互联网+政务服务"评价模型研究[*]

龙 怡 吕 斌 刘新萍[**]

【摘要】 为解决企业和民众办事难,以及相关部门效率低等问题,国家层面出台了一系列以"数据跑路代替群众跑腿"为路径的"互联网+政务服务"政策,实践层面也亟须建立科学合理的评估模型,以协助各级部门评估政策落实的成效。本研究首先介绍了联合国电子政务调查报告中在线服务的评价指标,然后重点分析我国当前已有的"互联网+政务服务"评价的指标和特点。在此基础上,提出以通信系统模型和整体政府理论为评价理论框架、以办事流程分析为依据、以时间机会成本为测评方法、以办事成本为测量点的评价模型,从而实现"减少办事成本、提高行政效率、促进办事流程优化与提升部门间协同治理水平"等政府治理目标。最后总结了本评价模型的特点、适用性和局限性。

---

[*] 上海市哲学社会科学规划一般课题"公民个人办事中的政府信息共享评价研究"(编号:2017BTQ004)。

[**] 龙怡,上海政法学院人工智能法学院副教授;吕斌,上海大学图书情报档案系教授、博导;刘新萍,上海理工大学管理学院讲师。

【关键词】 互联网+政务服务；电子政务测评；办事成本

引　言

从 2014 年的"人在证（征）途"到 2015 年的"我妈是我妈"奇葩证明，相关新闻事件直指我国民众"办事难"的现实。作为回应，2016 年以来，国务院及中央部委连续发布《推进"互联网+政务服务"开展信息惠民试点实施方案》《政务信息资源共享管理暂行办法》《关于加快推进"互联网+政务服务"工作的指导意见》《"互联网+政务服务"技术体系建设指南》等一系列政策文件，"网上办事大厅"建设如火如荼，各地各部门采取不同的方式升级政务服务能级，解决民众办事难问题。

本文研究的目的是基于民众的需求和政策的设计，建立一个评价"互联网+政务服务"的模型，用于辅助政府部门对政务服务进行统一客观的评价及绩效考核，借助量化工具进行同级、同业务部门的比较，推动"互联网+政务服务"达成政策目标。研究思路是首先对国内外政务服务相关评估的内容进行介绍，从评估框架、指标设计、数据来源、数据分析等方面对比分析这些评估方式的特点和不足，并分类进行总结。然后从信息论和整体政府理论出发，重新定义"政务服务"和"互联网+政务服务"，并借用经济学方法提出评价模型。最后，分析该评价模型的适用性和局限性。

本研究的意义，从理论上在于扩展了电子政务评估的方法论，"互联网+政务服务"是电子政务的"信息公开、办事服务和在线交流"三大业务模块的组成部分之一，以往针对政府网站的评估，并不能体现该模块与其他模块的差异。从实践上看，由于当前基于"政务服务平台"的评估并不能完全反映"互联网+政务服务"的成效，因此本研究可以提供一种更客观可行的评估手段，便于各级政府切实推进"互联网+政务服务"，实现"数据多跑腿，民众少跑路"的目标。

一 国内外相关评估综述

下面分别从联合国和我国评估实践角度出发，介绍已有评估的特点。

（一）联合国电子政务调查报告之在线服务评价概述

2018联合国电子政务调查运用电子政务发展指数（EGDI）跟踪电子政务的发展情况。EGDI是一项用于衡量国家电子政务发展水平的综合指数，是三项标准指数的加权平均数。这三项标准指数分别为：在国际电信联盟（ITU）数据基础上形成的电信基础设施指数（TII），在联合国教育、科学及文化组织（UNESCO）数据基础上形成的人力资本指数（HCI）以及在线服务指数（OSI）。

在调查报告中，有两块内容直接涉及对"互联网+政务服务"的评估，分别是在线服务指数（Online Service Index，OSI）和地方在线服务指数（Local Online Service Index，LOSI）。

1. 在线服务指数（United Stats，2018）

在线服务指数（OSI）是基于在线服务调查问卷导出结果合成的标准化分数。在线服务指数所依据的数据来自UNDESA（联合国经济和社会事务部，United Nations Department of Economic and Social Affairs）开展的独立调查问卷，该问卷评估了联合国193个会员的在线服务情况和一系列与在线服务交付相关的内容，包括整体政府方针、开放式政府数据、电子参与、多渠道服务交付、移动服务、应用推广、数字鸿沟，以及利用ICT建立创新型伙伴关系。调查问卷数据由一组研究人员在UNDESA的监督下努力整理、收集而来。调查问卷（OSQ）由140个问题组成，每个问题提供两个选项，每一个肯定回答都会引发"更深入的问题"，以此类推。每个国家的总分数被标准化为0到1之间的某一数值。某一国家的在线指数值等于实际总分数减去最低总分数，再除以所有国家的总分范围。例如，如果国家"X"得分数114，且任一国家的最低得分是0，最高得分153，则国家"X"的在线服务值为：

$$\text{Online Service Index}（\text{Country "x"}）= \frac{(114-0)}{(153-0)} = 0.7451$$

为了得出2018年的一组在线服务指数（OSI）值，来自89个国家、涵盖66种语言的206名研究人员，包括在线联合国志愿人员（UNV），用每个国家的当地语言对该国的国家网站进行了评估，包括国家政府门户网站、电子服务门户网站以及教育、劳动、社会服务、健康、金融和环境等有关部门的网站。联合国志愿人员包括来自公共管理领域的高等院校的合格研究生和大学生志愿者。

为确保评估的一致性，所有研究人员都经过具有多年经验的电子政务和在线服务评估专家提供的严格培训，并在整个评估期间由数据团队协调员提供指导支持。研究人员通过指导和培训，能够用一个普通公民用户的思维去评估网站。因此，研究发现通常基于研究人员能否顺利发现并使用某些功能，而非这些功能是否真实存在，因为它们可能隐藏在网站的某个地方。关键在于一般用户需要快速并直观地找到信息和功能，因为一个能够让使用者方便地找到内容的网站才是"有用的"网站。运用多层次的方法，所有接受调查的网站都由至少三人进行全面评估，且其中一人拥有多年公共部门在线服务的评估经验，然后再由数据团队协调员中的一人进行审查。评估阶段一结束，统计团队就能制作出在线服务指数的初始排名，并从平台中提取数据，计算在线服务指数的原始分数；将排名与以往在线服务指数分数相比较，对任何不一致之处进行彻底审查。

联合国调查分析了与电子政务和可持续发展有关的特定主题或代表主题，如开放的政府数据、电子参与、移动政务和整体政府的方法。调查所评估的领域清单如表1所示。其中，涉及政务服务的内容以"能够……"方式表述。

表 1　OSI 在线办事指数评估领域清单

提供信息	存在功能	提供服务
• 关于妇女获得性保健/生殖保健的权利、知情权和教育权的信息（政策/立法） • 关于使用开放数据集的信息 • 关于即将进行的采购的信息 • 关于即将开展的电子参与活动的信息 • 关于青年技术和职业技能培训的信息 • 关于社会保障政策或预算的信息 • 关于与第三方合作的服务的信息 • 关于具有无障碍设施的学校的信息 • 关于道路交通事故统计信息 • 关于道路安全的信息 • 关于任何政府采购/投标过程的结果的信息 • 关于生殖保健服务的信息 • 关于废弃物减少、回收和再利用的信息 • 关于按性别分列的公共部门劳动力分布情况 • 关于帮助贫困或弱势群体的计划/倡议的信息 • 关于隐私声明的信息 • 关于政府基本支出的信息 • 关于污染和预防措施的信息 • 关于个人数据保护的信息 • 关于通过不同渠道支付政府服务费用的信息 • 关于政府组织结构的信息 • 关于国家预算或预算政策的信息 • 关于地方/区域政府机构的信息 • 关于禁止歧视的法律法规的信息 • 关于劳工法律法规的信息 • 关于老年人住房保障的信息 • 关于卫生应急准备的信息 • 关于健康政策或预算的信息 • 关于政府层面的首席信息官（CIO）或同等在线人员的信息 • 关于政府奖学金计划或教育资助的信息	• 存在门户中的最新信息 • 存在通过政策审议获取投入的工具 • 存在对认证或数字标识的支持 • 存在对所有官方语言的支持 • 存在社交网络功能 • 存在门户中的安全功能 • 存在搜索引擎有效性 • 存在地图 • 存在搜索和高级搜索功能 • 存在政府开放的教育、就业、环境、健康和社会保障数据 • 存在开放数据竞赛 • 存在帮助残疾儿童参与各级教育的在线工具 • 存在为青少年和/或成人提供的在线技能培训 • 存在为女性户主家庭、移民、迁徙工人、难民和/或国内流离失所者、老年人、残疾人、穷人（贫困线以下）、妇女、青年提供的在线服务 • 存在与教育、就业、环境、健康和社会保障等相关公共问题的在线参与 • 存在教育、就业、环境、健康、社会保障方面的移动服务 • 存在生活保障职能 • 存在技术、职业和高等教育的联系/参考 • 存在国家门户与教育、就业/劳工和卫生部门/部级服务之间的联系 • 存在帮助、问答和联系方式的功能 • 存在对青年就业的帮助和参考 • 存在自助服务亭、社区中心、邮局、图书馆、免费 Wi-Fi 公共空间免费提供政府服务 • 存在用于配置字体大小、类型、颜色和背景颜色的功能 • 存在与无障碍有关的功能	• 能够提交在线收入和其他税收 • 能够请求新的开放数据集 • 能够在线报告任何形式的歧视 • 能够在线报告贩卖、性虐待或其他形式的剥削 • 能够报告和跟踪公务员/机构的不道德行为 • 能够举报违反劳工法的行为 • 能够在线登记车辆 • 能够在线注册新业务 • 能够接收与教育、就业、健康、社会保障、天气状况或农业技术相关的更新或警报 • 能够接收环境相关问题的更新或警报 • 能够在网上在线支付水电费 • 能够支付任何与政府有关的费用 • 能够监督和评估现有的政府采购合同 • 能够在线更改地址 • 能够向警方在线申报 • 能够向公共服务部门投诉 • 能够在线申请小学或中学教育 • 能够在线申请社会保障 • 能够在线申请政府奖学金/奖学金 • 能够在线申请身份证 • 能够在线申请结婚证书 • 能够在线申请土地所有权登记 • 能够在线申请政府职位 • 能够在线申请与环境相关的许可证

续表

提供信息	存在功能	提供服务
• 关于性别平等的信息（政策/立法） • 关于残疾人平等接受教育的信息 • 关于弱势儿童平等接受教育的信息 • 关于环境的政策或预算的信息 • 关于就业/劳工政策或预算的信息 • 关于电力或停电的信息 • 关于教育政策或预算的信息 • 关于幼儿发展、护理和学前教育的信息 • 关于老年人疾病的信息 • 关于公民申请的信息 • 关于公民有权获取政府信息的信息 • 关于廉价公共住房的信息 • 关于无障碍公共交通的信息	• 存在在线数字安全或网络安全法案/立法 • 存在包括手机/智能手机在内的网站跨浏览器兼容性 • 存在政策决策中电子磋商结果 • 存在开放政府数据政策 • 存在电子采购平台 • 存在电子参与政策/使命声明 • 存在一个国家政府门户，一个开放的数据门户 • 存在在线的国家电子政务/数字政务战略 • 存在提供电子政务服务的移动应用程序 • 存在门户中的数据字典或元数据库 • 存在门户使用教程和/或指南	• 能够在线申请驾照 • 能够在线申请死亡证明 • 能够在线申请营业执照或专利 • 能够在线申请建筑许可 • 能够在线申请出生证明 • 能够申请该国的入境签证或过境签证 • 能够访问/修改个人资料

2. 地方在线服务指数（LOSI）

2018年联合国首次通过使用每个区域的城市/市政当局的子集就国家下级或地方电子政务服务交付情况进行试点评估。采用专门的地方评估调查问卷，得出地方在线服务指数（LOSI）。所评估城市是根据地理范围和人口规模选定的。联合国会员的所有地缘政治区域集团均有代表参加。每个区域所包括的国家数目是根据该区域在全球人口范围内总人口的百分比确定的。在可能的情况下，覆盖区域中的所有次区域。在区域内，尽可能选择人口最多的国家。在不可能的情况下，则考虑其他标准，如国内生产总值（GDP）和电子政务排名。在国家内部，选择人口最多的城市。城市人口信息来源于联合国统计司的网站：http://data.un.org/Data.aspx?d=POP&f=tableCode%3A240。

通过评估市政府通过其官方网站向公民提供的信息和服务，LOSI是一个涵盖地方一级电子政务发展的多标准指数，由60个指标组成，分为四组标准：①技术、②内容提供、③服务提供和④参与。

关于技术标准，侧重于在市政/城市网站上汇集和提供的内容和服务，关注导航便利性、网站质量、视觉吸引力、功能性和可靠性相关的问题。关于内容提供标准，侧重于向公民提供信息的相关性，对市政网站上提供的具体信息的质量、可用性、相关性和简介进行评估。这一标准还评估以下问题：获取与市政府组织结构有关的联系信息；获取公共文件；获取诸如卫生、教育、社会保障、经济等领域的信息。还会分析是否存在网站隐私政策，因为这项内容有可能改善公众认知及对政府的信任，促使更多的公民与政府互动。关于服务提供标准，重点是基本电子服务的提供，这一标准包括以下电子服务的提供：在线申请和提交证书和许可证、求职/录用、电子支付以及用户在线申请或注册市政活动或服务的能力、提交表格、报告和服务登记、参与投标和电子采购。该标准同时还会解决与电子认证相关的问题，还涵盖与市政当局如何回复公民电子邮件请求信息的不同方面的相关问题。关于参与标准，评估是否存在相关的在线参与机制以及诸如论坛、投诉表格和在线调查等，这一标准考虑的其他功能包括：是否可采用社会媒体功能，向有关地方政府提出意见/建议/投诉的可能性，以及提出更先进的参与性倡议，如参与性预算、公民参与关于公共政策和服务的在线审议，以及通过共同制定政策方案、共同构建服务构成和交付方式来赋予公民权利。

试点评估中的40个城市是根据地理范围和人口规模选定的，涵盖了联合国会员的所有地缘政治区域集团。具体而言，每个区域所包含的国家数目基于该区域总人口在全球总人口的百分比：非洲7个；美洲6个；亚洲13个；欧洲12个；大洋洲2个。

对于60个指标的每一个指标，如果在城市/市政当局网站上能够找到对应内容，则得"1分"；如果找不到，则得"0分"；如果不适用，则不填。一个市政当局的LOSI值是该市政当局所有60个指标的得分之和。对于各城市/市政的60个指标的评估，是由该市/市政的一名官方语言的母语人士进行。向评估人员提供关于评估过程的指示和指导，以及将发送到市政当局的、用以评估市政当局对电子邮件联系响应性的电子邮件消息。为确保评估人员所收集数据的有效性和可比性，我们对所有数据进行了专家评审。LOSI 的指标如表 2 所示。

表 2　LOSI 评估指标

技术	内容提供	服务提供	参与
●浏览器兼容性	●联系方式	●门户认证	●实时沟通
●门户查找便捷性	●组织结构	●个人资料查询	●提交反馈/投诉
●门户加载速度	●部门主管的姓名和联系方式	●个人资料更新	●在线决策过程
●移动设备可访问性	●市政当局信息	●市政电子邮件响应	●社交网络功能
●可导航性	●预算相关信息	●电子邮件回复延迟	●公共场合事件报告
●内部检索机制	●采购公告信息	●电子邮件回复质量	●参与性预算制定
●内部高级检索机制	●服务提供信息	●电子采购服务	●参与性土地使用规划
●符合标记验证标准	●市政与第三方合作的信息	●警方在线申报	●电子参与活动预告
●符合显示标准	●免费联网便利	●地址变更通知	●磋商过程反馈
●定制显示功能	●健康信息	●在线居住申请	
●外语支持	●环境信息	●在线建筑许可	
	●教育信息	●在线职位空缺通知	
	●社会福利信息	●电子支付	
	●文体信息		
	●隐私政策		
	●开放数据政策		
	●开放数据提供		
	●开放政务数据（OGD）之元数据		
	●智慧城市倡议		
	●新兴技术的应用		
	●在线用户支持		
	●在线服务使用指南		
	●政府机构链接		
	●统计信息和研究提供		

（二）国内"互联网+政务服务"的评估分析

国内对"互联网+政务服务"的评估报告，目前影响力较大的有四份,其中三份源于高校,一份源于互联网企业。

1. 清华大学《2016 年中国互联网 + 政务服务调查评估报告》(清华大学国家治理研究院、公共管理学院,2016)

清华大学国家治理研究院、公共管理学院基于政策文件《推进"互联网 + 政务服务" 开展信息惠民试点实施方案的通知》和《关于加快推进"互联网 + 政务服务"工作的指导意见》,组织研究力量,独立开展了"2016 年中国互联网 + 政务服务调查评估"工作,对 32 个省级地区、32 个省会城市和计划单列市、301 个地市级地区的"互联网 + 政务服务"平台进行调查评估,评估报告于 2016 年 12 月 27 日发布。

评估工作主要包括六个环节和实施阶段。一是对发展趋势和政策要求进行研究分析。2016 年 5 ~ 8 月,研究国际、国内互联网政务服务发展情况和趋势,以及国家相关政策文件的要求,为制定评估指标体系寻找依据和参照。二是编制评价指标体系。2016 年 9 ~ 10 月,根据国家"放、管、服"改革、"互联网 + 政务服务"等方面的政策要求,以及各地各部门"互联网 + 政务服务"平台建设管理实践成果,制定评估指标体系。三是进行数据采集。2016 年 10 ~ 11 月,组建数据采集工作组,通过人口采集、模拟用户互动等方式获取评估数据。四是研究发展指数和确定权重。2016 年 11 ~ 12 月,组建专家团队对各项指标的权重进行研究,采用专家德尔菲法分配指标权重,确定各项发展指数的计算模型。五是分析数据和撰写报告。2016 年 11 ~ 12 月,对评估数据进行分析,并撰写评估报告。六是发布评估数据和报告。2016 年 12 月底,组织评估数据和报告的发布会。

调查评估主要运用实地调查法、专家打分法、网上人工采集法、标杆对比法、模拟用户法和电话测试法等方法,依据近年来党中央和国务院出台的文件内容,梳理出五个维度,对省级和地市级服务平台建设和应用情况进行评估,其中省级指标体系如表 3 所示。

表 3 清华大学"互联网+政务服务"评估指标

一级指标	二级指标	三级指标（或二级指标说明）
事项清单目录化（10%）	权责清单	权力清单
		责任清单
	中介服务目录	中介服务事项清单
		中介服务机构名录
服务功能网络化（30%）	办事功能	用户注册
		在线预约
		在线申报
		在线支付
		结果公示
		状态查询
	互动功能	在线投诉
		在线咨询
		实时问答
	体验提升功能	服务评价
		个性化服务
办事资源标准化（30%）	办理依据	选取20个办事服务事项多的省级部门，每个部门随机抽取一个事项评估各要素的标准水平，按实现比例计算指标得分
	申请条件	
	申请材料	
	表单下载	
	办理流程	
便民服务实用化（20%）	便民办事服务	住房公积金个人住房贷款（申请）
		保障性住房申请
		房屋所有权登记
		国内婚姻登记
		个人社会保险登记
	便民查询服务	招生指标分配名额
		学校信息
		考试成绩查询
		医疗机构信息
		疫苗接种机构信息
		诊疗项目收费标准

续表

一级指标	二级指标	三级指标（或二级指标说明）
便民服务实用化（20%）	便民查询服务	药品价格信息
		社保缴纳标准
		社保账户查询
		社会福利机构（养老院、儿童福利院等）信息
		救助站信息
		公积金查询
		保障性住房供应计划信息
		保障性住房房源信息
		产品质量抽查信息
		食品或餐饮企业检查信息
	咨询服务	
服务渠道便捷化（10%）	门户网站整合	互为入口，资源互补
	移动客户端	客户端安装和客户端的办事功能
	政务微信	政务微信关注入口和办事功能
	支付宝城市服务平台	支付宝平台入驻和办事功能

2. 腾讯研究院《中国"互联网+"指数报告》（腾讯研究院，2018）

2018年4月12日，腾讯研究院发布了《中国"互联网+"指数报告》，对国内数字经济发展情况进行了系统梳理和全面展现，通过指数特征直观地反映了2017年数字经济在国内351个城市的发展情况，刻画出一幅"数字中国脉动地图"。"互联网+"指数由数字经济、数字政务、数字生活和数字文化四个分指数加权平均而成。2017年政府数字化的举措也在不断丰富和强化。政务服务数字化取得快速发展，数字化促进了政民之间更强关系、更高密度的连接，其进展也正迈入更广的深水区。数字政务分指数指标如表4所示。

表4 腾讯研究院的数字政务分指数指标

一级指标	指标定义/算法	二级指标
服务项目价值	目标城市服务项目价值 = 查询类二级项目数 * 1 + 办理类二级项目数 * 3	

续表

一级指标	指标定义/算法	二级指标
服务质量星级	目标城市服务项目的质量，一星最低，五星最高	由可用、H5 适配、无广告、说明文档、系统安检、访问速度、压力测试、办事记录、支付、客服帮助等 21 个二级指标综合得出星级
月活跃用户数	目标城市微信城市服务的月均去重用户数	
回流率	连续两个月访问目标城市微信城市服务的去重用户数/上月去重用户数	
故障率	目标城市微信城市服务月均故障时长占总时长比例	
重点行业丰富度	目标城市微信城市服务重点行业上线项目丰富程度	由交管、车管、公积金、社保、医疗五个重点行业的 21 个二级指标综合计算得出丰富程度

（1）指数赋权

本研究采用专家评分的方法决定分指数和重要指标的权重。整个评分过程采取背对背的模式，每位专家针对具体指标根据重要性由低到高给出 1 分（非常不重要）至 5 分（非常重要），互相之间事先不进行任何形式的讨论或沟通。在所有专家成员打分完毕之后，最终指标的权重由以下公式决定：

$$a_j = \sum_{i=1}^{n} a_{ij} / \sum_{i=1}^{n} \sum_{j=1}^{m} a_{ij}$$

其中：

i：第 i 位专家；

j：第 j 个指标；

a_{ij}：第 i 位专家组成员为第 j 个指标的评分；

n：专家组成员总数；

m：专家组成员总数。

（2）数据标准化方法

本研究采用取百分比的方法对数据进行标准化，即某城市的某个指标的数值为该城市该指标的数值除以该指标的全国加总数。采用这一标准化方式可以直观感受到该城市在数字中国版图中占据的相对位置。

其中：

c：第 c 个城市；

j：第 j 个指标；

t_{cj}：第 c 个城市第 j 个指标的去量纲值；

x_{cj}：第 c 个城市第 j 个指标的原始值；

k：样本城市总数。

$$a_{cj} = x_{cj} / \sum_{c=1}^{k} x_{cj}$$

3. 国家行政学院《省级政府网上政务服务能力调查评估报告（2018）》（国家行政学院电子政务研究中心，2018）

2018 年 4 月 17 日，评估报告发布。该报告系国务院办公厅电子政务办公室委托国家行政学院电子政务研究中心，依据国办印发的《关于加快推进"互联网＋政务服务"工作的指导意见》（以下简称《指导意见》）、《"互联网＋政务服务"技术体系建设指南》（以下简称《建设指南》），对 31 个省（自治区、直辖市）和新疆生产建设兵团网上政务服务能力开展的第三方评估工作的结果。

评估原则有三方面。第一，导向性：评估从政务服务的供给侧和需求侧两个维度，在充分考虑"互联网＋政务服务"推进重点的基础上，建立面向用户的评估指标体系，全面评估各地区网上政务服务水平。第二，客观性：评估从第三方的视角，采取实时信息采集、信息抓取、问卷调查等手段，对各省级网上政务服务平台提供的数据进行采集与监测，全面量化评估指标，科学和客观地反映各地区网上政务服务发展水平。第三，实用性：评估从推动实现政务服务标准化、精准化、便捷化、平台化、协同化的目标出发，通过全方位多维度的指标体系，发现各地区在推进"互联网＋政务服务"工作中存在的问题，规范行政权力运行，优化政务服务供给，引导网上政务服务持续健康发展，推动形成以评价考核推执行、以评价反馈促改进的闭环发展机制。

评估在联合国电子政务调查评估（EGDI）框架下，根据《指导意见》提出的目标要求，在充分吸收《建设指南》评价考核体系的基础上，按照"以用户为中心"的原则，以办事对象"获得感"为第一标准，强化办事对象在获取政务服务过程中的便捷度和满意度，从用户体验和技术支撑角度，重点围绕服务方式完备度、服务事项覆盖度、办事指南准确度、在线办理成熟度、在线服务成效度5个方面，建立科学客观的网上政务服务评估指标体系。

报告显示，2017年我国省级政府网上政务服务能力持续提高，各地区高位推动、各方联动、多措并举，从实现政务服务标准化、精准化、便捷化、平台化、协同化出发，大力推进"一网审批、一网办理、一网汇聚"的省级统筹的一体化政务服务平台建设，建设进度明显加快，效果显著提升。一、二、三级指标见表5。

表5 国家行政学院"网上政务服务"评估指标

一级指标	二级指标	三级指标
服务方式完备度	服务平台规划设计	网上政务服务平台建设
		省级平台一站式服务提供情况
		省直部门平台和省级平台数据同源提供服务情况
		集约化程度
		标准化程度
		进驻部门
		服务入口
	服务功能与导引	服务功能提供
		事项性质分类导引
		服务对象分类导引
		实施主体分类导引
		服务主题分类导引
		服务层级分类导引
	多渠道服务	移动端
		政务公众账号
		电话热线服务

续表

一级指标	二级指标	三级指标
服务事项覆盖度	事项清单公布情况	清单类型
		权力清单公布情况
		公共服务清单公布情况
	办事指南发布情况	发布数量
		覆盖类型
		覆盖层级
		办事指南与权力清单关联度
	规范化程度	权力事项清单要素完备程度
		办事指南要素完备程度
		要素规范统一
办事指南准确度	基本信息	事项类型
		权力来源
		许可数量
		办件类型
		事项编码
		办理对象
		法定时限
		承诺时限
		办理地点
		受理时间
		联系电话
		监督电话
		电话准确性
		办理依据
		中介机构或特殊环节
	申请材料	材料名称
		材料来源或出具单位
		数量要求
		介质要求
	办理流程	流程环节完备性
		流程内容翔实性
		到办事现场次数

续表

一级指标	二级指标	三级指标
办事指南准确度	表格及样表下载	空表下载服务
		样表下载服务
		空表准确性
		样表准确性
	收费信息	明确标识
		收费标准
		收费依据
在线办理成熟度	事项在线办理深度	信息公开阶段
		单向服务阶段
		交互服务阶段
		在线办理阶段
	一体化办理	网上统一身份认证体系
		权力事项库
		电子证照
		统一编码
		统一审批
		统一查询
		网上支付
		结果快递
		统一咨询服务
在线服务成效度	用户使用度	个人用户
		法人用户
	网办效率	网上办理率
		网上受理量
	便民利企	服务便捷
		即办程度
		缩短时限
		跑动次数
	评估考核	是否纳入年度政府绩效考核体系
		是否开展评估考核

4. 电子科技大学《中国地方政府互联网服务能力发展报告（2018）》（电子科技大学智慧治理研究中心、提升政府治理能力大数据应用技术国家工程实验室，2018）

2018年5月28日，由电子科技大学智慧治理研究中心和提升政府治理能力大数据应用技术国家工程实验室在中国国际大数据产业博览会上联合发布报告。

报告采用大数据手段对地方政府的互联网服务能力进行全面监测与评价，由北京国双科技有限公司提供数据采集和技术支持。数据采集包括技术采集和人工采集两部分，其中技术采集点有155个，达总数的87%。技术采集的特点是：多频度采集，根据需要进行实时自动化、系统化采集并生成数据结果，共采集4次，原始数据可查询、可追溯、可验证；全样本抓取，采集范围涵盖全国各类各级政府网站、国内外新闻媒体、论坛、贴吧、博客、微博、微信与客户端等泛互联网渠道，共采集数据达12.4亿余条；智能化采集，针对政府各互联网平台结构多样、服务标准不统一、部署反爬虫软件等现状，采用了分布式爬虫、智能学习、浏览器模拟等智能化手段；精准化清洗，采用NLP技术，依据关键词智能发现无关内容并进行自动清洗，保障了评价数据结果的权威度和准确性。人工数据采集点有24个，占总点位数的13%，主要是采集技术无法爬取的数据和需人机交互的部分指标内容，这部分采集和相关验证工作由24名公共管理专业（电子政务方向）的硕士研究生集中完成。

研究在数据采集、结果导出、数据分析等方面采用了专业技术工具与科学计算方法。在数据采集方面，针对"数据有无""数据量""数据集合度"等不同指标评价需求，采用递推计算、递归计算、分治法等进行数据计算、导出和存储，并通过人工智能技术对计算结果进行验证。在结果导出方面，按照三级指标权重和评价原则，共研究设计20余个计算公式，对清洗后按指标采集的73314个样本数据进行分值转化计算，形成334个地级行政区的评价结果和分类排名。在数据分析方面，评价基于结果数据和分类排名情况，运用差分趋势分析、聚类分析和描述统计分析等计算分析方法,实现各地发展阶段等级划分,各地域发展状况差异化对比,一、二级指标服务能力发展态势等分析成果,支撑能力现状、区域特征、发展趋势等分析结论产生;还充分运用可视化工具,实现数据分析结果展示清晰、直观。

评估智能呈现了政府互联网服务能力向规范化、一体化、智慧化方向发展的趋势,评价指标见表6。

表6 电子科技大学"中国地方政府互联网服务能力发展报告"的评估指标

一级指标	二级指标	三级指标	技术采集点	人工采集点	采集点总数
服务供给能力(A)	目录覆盖能力(A-1)	责任清单(A-1-1)	14	0	14
		权力清单(A-1-2)	14	0	14
		政府信息公开目录(A-1-3)	3	0	3
		公共服务清单(A-1-4)	14	0	14
	应用整合能力(A-2)	平台整合能力(A-2-1)	4	0	4
		平台应用能力(A-2-2)	7	0	7
		数据开放(A-2-3)	3	0	3
	服务贯通能力(A-3)	社保领域(A-3-1)	9	0	9
		教育领域(A-3-2)	11	0	11
		医疗领域(A-3-3)	10	0	10
		就业领域(A-3-4)	7	0	7
		住房领域(A-3-5)	9	0	9
		交通领域(A-3-6)	9	0	9
		企业开办变更(A-3-7)	11	0	11
		企业经营纳税(A-3-8)	7	0	7
		创新创业领域(A-3-9)	7	0	7
服务响应能力(B)	诉求受理能力(B-1)	互动诉求受理能力(B-1-1)	4	2	6
		办事诉求受理能力(B-1-2)	3	2	5
	办事诉求响应能力(B-2)	网上政务服务办理一级标准(B-2-1)	0	3	3
		网上政务服务办理二级标准(B-2-2)	0	3	3
		网上政务服务办理三级标准(B-2-3)	0	3	3
		网上政务服务办理四级标准(B-2-4)	0	3	3

续表

一级指标	二级指标	三级指标	技术采集点	人工采集点	采集点总数
服务响应能力（B）	互动诉求反馈能力（B-3）	诉求回复响应能力（B-3-1）	0	1	1
		诉求结果应用能力（B-3-2）	0	1	1
		主动感知回应（B-3-3）	1	0	1
服务智慧能力（C）	应用适配能力（C-1）	终端包容度（C-1-1）	1	0	1
		浏览器兼容度（C-1-2）	0	1	1
		搜索引擎适配度（C-1-3）	4	0	4
		无障碍适配度（C-1-4）	1	0	1
		应用拓展度（C-1-5）	1	0	1
	智能交互能力（C-2）	智能搜索（C-2-1）	0	2	2
		智能问答（C-2-2）	0	1	1
	精准服务能力（C-3）	在线注册（C-3-1）	1	0	1
		个性化定制（C-3-2）	0	1	1
		智能推送（C-3-3）	0	1	1
合计			155	24	179

（三）国内外"互联网+政务服务"评估分析

下面，分别从分要素对比、分类和局限三个角度对已有的评估进行分析。

1. 国内外"互联网+政务服务"评估的分要素对比

首先从评估框架、指标设计、数据来源、数据分析四个评估要素，对当前6个评估进行对比（见表7）。

由表7可见，上述六项评估体现出以下特点。

其一，在评估框架上，各评估主要采用了电子政务理论、"互联网+政务服务"相关政策文本和"互联网+政务服务"发展情况作为框架设定的基础。其中，电子政务理论是最重要的评估框架，除腾讯研究院的评估外，其他五个评估框架均包含该要素，因此体现出当前"互联网+政务服务"评估是电子政务评估的一部分，与以往的政府网站绩效评估具有一脉相承的特性。

表 7　国内外"互联网 + 政务服务"评估的分要素对比

评估名称	评估框架	指标设计	数据来源	数据分析
2018 年联合国电子政务调查报告 – 在线服务指数	按电子政务框架设计，包括了政府网站提供"相关信息"、"存在"某种功能和"能够"在线完成的事宜三个方面内容	包括提供信息、网站功能和提供服务三个大类，包括 110 个具体评估领域	采用包含 140 个问题的独立调查问卷，由两名研究人员用当地语言，在 193 个国家的政府网站上，通过能否顺利发现并使用某些功能来评分，功能可被发现且可用得 1 分	电子政务指数 EG-DI 各国总排名、在线服务指数（OSI）排名、政府数据开放分析、移动服务提供分析、电子参与指数（EPI）排名
2018 年联合国电子政务调查报告 – 地方在线服务指数	按照电子政务的分析框架进行基于地方政府网站的全面评估	包括技术、内容提供、服务提供、参与四个大类，共含 60 个指标	采用专门的地方评估调查问卷，在 40 个城市/市政当局网站上，分别根据 1 名研究人员能否找到该指标来评分，能找到得 1 分	城市在线服务指数（LOSI）排名、地区分析、各类指标情况分析
清华大学《2016 年中国互联网 + 政务服务调查评估报告》	依据两份政策文件，国际、国内互联网政务服务发展趋势而设定	包括事项清单目录化（10%）、服务功能网络化（30%）、办事资源标准化（30%）和便民服务实用化（20%）4 个一级指标，含 17 个二级指标、41 个三级指标	采用实地调查法、专家打分法、网上人工采集法、标杆对比法、模拟用户法和电话测试法等方法对省级和地市级服务平台进行调研	省级平台综合指数排名（用星级表示）、省级平台各一级指标分指数排名、市级平台综合指数星级排名、市级平台分指数排名、各级指标情况分析
腾讯研究院《中国"互联网 +"指数报告》	"互联网 +"指数由数字经济、数字政务、数字生活和数字文化四个分指数加权平均而成。数字政务的框架主要是微信城市服务平台的功能体现	包括服务项目价值、服务质量星级、月活跃用户数、回流率、故障率和重点行业丰富程度 6 个一级指标，其中服务质量星级涵盖 21 个二级指标，重点行业丰富程度涵盖 5 个重点行业	采用微信城市服务平台数据。研究采用专家背对背评分的方法决定分指数和重要指标的权重	省级政府数字政务指数排名，城市群数字政务发展分析

续表

评估名称	评估框架	指标设计	数据来源	数据分析
国家行政学院《省级政府网上政务服务能力调查评估报告（2018）》	依据两份政策文件和联合国电子政务调查评估框架设定	包括服务方式完备度、服务事项覆盖度、办事指南准确度、在线办理成熟度、在线服务成效度5个一级指标，17个二级指标，78个三级指标	实时信息采集、信息抓取、问卷调查等手段，对32个省级网上政务服务平台提供的数据进行采集与监测	各一级指标排名、指标得分分析、年度对比、区域发展分析、具体指标分析
电子科技大学《中国地方政府互联网服务能力发展报告（2018）》	依据国办近年来出台的涉及信息化发展、"互联网＋政务服务"、政府信息公开、政府网站建设等相关文件精神，从政府互联网服务能力的内涵与构成出发设置评估指标	包括服务供给能力、服务响应能力、服务智慧能力3个一级指标，9个二级指标和35个三级指标	数据采集包括技术采集和人工采集两部分，采集范围涵盖全国各类各级政府网站、国内外新闻媒体、论坛、贴吧、博客、微博、微信与客户端等泛互联网渠道，对334个地级行政区进行评估	互联网服务能力总排名、分类（创新领先、积极追赶、稳步推进、亟待发展）分析；三种能力分指标分别排名、分类分析

其二，在评估指标上，除腾讯研究院和清华大学外，其余四个评估基本按照电子政务评估框架进行拆分。腾讯研究院的评估指标完全基于其微信应用平台，因此可以理解为平台评估指标；清华大学将"在线服务"与其他电子政务要素（信息公开、功能技术、在线参与）分离，针对性和专指性较强。

其三，在数据来源上，除腾讯研究院外，其他评估的主要数据来源均为"政务服务"平台网站。电子科大的数据来源特别广泛，采用了泛互联网渠道，数据量特别巨大。在数据采集方式上，各类评估通常采用机器采集数据和人工采集相结合的方法，但是联合国的两个指数却完全采用了人工调研的采集方式，腾讯研究院完全采用机器数据。

其四，在数据分析上，各类评估主要采用总指数排名、分指数排名、指标分析等方法；联合国、腾讯研究院和国家行政学院由于已开展超过一轮的评估，因此还进行了基于时间的跨年度对比分析。

2. 国内外"互联网 + 政务服务"评估的分类

从总体上看，当前国内外的"互联网 + 政务服务"评估主要针对两方面内容：一是服务内容，二是渠道功能。

第一类：评估服务内容，即具体的事务性在线服务。这类评估以 2018 年联合国电子政务调查报告的"在线服务指数"为代表，虽然调查内容也包含了政务数据开放、移动服务供给、电子参与等其他电子政务要素，但调查的主要思路是考察政府网站是否提供常用事项的"在线办事"功能。这种评估的本质是从"需求侧"出发，以用户视角评价"可用"与否，抓住了"互联网 + 政务服务"的实质，而且便于进行跨国、跨地区的横向比较和基于时间的纵向比较，通过标杆效应，推动落后国家和地区进步。从 2014 年到 2018 年，联合国电子政务调查持续跟踪了多个事项的在线服务提供情况，如支付公共事业费、提交所得税、等级注册新公司、缴纳罚款、申领出生证、申领结婚证、登记注册机动车、申领驾驶证、申领个人身份证等，提供在线服务的国家数量呈现 49% ~ 71% 的增长。

第二类：评估渠道功能，即分析服务渠道的各功能模块的完善程度。包括国家行政学院、电子科技大学和腾讯研究院的评估，主要思路是评估政务服务供给渠道上为实现"在线办事"而提供结构化的功能模块。这种评估的本质是从"供给侧"出发，从"互联网 + 政务服务"的技术、行政、组织入手，便于将事项从"网上可查"推进到"全程可办"的程度，由于网站功能复杂，进行跨国比较的难度较大，但在本国国内横向比较和纵向比较都容易实施，也能通过标杆效应，推动发展滞后地区快速进步。如国家行政学院 2016 ~ 2017 年，跟踪各省的政务服务能力，发现浙江、江苏、贵州、广东、福建、重庆和山东等地区，"运用现代信息技术创新行政审批和公共服务方式的手段，推动顶层设计和地方实践良性互动"，成为引领发展的"互联网 + 政务服务"典型示范。电子科技大学的评估，也通过优秀案例的示范，推动服务平台进一步优化发展，达到"以评促建"的目标。

除上述两类以外，清华大学的评估体现了两种方向的结合，即评估服务内容和渠道功能内容的结合，主要思路是评估网站上的"在线办事"功能模块和具体政务服务事项。这种评估兼具了"需求侧"和"供给侧"的特点，评估复杂程度与第二类相仿，同样难以进行跨国比较，但可以完成本国国内横向比较和纵向比较，也能达到标杆效应。清华大学的评估在具体事项上选择了 5 个指标进行评估，分别是"住房公积金个人住房贷款（申请）、保障性住房申请、房屋所有权登记、国内婚姻登记、个人社会保险登记"，这些事项的选择也体现了从用户角度出发的思想。

3. 国内外"互联网+政务服务"评估的局限

各类评估依据不同的目标，形成了各具特色的评估指标体系，通过分析评价指标体系与评价目标的匹配程度，可以分析各类评估存在的局限。

（1）评估服务内容类

联合国电子政务调查报告的"背景介绍"显示，调查目的是"为进一步发挥电子政务的潜能提供了新的分析及证据，以便支持落实《2030 可持续发展议程》"。因此，联合国电子政务调查评估的目的是提升电子政务绩效，达到人类的可持续发展，所以选择了以用户视角评估具体事项的方式。但是，联合国的调查为了实现大范围的跨国比较，忽略了各项在线服务的办理程度（网上提供办事指南、网上预约、网上预审或网上全程办理）的差异，随着服务"触网程度"不断加深，用户的获得感逐渐提升。与联合国类似，清华大学的评估内容也包括了"便民办事服务"，但指标判断要点为"是否提供抽取的办事服务，办事服务内容是否实用"，并没有体现具体事项的在线办理的程度。

因此，针对服务内容的评估，当前已有评估的局限在于评估深度不足，存在进一步深入的空间。

（2）评估渠道功能类

国家行政学院的评估立足《指导意见》和《建设指南》。其中，

《指导意见》指出,"推进'互联网+政务服务',是贯彻落实党中央、国务院决策部署,把简政放权、放管结合、优化服务改革推向纵深的关键环节,对加快转变政府职能,提高政府服务效率和透明度,便利群众办事创业,进一步激发市场活力和社会创造力具有重要意义"。《建设指南》指出,"当前各地区各部门积极推进网上政务服务平台建设,开展网上办事,有效优化了政府服务、方便了企业和群众,为大众创业、万众创新营造了良好环境"。因此,国家行政学院的评估已经全面考察了服务平台的详细功能模块。电子科技大学的评估也有异曲同工之妙,从供给侧出发,评估已经较为完善。诚然,渠道功能的完善程度和民众办事便利程度是密切相关的,但两者并非完全一致,基于供给侧的评估不能代替需求侧的评估。

综上可见,在当前"互联网+政务服务"的评估中,以渠道为评估对象的"供给侧"评价已经较为完善,以服务内容为评估对象的"需求侧"评估尚存在深化空间,值得进一步探索。

二 基于办事成本的"互联网+政务服务"评价模型的理论构建

下面遵循从理论到实践的逻辑分析过程,依据信息论重新定义政务服务,按整体政府理论设定评价场景,采用具体流程分析形成评价框架,最后运用经济学方法推导评价思路,最终形成从用户视角出发、基于办事成本的"互联网+政务服务"评价模型。

(一)依据信息论重新定义政务服务

对信息给出经典定义"用以消除随机不确定性的东西"的香农,同时给出了通用信息传播(通信系统)的模型(Shannon,1948),示意图如图1所示。

在基于信息论的通信系统理论框架下,以"企业或个人向办事机

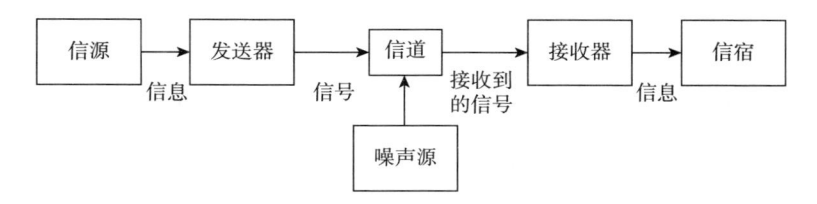

图 1 香农通信系统模型

构提交办事材料,办事机构审核材料,依据法律法规给出办事结果"的政务服务,其本质包括两个环节:其一,企业或个人提交办事材料,是一个典型的通信过程;其二,办事机构审核材料,是一个信息处理过程。在这两个环节中,环节一即实践中所说的"跑腿",需要用户付出跑腿成本,环节二即实践中的"审批、审核",需要办事机构付出行政成本。

《实施方案》所提出的"变'群众跑腿'为'信息跑路'",其实质是掌握特定办事信息的政府机构之间,通过共享平台直接通信,代替"人"这个介质来完成通信过程,因此政策目标重在削减民众的跑腿成本,本研究以民众"办事成本"作为评估"互联网+政务服务"的着眼点,体现了对"需求侧"的考量。

(二) 依据整体政府理论定义"互联网+政务服务"

"整体政府"(whole of government)与"协同政府"(join-up government)是一对意义相近的概念。后者由布莱尔政府于1997年首次引入,主要目标之一就是更好地处理那些涉及不同公共部门、不同行政层级和政策范围的棘手问题,是作为与部门主义、狭隘视野和各自为政相反的措施而提出的;协同政府意味着通过横向与纵向的协调,消除政策相互抵触的状况,有效利用稀缺资源,使某一政策领域的不同利益主体团结协作,为公众提供无缝隙的而非互相分离的服务。显然,这与"整体政府"的概念是相吻合的。在澳大利亚,联合政府报告(The Connecting Government Report)给公共服务中的"整体政府"所下的定义为:"整体政府是指公共服务机构为了完成共同的目标而实行的跨部门协作,以及为了解决某些特殊问题组成联合机构。所采取的措施可以是正式的也可以是非正式的;可以侧重政策的制定、项目的管理或者服务的提供。"整体政府的含义非常广,既包括决策的整体政府与执行的整体政府,也包括横向合作或纵向合作的整体政府;整体政府改革的实施可以是一个小组、一级地方政府,也可以是一个政策部门(Christensen et al.,2006)。

在整体政府的理论框架下,信息提供机构(信源)和信息需求机构(办事机构,信宿)同属于整体政府的一部分,为完成办事项目,应该进行协作,提供"无缝隙的"服务。因此,结合通信系统模型和整体政府理论,"互联网+政务服务"可定义为:在办事过程中,办事信息供需双方通过互联网渠道直接实现信息共享或数据交换,用户无须参与办事数据传递过程的服务方式。这种定义使"互联网+政务服务"直接体现为"让信息跑路代替群众跑腿",通过直接衡量"跑腿成本"来量化评估服务水平。

(三)依据流程分析推导"互联网+政务服务"评价框架

从实践层面看,通过对办事流程进行分析、简化和归纳,可以形成量化评价框架。

1. 办事流程分析

首先,需要将政策文件中忽视的事前阶段"准备材料"纳入研究框架,如图2所示。根据国务院办公厅于2018年6月10日印发的《进一步深化"互联网+政务服务"推进政务服务"一网、一门、一次"改革实施方案》,"到2018年底,'一网、一门、一次'改革初见成效,先进地区成功经验在全国范围内得到有效推广……在'最多跑一次'方面,企业和群众到政府办事提供的材料减少30%以上,省、市、县各级30个高频事项实现'最多跑一次'"。这里的跑腿次数,是从提交材料以后开始计算的,因此并不包含事前为准备材料而跑腿的次数。

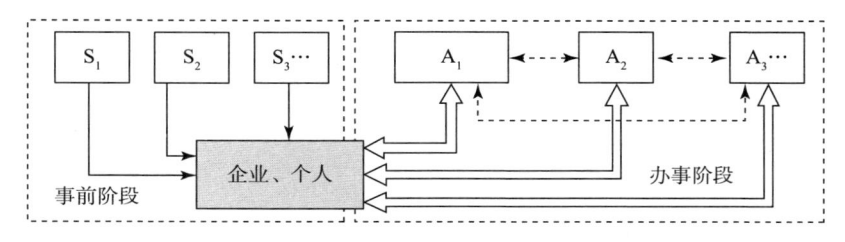

图 2 办事流程示意图

通常情况下，特别是办理复杂事项，民众办事包括事前准备材料和事中进入办理两个阶段，如图 2 所示。第一阶段，企业和个人在办事前需要向材料提供部门 S1、S2、S3……申请材料，这些材料需要符合办事部门的形式和内容的要求，因此，这个阶段仍属于办事流程的一个组成部分，而且，也是造成民众"办证多、办事难"现象的根源之一。第二阶段，进入正式办事流程，民众依次向办事部门 A1 提交材料，获得批示后将材料提交部门 A2，再次获得批示后提交部门 A3……直至最后得到办事结果。因此，"最多跑一次"的"互联网+政务服务"目标，实质是将办事阶段的多个环节整合在一起。

从通信系统模型出发，事前准备材料阶段和进入办理阶段的差异主要在于办事者在通信过程中承担的角色不同：准备材料阶段，办事者是信宿，政府部门是信源；在进入办理阶段，办事者是信源，政府部门是信宿。

2. 办事流程抽象为统一的通信模型

忽略办事流程中的通信系统信源和信宿分工的差异，就可以把事前准备材料和进入办理两个阶段统一描述，即办事过程呈现为办事者和各类机构之间通信过程的总和，如图 3 所示。这些过程是客观存在的，可以直接量化评价。

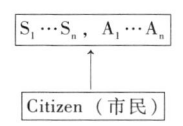

图 3 办事流程抽象图

将办事者在通信过程中的角色统一设定为信宿，则此时每个通信过程（跑腿办事环节）主要包括两个要素：信源是谁、采用什么媒介通信。因此，量化评价模型应该包括两方面：办事者需要到哪里获取材料（或办事），如何完成办事过程，这直接体现为办事者的跑腿成本。

（四）依据经济学方法量化办事成本

必须将信源和信道用统一的度量方式综合起来，才能对办事中"跑腿成本"进行完整测算。下面在分析两个要素的数理特征的基础上，结合经济学方法，提出要素合并测量的思路。

1. 信源测量方式分析

在政务服务场景下，信源是办事者获取材料的单位或者提交材料的办事机构，通常是政府部门及相关的事业单位或第三方机构。从办事指南中，可以明确看到办事地点和办事单位的行政层级等信息。显然，事项的办事层级和归属，是信源的主要特征，属性值包括村居级、街镇级、区县级、市级、外省市级、国家级，随着层级上升，办事距离逐渐扩大。属性值中增加了"外省市级"，是因为部分材料来源为"户籍地××部门"，对于非户籍居民而言，这个信源显然不同于本地各级信源。由于信源的行政层级反映了办事距离，而办事距离可以测量，因此信源的度量方式是距离。

2. 信道测量方式分析

在政务服务场景下，信道就是办事的方式，目前各级政府部门推出了各类便民办事方式，如证件快递、网办、全天候办等。在传输距离和所传递信息内容相同的情况下，由办事方式所体现的信道传输效率可以由传输时间来测量。此外，办事过程中需要花费交通费用。因此，需要考虑将时间、距离和费用三者统一起来进行测算的方法。

3. 经济学思路下的要素合成

机会成本（opportunity cost）是指被错过的商品和服务的价格。做决定具有机会成本，因为在一个资源稀缺的世界中选择一个东西意味着放弃其他的一些东西（萨缪尔森、诺德豪斯，1999）。在微观经济学的理论中，机会成本对于评价非市场性商品十分有用。

时间机会成本（opportunity cost of time）较早于1973年出现在Prochaska和Schrimper的文章标题中，用平均工资水平表征时间机会成本，结果表明家庭成员的时间机会成本是影响食品消费的重要因素，工资水平越高，离家消费越多（Prochaska，Schrimper，1973）。

在本研究的框架中，同样采用平均工资水平衡量时间机会成本，即测量因为"跑腿"办事耗费时间而损失的工资收入。通过时间机会成本，可以将时间和费用两个不同测量单位统一起来，完成对政务服务中"跑腿成本"（即办事成本）的全面测量。

自此，从办事层级到办事距离，从距离到时间，从时间到费用，研究形成了基于"办事成本"的"互联网+政务服务"评价模型的理论构建。这种评价方法完全从用户角度出发，弥补了当前"需求侧"评估中在线办理的程度无法体现、民众便利程度无法衡量的不足。从评估模式看，这是"结果导向"而非"过程导向"的评估，有助于鼓励"供给侧"继续推陈出新、锐意进取，进一步优化服务提供的方式。

三 "互联网+政务服务"评价模型算法构建

"互联网+政务服务"的办事成本指数（Cost Index of Internet + Government Service，以下简称CIIGS）：反映民众在接受政府服务过程中，为获取外部材料或提交材料办事所耗费的费用（即办事成本），从客观上反映了事项的办事难度。因此，该模型计算结果的取值范围为大于等于零的正数；最小值零表示"零跑腿"，是指数的理想取值；随着办事材料项目的增多、来源层级上升及地域的拓展，指数值逐渐增大；复杂事项的指数值为各环节数值的总和。

该模型由两个分指数合成而成，其中跑腿目的地指数（Index of Service Destination，以下简称ISD）表示材料的来源或办事机构的行政层级；办事方式指数（Index of Service Method，以下简称 ISM）表示各种办事便捷手段下办事成本的变化。两个指数的合成方式是条件组合，组合结果见表11。两个指数的具体情况，均可以通过具体办事服务的"办事指南"采集。其中办事地点可以决定提交材料环节的"跑腿目的地指数"的取值，"办事材料"中材料来源决定申请材料环节的"跑腿目的地指数"的取值，办事方式和材料形式决定了"办事方式指数"的取值。

计算公式为：

$$CIIGS = \sum_{i=1}^{n} ISD_i \times ISM_i$$

（一）跑腿目的地指数 ISD

ISD：某事项办事跑腿目的地的度量，主要依据是：（1）材料是否为办事者所有，（2）材料需要办事者向何机构获取办事材料（或提交办事材料）。采用两点间交通费用和时间机会成本进行核算。

1. ISD 指数构建

依据现实，将行政层级作为主要类型划分依据，因为层级越高，办事点越少，公民花费在办事交通上的费用就越高，办事难度就越大，具体情况如表 8 所示。

表 8 信息共享类型说明

类型	材料来源或办事部门	计算内容	说明
SD1	材料已经为办事者所有	0	无任何费用
SD2	办事者需要向所在单位提交或获取证明材料、盖章认定	时间	由于可以在工作时间进行，因此直接赋值为 0
SD3	居住地的村居级部门	时间	到达村（居）委会的平均时间
SD4	居住地的街镇（街道、乡、镇）级职能部门	时间	到达社区服务中心的平均时间
SD5	居住地区级职能部门或第三方机构	交通 + 时间	到达区级办事机构的平均时间和交通费

续表

类型	材料来源或办事部门	计算内容	说明
SD6	居住地市级职能部门或第三方机构	交通+时间	到达市级办事机构的平均时间和交通费
SD7	外地（如户籍所在地）职能部门	交通+时间	到达外省省会城市的平均时间和交通费
SD8	中央部委	交通+时间	到达首都北京的平均时间和交通费

2. ISD 指数计算

由于不同层级的机构数量和地理位置分布呈现显著差异，因此考虑采用两个公式进行计算，如表9所示。近距离采用平均距离法，远距离采用中心节点法。

表9 各级政府机构办事距离计算方式

适用范围	公式	思路
近距离（村居级、街道级、区级，即SD3~SD5）	$ISD_{V,T,D} = T_{V,T,D} \times S_A + F_{B,P,M} = L_{V,T,D} \div R_{B,P,M} \times S_A + F_{B,P,M} = \sqrt{A_c/8N_{V,T,D}} \div R_{B,P,M} \times S_A + F_{B,P,M}$（公式1）	平均距离法：依据面积求距离的方式，计算出每个村居（街镇、区县）的平均面积，按照正方形计算出行政区域内各点到中心的平均距离
远距离（市级、外省级、国家级，即SD6~SD8）	$ISD_{C,N,B} = T_{C,N,B} \times S_A + F_{C,N,B} = \sum_{i=1}^{n} T_i/n_{C,N,B} \times S_A + \sum_{i=1}^{n} F_i/n_{C,N,B}$（公式2）	中心节点法：直接采用区域的中心节点之间的距离进行计算。由于区的数量有限，而我国的省级单位也是可数的，因此民众从各区到市级政府办事的距离可以在一定程度上简化为从区中心（区政府所在地）到市中心（市政府）的距离；民众到外地办事，其距离也可以简化为从本省中心（省会城市）到各省中心的距离；民众到中央部委办事，距离简化为从省会城市到北京的距离

在上述的公式中，各项目的意义及计算方法解释如下。

（1）总成本项——包括实际采用交通工具的费用和交通耗时折合费用。ISD_V、ISD_T、ISD_D、ISD_C、ISD_N、ISD_B，分别表示民众办事到村居委会、街镇社区、区级部门、市级部门、外省政府部门、中央部委，单程的总费用。

（2）时间项——办事所耗费的时间。T_V、T_T、T_D、T_C、T_N、T_B，分别表示民众办事到村居委会、街镇社区、区级部门、市级部门、外省政府部门、中央部委，单程耗费的时间。

（3）行政区划数——某辖区内各级行政区划的数量。N_V、N_T、N_D，分别表示村居委会、街镇办事处、区县级政府数量。

（4）辖区总面积——某辖区的地域面积 A_C，通常以市为单位，因为常规事项的管理权限基本在市级及以下。

（5）距离项——民众到办事机构的距离。T_V、T_T、T_D、T_C、T_N、T_B，分别表示民众办事到村居委会、街镇社区、区级部门、市级部门、外省政府部门、中央部委的距离。

（6）速度项——R_B：民众骑自行车的时速，按 15 公里/时计算；R_M：民众自驾车（或乘出租车）的时速，按有中心线（50 公里/时）和没有中心线（30 公里/时）的平均速度 40 公里/时计算（成都市政府网站，2018）。R_P：民众乘坐公共交通工具的时速，较为困难，因为需要组合多种公共交通工具，考虑采用百度地图作为工具，测定多段路程上分别采用公共交通和自驾车所用时间，通过时间比值折算出速度。

（7）时间机会成本项——S_A：按统计局公布的当年当地人均收入计算，将人均收入除以当年工作日数，再除以 8 小时，即可获得本地人均每小时收入，这也就是办事人耗费同等时间办事的机会成本。

（8）交通费用项——F_B：民众骑自行车的费用，可以按共享单车的价格计算，亦可忽略不计；F_M：民众自驾车（或乘出租车）的费用，可依据距离，按照出租车行业的计价标准计算；R_P：民众采用公共交通工具的费用，可采用百度地图所推荐路线的费用计算。

（二）办事方式指数 ISM

ISM：某事项所需材料或办事环节中的办事方式的度量，主要依据是是否支持快递、是否可以从网上申请、是否可以获得具有证据效力的电子材料，采用每种方式所花费的费用计算。

1. ISM 的分析

以下将现实中，对各政府部门采用办事方式进行分类说明，构建指数如表 10 所示。

表 10　办事方式情况

类型	共享方式	特点
SM1	无任何便利	线下亲自办理，需要采集办事者的个人信息，如照片、指纹；或考察测试办事者的能力、素质，如体检、教学能力测试等
SM2	委托办理	无须本人亲自办理，可以委托他人办理，用低值边际时间替换高值边际时间，还可产生规模效应
SM3	材料或证照可快递送达	办事者支付物流费用，节省时间
SM4	传递电子证照	办事者付出少量时间成本，获得具有证据效力的电子证照，或以电子证照方式提供材料
SM5	完全信息共享	办事者付出成本为零，材料由供需双方以共享方式完成，材料可以是电子形式，亦可纸质

2. ISM 的测算

每种共享方式也依然存在一定的成本，下面分析测算方法。

SM1：没有任何便利，因此指数值为 1，可以直接和 ISD 相乘。

SM2：委托办理需要花费委托人的时间，其便利程度取决于委托办理的价格。由于各种事项的委托费用千差万别，因此考虑用低值边际时间替换高值边际时间的做法，计算出委托系数 E。在办理事项中，对委托办理情况进行了说明，通常要求提供委托者的身份证作为附加材料。此时，指数 ISM 的作用在于对 ISD 进行局部调整。

SM3：材料递送需要支付物流费用，按照全国通用的邮政快递业务资费 P 进行测算；此时，ISM 指数的作用在于当 ISD 指数值大于 P 值条件成立时，用 P 取代 ISD 指数。调研显示，江苏省的网上办事大厅，广泛采用了快递服务，这样可以减少用户跑腿领证的环节。

SM4：电子证照有两种获取方式，一是与纸质证照同步生成进入

"电子证照库",二是通过纸质证照数字化(拍照或扫描)获得。前者无须用户参与,后者需要耗费少量时间,但由于可以在工作时间以外完成,因此指数值可记为 0。根据笔者调研,深圳网上办事大厅就采用了重复利用电子证照的方式,一旦纸质材料成为被核验通过的电子证照,在以后需要提供相同材料时即可使用存储在系统中的电子证照。

SM5:在完全共享情况下,办事者根本无须了解关于该材料的任何内容,其实质相当于减少了一份材料,或减少一个办事环节,因此指数值为 0。这种理想情况很少见,或者说这种情况下,在办事指南中已经不再出现这份材料,或者已经缩减了一个环节,如果不对事项材料的变化情况进行跟踪调研,就无法感受到这种改变,这种情况或许可以称为"无感办证"。

(三) CIIGS"互联网+政务服务"的办事成本指数的合成

将跑腿目的地指数和办事方式指数合成,即可获得在每种情况下,公民获取一次材料或完成一个办事环节的费用情况。

1. CIIGS 指数合成情况讨论

由于 SD1、SD2 和 SM4、SM5 均能将指数值直接清零,而 SM1 与任意方式组合均保持 ISD 原值,因此这些类型不再组合分析,即 $SD1 * SMi$ $(i=1 \sim 5) = 0$,$SD2 * SMi$ $(i=1 \sim 5) = 0$,SDi $(i=1 \sim 7) * SM4 = 0$,SDi $(i=1 \sim 8) * SM5 = 0$,SDi $(i=1 \sim 8) * SM1 = SDi$ $(i=1 \sim 8)$。其余情况按共享类型和共享方式将指数两两组合,如表 11 所示。

表 11 "互联网+政务服务"的办事成本指数合成情况

合成方式	说明	结果(费用)
SD3 & SM2	距离很近,费用低,无须委托办理	SD3
SD3 & SM3	距离很近,费用低,快递费用高于办事费用,不采用快递	SD3
SD4 & SM2	距离近,费用较低,无须委托办理	SD4
SD4 & SM3	距离近,费用较低,同样不采用快递	SD4

续表

合成方式	说明	结果（费用）
SD5 & SM2	距离较近，费用较低，无须委托办理	SD5
SD5 & SM3	距离较近，费用较低，同样不采用快递	SD5
SD6 & SM2	距离远，需要采用委托方式	SD6 * 委托系数 E
SD6 & SM3	距离远，需要采用快递方式	P
SD7 & SM2	距离很远，需要采用委托和快递结合的方式	P + SDi (i = 3 ~ 6) * 委托系数 E
SD7 & SM3	距离很远，需要采用快递方式	P
SD8 & SM2	距离很远，需要采用委托和快递结合的方式	P + SDi (i = 3 ~ 6) * 委托系数 E
SD8 & SM3	距离很远，需要采用快递方式	P

因为将 SD6 和 SD7 与 SM2 合成时，需要将委托系数与时间机会成本相乘，因此出现了两个包含委托系数的新计算公式，如表 12 所示。

表 12　委托办理情况下办事成本

适用范围	公式	思路
中等距离，本地委托人（市级机构，SD6 & SM2）	$ISD_N = T_N \div R_{B,P,M} \times S_A \times E + F_N = \sum_{i=1}^{n} T_i/n \div R_{B,P,M} \times S_A \times E + \sum_{i=1}^{n} F_i/n$（公式 3）	委托人 – 中心节点法：计算从各区中心到市中心的距离，结合交通工具速度可计算耗费时间和交通费用。在计算时间机会成本时，在平均工资基础上乘以委托系数 E（E = 最低小时工资/平均小时工资，意为委托时间机会成本较低的人办事）
远距离，异地委托人〔外省省级机构、国家部委（SD7、SD8）& SM2〕	$ISD_{V,T,D,C} = T_{V,T,D} \times S_A \times E + F_{B,P,M} + P = L_{V,T,D} \div R_{B,P,M} \times S_A \times E + F_{B,P,M} + P = \sqrt{\dfrac{A_c}{8N_{V,T,D}}} \div R_{B,P,M} \times S_A \times E + F_{B,P,M} + P$（公式 4）	异地委托人 – 平均距离法：计算到外省政府机构、国家部委的距离，结合各种交通工具速度可计算所耗费的时间和交通费用，同样用委托系数计算时间机会成本，最后增加一个快递成本，意为被委托人将办事结果快递给委托人

异地委托办理存在市内办事地点不确定的情况，即不知道该事项的材料（办事环节）在本省（直辖市）内属于（市、区、街道、村居）的哪一级办事机构，需要酌情采用公式。

2. CIIGS 指数合成结果说明

最终，依据不同情况适用不同的公式，将上海市实测数据填入，包括交通工具速度（成都市政府网站，2018）、人均收入（新华网，2018）、行政区划（上海统计网，2018）、铁路客运票价（中国铁路客户服务中心，2019）、最低工资水平（上海政府网，2017）、快递费用（中国邮政速递物流，2019）等，最后测算结果如表 13 所示。必须要说明的是，CIIGS 指数结果只表征了一次"跑腿"的单程费用，现实中，跑腿应该采用来回费用和等待时间的机会成本一起核算。有调查发现，通信行业营业厅等候时间约为 20 分钟，银行的平均等候时间大约为 30 分钟，医院候诊的平均等候时间超过 40 分钟（王姝、吕超，2011）；由于没有关于政府部门办事排队等待时间的专门数据，因此采用上述三个数据的平均值 30 分钟，作为等待时间，用于后续测算。测算结果如表 13 所示。

表 13 各类办事情况的成本计算方法及结果

合成方式	公式	单程费用	全程费用	合成方式	公式	单程费用	全程费用
ST1 & SMi	0	0	0	ST3 & SM3	公式 1	0.99	16.78
ST2 & SMi	0	0	0	ST4 & SM2	公式 1	3.96	22.73
STi & SM4	0	0	0	ST4 & SM3	公式 1	3.96	22.73
STi & SM5	0	0	0	ST5 & SM2	公式 1	9.56	33.93
ST3 & SM1	公式 1	0.99	16.78	ST6 & SM3	P	9.56	20.00
ST4 & SM1	公式 1	3.96	22.73	ST6 & SM2	公式 3	24.27	63.35
ST5 & SM1	公式 1	9.56	33.93	ST6 & SM3	P	20.00	20.00
ST6 & SM1	公式 2	41.76	98.33	ST7 & SM2	公式 4	26.95	68.71
ST7 & SM1	公式 2	783.67	1582.15	ST7 & SM3	P	20.00	20.00
ST8 & SM1	公式 2	686.25	1387.31	ST8 & SM2	公式 4	26.95	68.71
ST3 & SM2	公式 1	0.99	16.78	ST8 & SM3	P	20.00	20.00

注：在计算（ST7、ST8）& SM2 时，实际采用了 ST3～ST6 的平均值。

从表 13 可以看出，办事的行政层级是一个关键变量，将高层级事项下放到基层办理的"简政放权"思路，确实能带来显著的效益改进。

在各类便捷办事方式中，电子证照和直接共享具有最大的效益，但会对政府部门产生建设和运营共享平台的额外成本；委托办理也为办事者在一定程度上减轻了负担，丝毫不影响政府部门原有流程；尤其值得推广的是快递服务，在同样不改变原有办事方式的情况下，当纸质证照材料必不可少时，快递服务对于费用成本较高的市级办理（ST6）和异地办理（ST7、ST8）两类情况提供了特别大的费用节省。

四 "互联网+政务服务"的办事成本指数对改进政府治理的参考指向

通过对"互联网+政务服务"的办事成本指数进行测量，可以评价任意办事项目的需求侧负担，使各级政府部门可以直观地把握"互联网+政务服务"的实效，并在一定程度上明确未来的治理改革方向。

（一）办事目的地指数的政府治理指向

ISD指数指向减少办事材料、合并办事环节和降低办事层级三个政府治理方向。该指数说明的是材料获取的空间难度，虽然对材料的要求是由具体的法律法规决定的，但是各级政府部门对规定的解读仍然存在弹性，这从一定程度上体现出治理水平。

在办理"高校教师资格证"时，上海市和浙江省教育行政管理部门的具体实施条例存在差异。比如上海市规定，提供"《申请人思想品德鉴定表》纸质原件"和"由户籍所在地的公安部门出具的'申请人无犯罪记录证明'纸质原件"（上海一网通办，2019）。根据浙江政务服务网上的"高等学校教师资格认定"事项，办理材料有"申请人所在高等学校填写的《申请人思想品德鉴定表》（表样2）及有关证明材料"（浙江政务服务网，2018），经查看样表，"有无犯罪记录"是《申请人思想品德鉴定表》的项目之一，且"由申请人所在工作单位或者所在乡镇（街道）填写，也可以由公安派出所或警署填写"。显然，浙江省的做法减少了一个办事材料，并增加了材料的来源，从整体上简化了办证手续。

此外，从流程看，办理"高校教师资格证"要求办事者3次亲自到特定地点办事，程序复杂，耗时较长，如果可以将多个环节合并，则能提高效率。如可以首先通过网上预审确定用户资格，在第一次到场办事时即拍照，并开展教学能力测试，就可以省却一个办事环节，节省跑腿次数，缩短办事时间；此外，体检环节完全可以从办事流程中抽离出来，用"并联"方式办理，即体检报告作为申请材料来提供，则可以进一步减少办事环节，提升办事效率。

因此，ISD的政府治理逻辑是：合理减少来自外部的材料，尤其是减少异地来源材料，可以显著减轻民众交通负担；降低办事层级减成本，因为层级越低，办事地点数量越多，居民就近办理更省时省力；合并办事环节，直接减少跑腿次数；ISD数值降低则意味着简政放权效益提升。

（二）办事方式指数的政府治理指向

ISM指数指向推进网上办事、提升跨部门信息共享水平的政府治理方向。该指数说明的是办事的技术难度，在"互联网+政务服务"的大背景下，各级政府部门通过各种技术和治理创新，给出了层出不穷的方案。

在办理"无犯罪记录证明"材料时，如果办事者可以直接从公安部门网上申请，通过快递获取证明材料，就可以大大节省去户籍所在地公安部门开具证明所耗费的时间和费用；如果能更进一步，这个证明材料由申请者在网上以电子证照的形式开具，通过电子签名确认其有效性，则可以省去传递纸质证明的物流成本，直接向办事部门提交；最理想的状态，是教育行政部门，通过与公安部门的数据库做后台的信息共享，直接确认申请者有无犯罪记录情况，此时，办事者完全无须考虑此材料的提供。

因此，ISM 指数的政府治理指向是用信息流取代物流，直接体现"互联网＋政务服务"各项政策所指的"数据跑路代替群众跑腿"；数值降低则意味着跨部门信息共享水平提升，政府整体治理效率提升。

五 结论

（一）评价模型的特点

本评价模型立足用户视角，重在完善对服务内容的评估，使服务实现程度的差异能量化表达，通过量化办事成本来考察"互联网＋政务服务"在"用信息跑路代替民众跑腿"上的最终结果。本评价模型的特点包括客观性、应用范围弹性和工具性三方面。首先是模型具有客观性，采用全客观数据进行评估，不依赖专家智慧，使评估具有在现实中广泛操作的可能性和便利性。其次，模型采用基于结果的评估模式，可以最大化地兼容"互联网＋政务服务"平台功能的多样性和创新性，因此评价模型的应用范围有很大的弹性，可以评价单一政务服务内容，也能评价提供多项政务服务的任意规模的政府机构。最后，评估模型可以作为政府部门"互联网＋政务服务"的绩效评估工具，重在解决"政府信息共享难"这个导致办事难的关键问题，将"整体政府"理论应用到实践中。

（二）评价模型的适用场景

基于上述特点，该评价模型可以应用于部门自评、部门间互评、第三方机构评估和办事者评价四种场景。第一，每一个政府部门可自评。依据已经梳理完成的办事指南，按照指数计算公式计算每一个事项的指数值：如果指数值为零，则已经完全实现信息共享，达到"互联网＋政务服务"的理想状态；如果指数值不为零，则需判断是否可以采用合并环节、减少材料、网办、快递等一系列做法降低指数值。自评可以定期举行，以判断本部门在"互联网+政务服务"最终效能上的进步情况。第二，部门间可互评。对包含多个分支机构的部门，可以采用各部门循环互评的方式进行，同样依据办事指南进行操作，针对指数值不为零的事项，进行整改，通过相互监督，使各分支部门的总体指数值逐渐下降。第三，第三方机构可进行大规模评价。在某个行政区域内，对全部"互联网+政务服务"事项进行评价，提供客观的评价报告，督促效益指数值偏高的部门加快信息共享进度，切实减轻民众办事负担；或者选取特定服务事项或事项组合（相同部门或相近功能），进行跨地域比较，并将结果排名展示，敦促指数值偏高的地区改进。第四，办事者评价。每个办事者，均可以按照评价模型的公式计算自己所办事项的指数值，并以指数值为依据，向办事部门提出具体改进措施。

（三）评价模型的局限性

本评价模型，需要通过采集办事指南的信息进行测算，还需引入工资水平等外部要素，主要存在三方面局限。一是办事指南真实性难以大规模验证。评估通过采集政府网站上的办事指南来评估"互联网+政务服务"，因此办事指南要素的全面性和真实性直接决定了测算的准确性。如果办事指南和实际办事模式存在差异，而评估者通过自身办事去一一测试所有服务的可行性较小，所以大规模评估的准确性不能完全保证。这个问题体现了理论研究的困境，却能实现应用的优势——每一个办事部门或办事者都可以在现实中用评估方法验证每一个项服务的绩效水平。二是评估测算存在地域依赖。为了测算办事成本，评估引入了辖区面积、行政区划数量、交通工具速度、人均时薪、人均最低工资等多个外部客观数据，这些数据存在显著的地域差异；为了避免系统误差，在跨地域评估时需要在每个城市重新测算，即"一城一算"。三是"供给侧"的服务成本尚未纳入评估范畴。评估通过测算民众所代表的"需求侧"办事成本来评估"互联网+政务服务"，而办事部门提供服务同样需要成本，如果能同步测算"供给侧"的服务成本，则可以全面地分析"互联

网 + 政务服务"的总成本,为各级政府提供更为科学的决策支持。

参考文献

保罗·萨缪尔森、威廉·诺德豪斯,1999,《微观经济学》第十六版,萧琛译,中国人民大学出版社。

成都市政府网站,2018,《中华人民共和国道路交通安全法实施条例》,http://gk. chengdu. gov. cn/govInfoPub/detail. action? id = 100354&tn = 6。

电子科技大学智慧治理研究中心、提升政府治理能力大数据应用技术国家工程实验室,2018,《中国地方政府互联网服务能力发展报告 (2018)》。

国家行政学院电子政务研究中心,2018,《省级政府网上政务服务能力调查评估报告(2018)》,http://www. echinagov. com/uploads/1/file/public/201804/20180418092933_ temxdwpeco. pdf。

清华大学国家治理研究院、清华大学公共管理学院,2016,《2016 年中国互联网 + 政务服务调查评估报告》。

上海统计网,2018,《上海统计年鉴 2017》,http://www. stats – sh. gov. cn/tjnj/nj17. htm? d1 = 2017tjnj/C0101. htm。

上海一网通办,2019,《教师资格认定 (高教系列)》,http://zwdt. sh. gov. cn/govPortals/bsfw/findBsfw. do? _organName_ = &_organCode_ = &_organType_ = &_itemId = SH00SH310100124001&_itemType = % E5% AE% A1% E6% 89% B9&_stSubitemId = 8a796ea4 – fe5e – 4523 – b10e – 5fb8d970a17f。

上海政府网,2017,《关于调整本市最低工资标准的通知》,http://service. shanghai. gov. cn/XingZhengWenDangKu/XZGFDetails. aspx? docid = REPORT_NDOC_000312。

腾讯研究院,2018,《中国"互联网 +"指数报告》,http://www. tisi. org/5025。

王姝、吕超,2011,《关于如何减少顾客在通信行业营业厅等候时间的调查研究》,《长沙通信职业技术学院学报》第 3 期,第 30 – 33 页。

新华网,2018,《2017 年谁挣钱最多? 京沪人均可支配收入逼近 6 万元》,http://www. xinhuanet. com/2018 – 02/24/c_ 1122444800. htm。

浙江政务服务网，2018，《高等学校教师资格认定》，http://www.zjzwfw.gov.cn/art/2015/12/14/art_48623_16625.html。

中国铁路客户服务中心，2019，车票预订 | 客运服务 | 铁路客户服务中心，https://kyfw.12306.cn/otn/leftTicket/init。

中国邮政速递物流，2019，特快专递（EMS）资费查询。

Tom Christensen、Per Lgreid、张丽娜、袁何俊，2006，《后新公共管理改革——作为一种新趋势的整体政府》，《中国行政管理》第9期，第83-90页。

Prochaska F. J., Schrimper R. A., 1973, Opportunity Cost of Time and Other Socio-economic Effects on Away-From-Home Food Consumption. *American Journal of Agricultural Economics*, 55 (4): 595-603.

Shannon C. E., 1948, A Mathematical Theory of Communiation, *Bell System Technical Journal*, 27 (3): 381.

United Nation, 2018, United Nation's E-Government Survey, https://publicadministration.un.org/egovkb/Portals/egovkb/Documents/un/2018-Survey/E-Government%20Survey%202018_FINAL%20for%20web.pdf: 154-159, 205-211.

On the Evaluation Approach of Internet + Government Services Based on the Costs of the Services

Long Yi   Lv Bin   Liu Xinping

Abstract: Aiming to overcome the difficulties and inefficiency confronting citizens and enterprises in public services, a serial of "Internet + Government Services" policies have been issued by the Chinese central government with the route of "to replace human's errand by data sharing". So an applicable evaluation approach is needed for the government offices to measure the performance. For references, the United Nation's e-government assessment about online services is introduced as well as several evaluations in China. Then, based on framework of the communication system model and the whole of government theory, this paper builds an evaluation approach by analyzing the business process of public services and using the time opportunity cost to measure the cost of public service. This approach try to consider many governance goals which are: reducing administration expenditure, increasing efficiency, optimizing internal processes and promoting cooperation between offices. Finally, the characteristics, applicability and limitations of this evaluation model are summarized.

Keywords: Internet + Government Services; E-government Evaluation; Costs of Accessing Government Services

基于系统动力学视域的政府网络舆情回应问题探析[*]

石 佳 郭雪松 胡向南 肖笑甜[**]

【摘要】 政府如何有效开展网络舆情回应是防范、化解社会矛盾与风险的关键问题。本文基于系统视角,从事件子系统、媒体子系统、网民子系统以及政府子系统出发,构建了政府网络舆情回应的系统动力学模型。而后,从政府舆情监测能力、政府反应能力、政府引导能力以及政府沟通能力等方面提炼了重点因果回路进行分析与问题识别。最后本文提出完善政府网络舆情回应要着重处理好四对重要关系,即风险和机遇的关系、应急处置和常态治理的关系、传统媒体和网络媒体

---

[*] 国家社会科学基金重点项目:"基于政治系统视角的重大事项协商沟通机制研究"(16BZZ052);中国博士后科学基金面上资助:"基于复杂系统视阈的公共政策协商沟通机制研究"(2019M653686);陕西省社会科学基金:"陕西省公共政策社会风险防范与化解机制研究"(2019E002)。

[**] 石佳(1989~),女,汉族,陕西西安人,博士,西安交通大学公共政策与管理学院助理研究员,研究方向:风险治理与应急管理;郭雪松(1978~),男,汉族,河北保定人,博士,西安交通大学公共政策与管理学院教授、博士生导师、行政管理系系主任,研究方向:风险治理与应急管理;胡向南(1991~),男,汉族,陕西西安人,西安交通大学公共政策与管理学院博士研究生,研究方向:风险治理与应急管理;肖笑甜(1993~),女,汉族,河南洛阳人,西安交通大学公共政策与管理学院硕士研究生,研究方向:风险治理与应急管理。

的关系以及意见领袖与普通网民的关系。

【关键词】 网络舆情；政府回应；系统动力学

一 引言

当前是我国发展的关键期和矛盾的凸显期，国家整体安全形势依然严峻复杂，面临着风险隐患增多、诸多矛盾叠加的挑战（闪淳昌，2019）。在社会安全领域，社会利益关系错综复杂、传统和非传统安全因素相互作用，多元的利益主体和风险来源给我国社会带来了更为复杂的风险特征。在此背景下，习总书记提出要将防范化解重大风险作为重大课题，而防范化解社会领域风险则是其中的重要议题（习近平，2019）。认识我国社会风险的新特征、预防并化解社会矛盾是当下公共安全研究亟待回应的关键问题。

在社会转型带来的诸多变化中，网络新兴媒体的快速发展加大了防控社会风险的难度，同时也催生了大量现代化过程中的风险。在新兴媒体的促进下，我国社会安全事件的聚集效应明显，通过网络平台引发的安全事件频发，同时呈现线上、线下呼应的复杂特征，社会安全面临新的挑战。根据第 42 次《中国互联网络发展状况统计报告》数据统计，截至 2018 年 6 月，中国网民规模已达 8.02 亿[①]，一方面，网络的普及为公民参与国家和社会治理、表达利益诉求提供更多的渠道和路径，成为推动我国治理现代化的力量之一；另一方面，网络由于自身匿名性、弱规则性等特点，容易导致风险信息的社会放大（Kasperson et al.，1988），极易使地区性、偶发性的问题，演变成全国性焦点问题，并引发线下群体性事件；此外，现阶段网络舆情治理体制与机制尚未完善，民众易受到虚假信息的影响，产生非理性或偏激的观点言论，滋生

---

① 数据来源：第 42 次《中国互联网络发展状况统计报告》（全文），中共中央网络安全和信息化委员会办公室，http://www.cac.gov.cn/2018-08/20/c_1123296882.htm。

社会情绪，并诱发网络暴力或更大的社会危机。

在此背景下，有效的网络舆情回应对政府治理能力的提升具有重要意义。综观近年来发生的网络舆情事件，地方政府回应行为呈现明显的区别，既有大张旗鼓的"动员式回应"，也有官方部门"集体的沉默"和"选择性回应"（刘泽照、张厚鼎，2013）。回应民众诉求是政府的基本责任，因此研究和分析如何在复杂、快速变化的信息环境中有效地回应网络舆情、预防社会风险，或有效地引导民众通过合理方式表达利益诉求，具有重要的理论意义和实践意义。

二 文献回顾

（一）网络舆情

网络舆情是公众在受到某些经由互联网传播的事件刺激后而产生的，对该事件的认知、情绪、政治态度和行为倾向的总和（曾润喜，2009）。"舆情"既是网络外社会事项刺激产生的民众社会政治态度被带到了网络上，同样也是受网络上传播的信息刺激而随时产生的民众的社会政治态度（何程君，2017），而"舆论"更加关注于"传播过程的构造与后果"（杨斌艳，2014；王来华，2008）。

对于网络舆情的研究国外学者开始较早，但其对于网络舆情、舆论并未进行详细区分，多用"Internet Public Opinion"或"Online Public Opinion"统一表达，研究内容多聚焦于对网络上公众的关注度分析（Kraker et al.，2014；Nassab et al.，2010；Schulz & Roessler，2012）、网络公众参与（Weber et al.，2003；Woo-Young，2005）、网络舆情危机产生原因（Noelle-Neumann，2010；Sturges et al.，1991）、舆情传播分析（González-Bailón & Paltoglou，2015；Savigny，2002）等。通过在CNKI数据库中搜索以"网络舆情"为主题的相关文献数量，国内学术界对网络舆情研究起始于2005年（5篇），并于2010年之后迅速发展

(429 篇），随着网络规模的不断扩大和民众参与程度逐渐加深，近年来相关研究数量呈现不断上涨的趋势。整体来看，国内学者对于网络舆情的研究多聚焦于以下几方面。第一，基于网络舆情传播理论的分析。如采用"沉默的螺旋"（郑云，2015）、"群体极化"（史波，2010a；王根生，2012）、"传染病理论"（王治莹、李勇建，2017）等对网络舆情的嬗变进行诠释。第二，基于网络舆情互动要素的分析，即基于网民、媒介和政府视角的分析。网民方面主要涉及对网络舆情中网民群体心理（刘业进，2016）、网民参与行为（洪巍等，2013）的分析；媒介方面涉及传统媒体和网络媒体对舆情的传播和引导机制分析（曾润喜、徐晓林，2010）；政府方面涉及政府治理、干预策略分析（曾润喜、魏冯，2016）与政府公信力的建构（夏志有，2014）。第三，对网络舆情演化、预警和监管具体方法的讨论。如引入系统动力学（狄国强，2012）、博弈论（宋余超、陈福集，2015）、利益相关者（郑昌兴等，2015）等跨学科方法与视角。综合以上视角，网络舆情相关分析与研究是综合了传播学、复杂性科学等相关理论与公共管理理论的交叉问题，也是公共治理实践中的关键问题。

（二）政府网络舆情回应

随着网络社会的崛起，网络舆情与网络舆情回应二者相生相伴，学者斯塔林（2003）指出，回应是"政府对民众对于政策变革的接纳和对民众要求做出反应，并采取积极措施进而解决问题"的过程。网络舆情具有的自由化与多元化属性是一把"双刃剑"，当政府面对民众的质疑，若通过网络舆情回应与民众沟通及时、得当，则有利于政府获得民众支持和展示良好形象，但若政府未掌握信息披露和传播的主动权，政府信息的真实性、客观性、有效性等受到质疑，则会导致线上的舆情风险、危机，甚至衍生出线下的社会失稳事件等。因此，政府网络舆情回应亦成为社会风险治理中重要的一部分。

对于政府网络舆情回应，现有相关文献与研究大体可以归纳为两类。第一类是对政府网络舆情回应中出现的问题以及完善策略进行研究。如赖盛强等（2018）采用内容分析法对64个网络舆情事件案例中政府采用的回应策略进行分析，提出回应策略组合包括从属策略与主回应策略两种类型，在政府回应时应同时考虑事件类型、回应时间和回应主体身份。屈群苹（2014）在对地方政府网络舆情应对现实困境分析的基础上提出舆情协调、预警等机制构建策略。钟伟军（2013）通过对微博平台上地方政府面临公共危机时的运行机制和表现形式的分析，提出建立有效的舆情收集机制、政府内部联动机制和线上线下协调机制等沟通策略。史波（2010b）从管理运行机制、预警机制、处置机制和善后机制提出了网络舆情回应和化解舆情危机的策略。第二类聚焦于回应能力、回应速度、回应效果等方面的影响因素识别。如文宏等（2016）以170个网络反腐事件为例，发现中央反腐力度、网络平台类型、信息源类型、涉案官员职位、涉案官员级别显著影响政府回应的及时性。刘泽照等（2013）以人民网83个网络舆情事件为例，分析发现网络舆情事件危害程度、媒体关注度、信息透明度、注意力分配等因素显著影响地方政府网络舆情事件回应程度。方付建等（2012）对10个典型舆情事件的热度、回应次数、回应策略、政府应对等方面进行对比分析，研究得出以上因素对网络舆情回应效果的影响程度不同。

  基于前期研究可以看到，随着网络环境的日益复杂及社会主体的多元化程度加深，政府网络舆情回应已不仅指政府自身的主动性行为，还更多地涵盖政府与其他主体基于共同利益诉求的互动过程。可以说，政府网络舆情回应不仅受到政府自身回应水平、回应能力等方面的影响，同时也与多主体互动、信息沟通及媒介因素等密切相关，具有非线性、复杂性特点（洪亮等，2017；郭梦珂等，2018；陈福集、叶萌，2013），是一个典型的复杂系统。基于此，系统的、整体的视角为分析政府网络舆情回应提供了有益思路，基于上述研究基础，本文拟采用系统动力学分析思路与方法，对政府网络回应进行系统分析，对该过程中各因素间相互作用的因果关系与重要因果反馈回路展开深入讨论，并提出完善政府网络舆情回应的思路。

三 基于系统动力学的政府网络舆情回应模型构建

1956年，美国麻省理工学院Forrester教授基于系统论、控制论和信息论始创系统动力学（System Dynamics），并以系统内部要素、结构与因果关系为分析重点。随着研究与应用的深入，系统动力学理论与研究达到了更加成熟的水平。具体来说，系统动力学是一种研究复杂系统的方法，它注重系统内部的非线性、动态、整体的复杂因果关系，运用系统反馈思想和计算机模拟技术对系统中因素变量进行分析，来反映复杂系统结构、功能和动态行为之间的相互作用关系，从而考察该系统在不同条件下的变化行为和趋势，以达到完善决策的目的。政府网络舆情回应是一个复杂的系统。在网络舆情传播和演化过程中，事件自身、网民、各类媒体以及政府相关部门均牵涉其中。这种情况下，政府及其相关部门能否针对民众的意见焦点，及时科学地进行回应，很大程度决定了舆情发展与演化态势，因此本文将政府网络舆情回应系统划分为事件子系统、媒体子系统、网民子系统以及政府子系统进行分析。

（一）事件子系统

网络舆情事件是产生舆情的导火索（狄国强，2012）。事件自身的敏感程度、易爆程度、危害程度以及包含大量潜在风险的特质，导致其网络舆情也常呈现复杂的因果作用机理（刘勇、王雅琪，2017）。具体来说，网络舆情事件一般来源于现实社会中矛盾的积累，事件发生会给社会发展及相关民众的生活造成影响与危害，其中不仅包括心理上的不安与恐惧，还包括现实中对社会稳定及经济发展的冲击（洪亮等，2017）。此外，事件本身越敏感则事件的作用力越强，引发热议和舆情风险的可能性就越高，现阶段我国常见的有环境污染问题、贪腐问题、医患纠纷、教育公平问题等敏感议题（张一文等，2010）。因此，在事件子系统中，事件的敏感程度与危害程度综合作用推动事件作用力，进而激发网络舆情，吸引政府、网民和媒体对其关注，因果关系如图1所示。

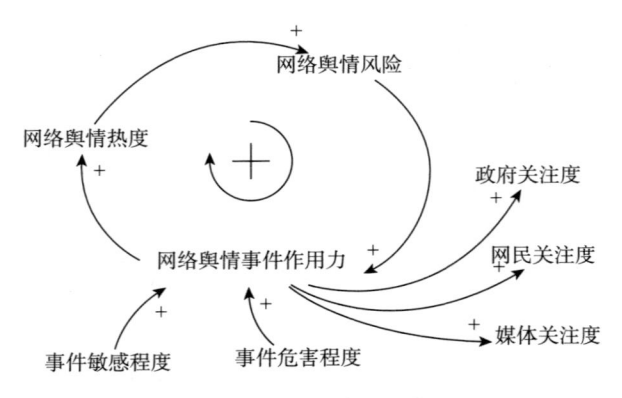

图 1　事件子系统因果关系

（二）媒体子系统

媒体是通过多元的发布方式、快捷的发布速度对事件有关信息进行传播的媒介。互联网的飞速发展和普及，使得传统媒体不再是唯一的信息获取途径。由于网络媒体（如微博、BBS、新闻门户等）具有不同于传统媒体的互动性、传播广泛性、时效性（郭梦珂等，2018），与自媒体时代网民参与的主动性特征相混合，会进一步推动网络舆情的复杂传播。此外，传统媒体也在跟随时代发生改变，传播方式推陈出新，并保持与网络媒体的互动合作。因此，在媒体子系统中主要包括网络媒体作用力和传统媒体作用力两方面因素（郭梦珂等，2018；陈福集、叶萌，2013），且作为"风险的社会放大站"（Kasperson et al.，1988），媒体对事件报道的频率越高、作用力越强，民众的关注度也就相应增加，具体如图2所示。

（三）网民子系统

网民是通过互联网表达观点、进行网络活动的网络使用者。网民借

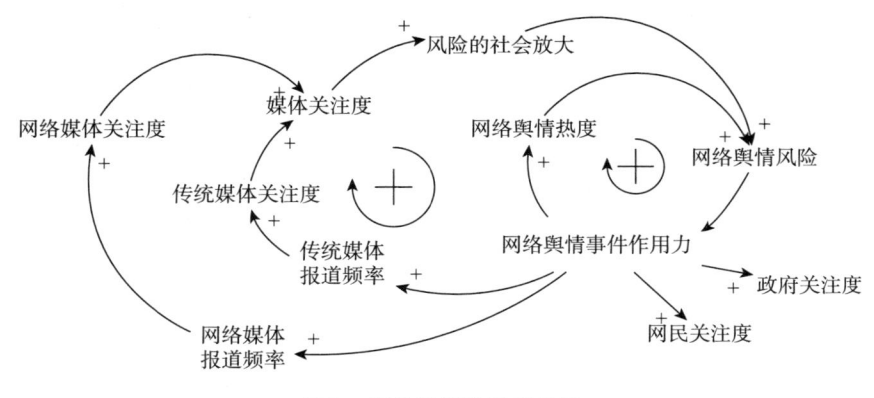

图 2 媒体子系统因果关系

助微博、微信、论坛等平台表达对事件的看法，并通过转发、评论等方式进行相关信息的传播。在持续的关注和参与过程中，网民的诉求、行为方式、情绪强度等都影响着舆情扩散范围以及潜在风险发生的程度（张乐、童星，2008）。网民参与舆情的讨论和传播，其实来源于其对现实社会中真实需求的反应（顾明毅、童兵，2011），这也是近年来多起突发事件（如四川什邡钼铜事件等）呈现"网上网下联动"特征的主要原因。同时，在网络舆情传播和演化过程中，随着网民参与度的不断提升，会出现一定程度的群体极化现象，这种现象多基于网民在不完全信息下的讨论或非理性的对话，并具有"传染"的特性，很有可能催生极端意见、加深社会矛盾进而造成社会风险。因此，在网民子系统中，主要包括网民参与度、网民关注度、网民舆情传播、网民对事件处理满意程度以及群体极化程度等，如图 3 所示。

（四）政府子系统

政府是网络舆情回应的主体，对网络舆情有引导和调控的责任。政府控制着社会绝大多数的信息资源，同时也是官方、权威信息的来源地，是调控舆情发展的重要力量（洪亮等，2017）。公众需要通过政府了解事件的真相，并获取政府对事件的态度及相关问责等一系列信息。政府网络舆情回应不仅包括政府对公众的需求和问题及时做出反应，

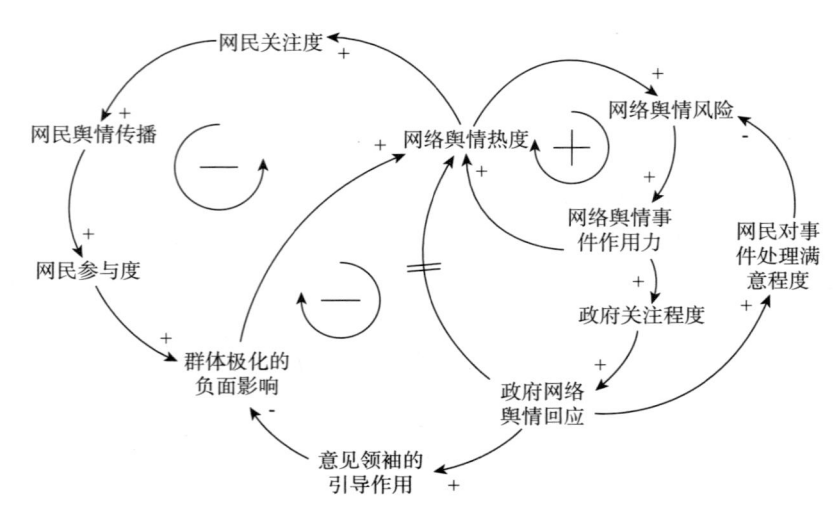

图 3　网民子系统因果关系

还包括回复内容的质量，可以说回应速度和内容质量共同缓解来自媒体、网民的极端情绪，进而削减舆情风险。但回应速度和内容质量常陷于难以同时提高的困境，这受到多种因素的综合影响。陈福集等（2013）指出政府网络舆情回应受到反应水平、引导水平、关注水平以及沟通水平的影响；张建红等（2011）在法治视角下提出地方政府应对网络舆情能力受到人为水平、技术水平以及沟通水平的影响；周阳（2018）与赖胜强等（2017）认为，由于网络舆情是随机发生的，因此是否开展了有效的"舆情监测"和"舆情捕捉"进而先期识别舆情风险，成为近年来影响政府网络舆情回应的重要因素，同样也是后期妥善开展舆情回应的重要基础。据此，在政府子系统中，政府网络舆情回应主要涵盖政府沟通能力、政府引导能力、政府反应能力、舆情监测能力以及政府关注度等主要因素，具体如图 4 所示。

综上所述，政府网络舆情回应因果关系图如图 5 所示。其中包括四个子系统，分别为事件子系统、媒体子系统、网民子系统以及政府子系统。这四个子系统相互联系和影响，最终共同影响政府网络舆情回应。

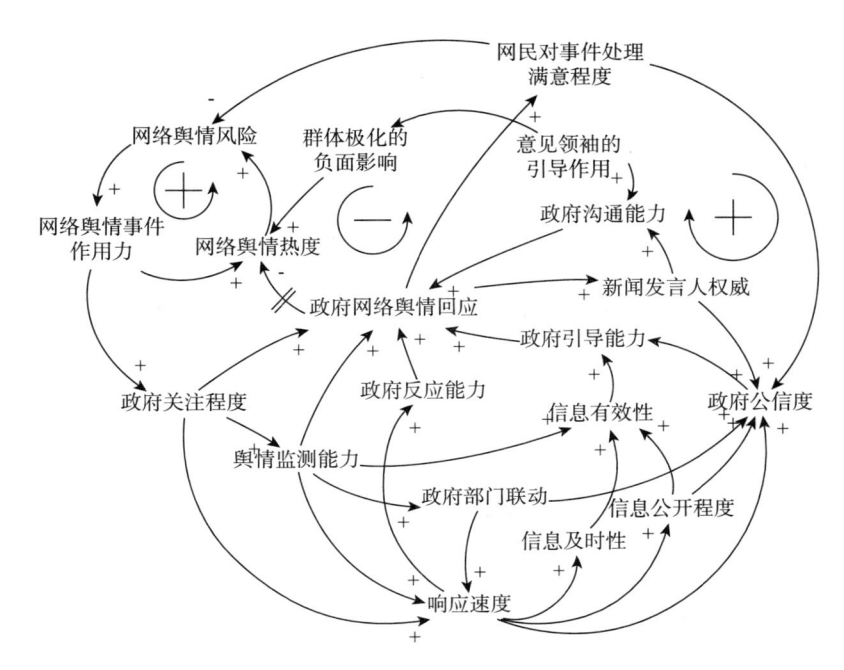

图 4　政府子系统因果关系

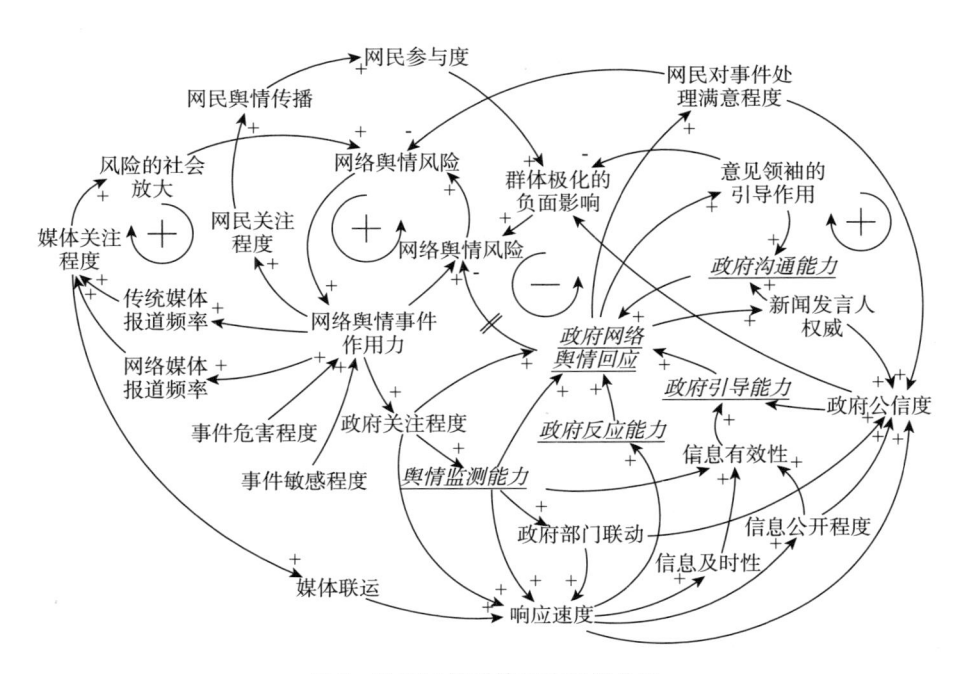

图 5　政府网络舆情回应因果关系

四 政府网络舆情回应因果反馈回路分析

在对事件子系统、媒体子系统、网民子系统、政府子系统以及政府网络舆情回应因果关系图进行构建与分析的基础上,本部分从舆情监测能力、政府反应能力、政府引导能力以及政府沟通能力四方面,对重点因果回路进行分析。

(一)舆情监测能力

回路1:舆情监测能力→+响应速度→+政府反应能力→+政府网络舆情回应→-网络舆情热度→+网络舆情风险→+网络舆情事件作用力→+政府关注程度→+舆情监测能力

回路2:舆情监测能力→+信息有效性→+政府引导能力→+政府网络舆情回应→+网民对事件处理满意程度→-网络舆情风险→+网络舆情事件作用力→+政府关注程度→+舆情监测能力

网络舆情监测能力是指对海量数据进行抓取和智能分析的能力,其中涉及对舆情信息的汇集、分类、整合、筛选。在舆情信息传播的初期,大量零散的信息分布在各类网络平台上,一般来说,敏感性及危害程度较高的话题如贪腐、医患纠纷、拆迁征地、教育公平问题及环境污染问题、食品安全问题等,更容易引起网民关注,容易促进舆情热度高涨进而引发舆情危机。由于网络舆情的发生是难以控制的,这就需要相关部门在常态管理中实时开展信息收集工作。若政府相关部门前期通过构建网络舆情监测及管理平台、大数据收集与分析平台等对信息进行收集,一旦网络舆情事件爆发、吸引了政府关注,监测与研判的相关网络舆情资料首先可以有效用于舆情判断和信息分析。同时,舆情实时监控可以提供丰富的政府舆情回应及舆情风险治理相关信息储备,如前期舆情内容、传播路径、情绪强度等。近年来我国的舆情监测产业逐步完善,出现了由第三方企业提供的舆情监测软件、内嵌在新华网等主流媒体的舆情监测系统，以及依托于高等院校的舆情分析智库等，这些都为提升舆情监测能力提供了智力和技术保障，也是网络舆情回应的起点。

（二）政府反应能力

回路1：政府反应能力→＋政府网络舆情回应→－网络舆情热度→＋网络舆情风险→＋网络舆情事件作用力→＋政府关注程度→＋舆情监测能力→＋政府部门联动→＋响应速度→＋政府反应能力

回路2：政府反应能力→＋政府网络舆情回应→－网络舆情热度→＋网络舆情风险→＋网络舆情事件作用力→＋网络媒体报道频率→＋媒体关注程度→＋媒体联动→＋响应速度→＋政府反应能力

面对事件发生后舆情发生、热度高涨及事件作用力的不断增强，政府有关部门需要及时有效地对媒体和公众发声，具体来说可拆解为两条思路。其一，网络舆情的处置、引导和回应工作往往涉及多个政府部门，但现阶段舆情回应中经常会出现部门职责分离、配合不力的问题。这种情况多表现为宣传部门职责与职能部门职责的分离，如"7·23"动车事故以及"8·12"天津港爆炸事故中，第一次新闻发布会举办过程中也多次出现"不清楚""相关单位没有参加本次发布会""需要进一步向其他部门核实"等措辞，不仅延误最佳回应时机、削弱政府公信力，更为不实流言创造了发酵空间。

其二，有效的媒体联动与融合发展、提升网络媒体与传统媒体之间的"黏性"亦是提升政府反应能力的紧迫问题。在事件发生后网络舆情的爆发阶段，传统新闻媒体和新兴网络新闻媒体跟进报道或转载，对事件的关注程度及报道频率不断攀升，引起更大范围的关注和传播。在此过程中，传统媒体的报道及线下新闻发布会更具权威性，但若回应速度较慢，网络媒体上各种视频、图片、文字实录等会借助新媒体平台肆意传播，出现"真相还未出门，谣言已经广泛散播"的现象。在此背景下，传统媒体与网络媒体的多元合作成为关键，形成规范的联动机制与融合发展可以对信息资源整合、争取事件处置和舆情引导时间、防止舆情风险网上网下联动传播产生积极影响。

(三) 政府引导能力

回路 1：政府引导能力→ + 政府网络舆情回应→ − 网络舆情热度→ + 网络舆情风险→ + 网络舆情事件作用力→ + 政府关注程度→ + 响应速度→ + 信息及时性→ + 信息有效性→ + 政府引导能力

回路 2：政府引导能力→ + 政府网络舆情回应→ − 网络舆情热度→ + 网络舆情风险→ + 网络舆情事件作用力→ + 政府关注程度→ + 响应速度→ + 信息公开程度→ + 政府公信度→ + 政府引导能力

回路 3：政府引导能力→ + 政府网络舆情回应→ + 网民对事件处理满意程度→ + 政府公信度→ + 政府引导能力

在网络舆情发展及爆发阶段，事件相关话题不断增多，加之媒体的风险放大作用，参与讨论的网民数量急剧上涨，政府及相关部门作为管理者则会加强对舆情传播与潜在风险的关注力度，这不仅需要政府回应和引导舆论，而且需要政府准确、及时和有效地向民众提供事件相关信息。政府引导水平与成效受到政府回应的及时性、信息公开程度及内容的有效性等一系列核心问题的影响。目前政府治理实践中存在回应过程中部门失语、妄语或用术语搪塞（如"7·23"动车事故）（张圣，2017），响应时间过长（如石首事件），只单向度发布消息而不进行回复和对话，与民众期待相距甚远（如四川什邡钼铜事件）（赖胜强等，2017），盲目追求回应速度而忽略了深入研判等一系列问题。因此，需要通过引导能力建设、政府组织形象与公信力重塑策略的实施（Benoit & Brinson，1999；刘祎，2013），提升网民对事件处理的满意程度，进而促进政府公信度的提升。

(四) 政府沟通能力

回路 1：政府沟通能力→ + 政府网络舆情回应→ + 意见领袖的引导

作用→＋政府沟通能力

回路2：政府沟通能力→＋政府网络舆情回应→＋新闻发言人权威→＋政府沟通能力

政府及相关部门在舆情研判、引导的基础上，展开有针对性的互动具有重要意义。其中，与网络意见领袖的互动不仅可以提升沟通效果，亦会对政府形象产生正面影响。网络意见领袖的态度有时可能是积极、正面的，有时可能是消极、负面的。这就要求政府在准确识别信息传播的关键节点的基础上，对网络意见领袖进行正确引导和监督，并提供网络舆情事件相关背景知识、工作方案、调查报告等，促使其展开社会动员，传递正向影响进而缓解舆情风险，提升沟通的有效性。此外，作为政府对外宣传的口径，新闻发言人也需要构建影响力和自身权威。在大量且繁杂的网络舆情与信息面前，新闻发言人的态度、立场、权威度和信誉度是提升政府公信力的"软实力"（程辉，2016）。

五 政府网络舆情回应中应处理好的几个关系

本文结合我国现阶段高风险社会背景以及国家关于防范和化解重大风险的新要求，在对网络舆情以及政府网络舆情回应相关研究与文献进行梳理的基础上，认为完善政府网络舆情回应要着重处理好以下四对关系。

（一）风险和机遇的关系：从适应性治理视角看待政府网络舆情回应

政府对于社会需求的"回应过程"以及"回应能力"近年来成为治理经验与治理模式研究中的关注焦点，并被看作治理体制具有"适应性"的重要因素（俞可平等，2015）。基于图5中构建的政府网络舆情回应系统因果反馈回路，整体来看存在这样一个"适应"的过程，即网络舆情热度与风险不断发酵，对系统造成冲击和扰动，政府对网络舆情的关注及回应，不仅面临整体性治理等共性问题，更由于系统的反直观性、涌现性，容易诱发突破系统阈值的"黑天鹅"事件。而后，政府相关部门通过一系列措施缓解群体极化带来的负面影响、提升网民对事件处理的满意程度及政府公信度，整合分散于不同主体中的资源与信息（如政府部门联动及媒体联动），最终减缓舆情热度和风险，进而优化系统功能。这个过程不仅是网络快速发展背景下政府对于外界环境不断反馈和学习的过程，同样也是网民子系统、政府子系统等各子系统与系统整体之间、结构与功能之间的适应性调整。在风险社会的情境下，没有一劳永逸的政府网络舆情风险治理策略与方案，只有不断地折中和权衡，识别、利用外部环境变化为网络舆情回应与风险治理工作发展带来的机遇，这不仅有助于系统功能的恢复，还可使其达到更优的系统状态。因此，适应和学习是政府网络舆情回应机制的出发点，也是目前治理结构和组织关系调整的核心。良好的事后反馈-学习机制，一方面，可在政府网络舆情回应后针对民众满意程度展开监测，不断调整回应策略；另一方面，可对历次回应策略、效果进行评估与总结，最终形成闭环管理和动态适应全过程。

（二）应急处置和常态治理的关系：健全政府网络舆情监测常态化机制

如前所述，网络舆情是随机发生的，尤其在舆情信息传播比较分散的阶段，信息零散地分布在各类网络平台的评论中，在这个阶段政府对于网络舆情的收集、监测以及研判能力是后期有效开展舆情应对和沟通的重要基础。综观近年来国内多起环境相关网络舆情事件，如四川什邡钼铜事件、宁波镇海PX事件、余杭垃圾焚烧厂事件等，虽然政府在舆情回应、引导与沟通等应急过程中难辞其咎，但暴露出的常态管理中舆情监测的短板更值得反思。风险社会中，政府网络舆情回应更应重视前期常态化治理工作，构建长效机制。第一，构建政府网络舆情回应的协调联动机制。网络舆情及其引致的风险一方面跨越组织边界、功能边界以及时间边界，另一方面具有突发性、联动性等，会产生难以估计的损失。据此，可从组织层面（相关部门间）与运作层面（资源与信息共享）两方面，构建信息交流与共享机制进而实现信息交换与资源共享。第二，完善舆情采集、监测、研判、预警等常态化机制。此部分可借鉴钱学森等学者提出的综合集成方法（戴汝为、操龙兵，2002），即通过人－机结合、群体研讨等方式，最大限度集成有关经验、理论、知识、信息和数据，并通过群体成员之间的互相激发，对上述资源集体加工处理。具体而言，政府可邀请不同行业、领域的专家，依托大数据平台构建综合集成研讨厅，而后采取以下措施：从新闻网站、贴吧、博客、微信等社交媒体平台爬取事件相关文本，对虚假信息、攻击语言等进行数据清洗；综合运用如分类、聚类、关联规则分析、估计、预测与复杂数据类型等数据挖掘方法，完成舆情风险因素与关键节点的识别，将内隐的知识主体外显化；通过拟合仿真跟踪研究群体观点终态与初始观点的关系，重点加强对事件相关态度、观点演化路径的追踪与预测；政府及相关部门在掌握了事件观点演化与传播路径的基础上，做好适度回应和疏导。

（三）传统媒体和网络媒体的关系：构建媒体联动的政府网络舆情回应机制

推动传统媒体和网络媒体融合发展、形成网上网下同心圆是政府网络舆情回应面临的一项紧迫课题。在政府网络舆情回应具体内容拟定后，应聚焦如何利用媒体提高响应速度、扩大信息传播范围。如前分析可知，传统媒体更具权威性，网络媒体则更具实效性，线上线下配合与媒体联动对信息及时性、公开程度和政府反应能力均有正向影响。这又可拆解为两条具体策略。第一，在合理评估舆情事件影响的基础上，政府应与媒体主动联系沟通，通过网络媒体率先表达对事件的关切，通过多渠道、分散化的方式先降低舆情扩散的速率。如逐步公开伤亡人数、评估报告、负责部门等"敏感性"信息，同时监测与之相关联的舆情的突发指标（如态度、情感及扩散速度等）变化，对问题发酵的各个源流进行有效切割，进而避免突发事件舆情经过媒体这一"社会放大站"的作用演化为"燎原之势"。第二，在以网络媒体信息披露、实时跟进、媒体采访和政务微博动态回应为主的基础上，传统媒体可通过刊发评论文章、邀请第三方参与事件评估、邀请公众参与讨论等方式作为阶段性总结，并辅之以新闻发布会表明政府态度，在充分保证政府响应速度和处置时效性的同时，构建完整的媒体联动机制，进而降低次生舆情和风险发生的可能性。

（四）意见领袖和普通网民的关系：引导网络舆情良性发展的切入点

在网络舆情中往往形成多个意见团体和关键的意见领袖。嘈杂的信息环境下，政府需要对网络舆情组织结构进行深入分析，并针对意见领袖和一般网络民众展开多元的回应。第一，意见领袖引导形成多中心分布的舆情传播网络结构。在事件相关网络舆情传播过程中会形成以参与主体为节点（如网民、网媒门户、政务微博等）的社会网络，从社会网络分析的角度来看，如果社会网络只有一个中心，那么将会有巨大的潜在风险（朱正威、石佳，2013）。因此，政府及其相关部门应引导并构建多中心的社会网络，既可以保证信息传播的效率，也可以避免单中心传播模式带来的潜在风险以及信息遮蔽。具体来说，舆情传播网络中的"中心"常用"意见领袖"的方式表示（Shi et al., 2017）。在通过网络分析识别意见领袖的基础上，应更加注重其"分布"与结构优势，通过双向的信息发布与民意收集搭建网民与政府之间的桥梁，政府通过预先给意见领袖提供信息、对其进行正确引导和监督，促使其向网民和社会传递正向信息和影响，进而缓解"群体极化"现象带来的负面影响。第二，加强对观点动态演化的关注力度，跟踪研究不同群体的观点演化路径，针对不同群体的特征采用不同回应方式并提供不同信息内容。具体来说，在区分普通网民用户、非政府组织用户、专家学者用户等基础上，面向普通网民用户回应方式应更亲切，信息内容应更容易理解,如目前各政府部门广泛采用的微博互动等方式;面向非政府组织的回应应当具备一定的正式公文特征,注意回应的规范性并展示合法、合理依据;面向专家学者等群体的回应需具备一定的专业性,提供相关的依据等。

参考文献

陈福集、叶萌,2013,《系统动力学视角下政府回应网络舆情的能力提升研究》,《情报杂志》第 11 期。

程辉,2016,《"第一新闻发言人"是提升政府公信力的软实力》,《秘书之友》第 4 期。

戴汝为、操龙兵,2002,《综合集成研讨厅的研制》,《管理科学学报》第 3 期。

狄国强,2012,《网络舆情事件的系统动力学模型与仿真》,《情报杂志》第 8 期。

方付建、汪娟,2012,《突发网络舆情危机事件政府回应研究——基于案例的分析》,《北京理工大学学报》(社会科学版)第 3 期。

格罗弗·斯塔林,2003,《公共部门管理》,上海:上海译文出版社。

顾明毅、童兵,2011,《互联网受众对网络舆情的需求起源》,《新闻记者》第 11 期。

郭梦珂、郭东强、余鲲鹏,2018,《基于系统动力学的政府网络舆情回应研究》,《科技与经济》第 3 期。

何程君,2017,《突发事件网络舆情治理研究》,华中师范大学硕士学位论文。

洪亮、石立艳、李明,2017,《基于系统动力学的多主体回应网络舆情影响因素研究》,《情报科学》第 1 期。

洪巍、吴林海、王建华、吴治海,2013,《食品安全网络舆情网民参与行为模型研究——基于 12 个省、48 个城市的调研数据》,《情报杂志》第 12 期。

赖胜强、唐雪梅,2018,《政府网络舆情回应策略的内容分析》,《现代情报》第 10 期。

赖胜强、唐雪梅、张旭辉,2017,《政府部门网络舆情回应能力的构建》,《电子政务》第 7 期。

刘业进，2016，《网络舆情生成传播中心理群体的涌现机制》，《学术界》第 6 期。

刘祎，2013，《我国突发公共事件善后报道研究》，南昌大学博士学位论文。

刘勇、王雅琪，2017，《公共危机中"次生舆情"的生成与演化——基于对"8·12 天津港爆炸事故"的考察》，《国际新闻界》第 9 期。

刘泽照、张厚鼎，2013，《地方政府网络舆情回应行为研究——以人民网为例》，《情报杂志》第 10 期。

屈群苹，2014，《地方政府网络舆情回应：困境分析与突破策略》，《黑河学刊》第 8 期。

闪淳昌，2019，《防范化解重大风险 提高危机管理能力》，《中国党政干部论坛》第 5 期。

史波，2010a，《网络舆情群体极化的动力机制与调控策略研究》，《情报杂志》第 7 期。

史波，2010b，《公共危机事件网络舆情应对机制及策略研究》，《情报理论与实践》第 7 期。

宋余超、陈福集，2015，《面向主题分类的网络舆情博弈形成机制研究——基于三主体研究》，《情报杂志》第 8 期。

王根生，2012，《网络舆情群体极化动力模型与仿真分析》，《情报杂志》第 3 期。

王来华，2008，《论网络舆情与舆论的转换及其影响》，《天津社会科学》第 4 期。

王治莹、李勇建，2017，《政府干预下突发事件舆情传播规律与控制决策》，《管理科学学报》第 2 期。

文宏、黄之玞，2016，《网络反腐事件中的政府回应及其影响因素——基于 170 个网络反腐案例的实证分析》，《公共管理学报》第 1 期。

习近平，2019，《习近平在省部级主要领导干部坚持底线思维着力防范化解重大风险专题研讨班开班式上发表重要讲话》，新华社，http:∥www.gov.cn/xinwen/2019-01/21/content_5359898.htm。

夏志有，2014，《反思与重构：网络舆情视域下地方政府公信力研究》，《山东社会科学》第 8 期。

杨斌艳，2014，《舆情、舆论、民意：词的定义与变迁》，《新闻与传播研究》第 12 期。

俞可平、托马斯·海贝勒、安晓波，2015，《中共的治理与适应：比较的视野》，中央编译出版社。

曾润喜，2009，《网络舆情管控工作机制研究》，《图书情报工作》第 18 期。

曾润喜、魏冯，2016，《政媒共治：灾难事件中网络造谣与辟谣的信息行为研究——基于"8·12 天津爆炸事故"谣言的内容分析》，《电子政务》第 5 期。

曾润喜、徐晓林，2010，《网络舆情的传播规律与网民行为：一个实证研究》，《中国行政管理》第 11 期。

张建红、钟永光、张海珍、郝晓霞，2011，《地方政府应对网络舆情能力的系统动力学研究》，《情报探索》第 11 期。

张乐、童星，2008，《加强与衰减：风险的社会放大机制探析——以安徽阜阳劣质奶粉事件为例》，《人文杂志》第 5 期。

张圣，2017，《政府网络回应的改进策略》，《党政论坛》第 5 期。

张一文、齐佳音、马君、方滨兴，2010，《网络舆情与非常规突发事件作用机制》，《情报杂志》第 9 期。

郑昌兴、苏新宁、刘喜文，2015，《突发事件网络舆情分析模型构建——基于利益相关者视阈》，《情报杂志》第 4 期。

郑云，2015，《"沉默的螺旋"视角下大学生网络舆情的引导策略》，《中国成人教育》第 21 期。

钟伟军，2013，《公共舆论危机中的地方政府微博回应与网络沟通——基于深圳"5·26 飙车事件"的个案分析》，《公共管理学报》第 1 期。

周阳，2018，《基层政府网络舆情回应问题研究》，郑州大学博士学位论文。

朱正威、石佳，2013，《重大工程项目中风险感知差异形成机理研究——基于 SNA 的个案分析》，《中国行政管理》第 11 期。

Benoit, W. L., & Brinson, S. L. 1999. Queen Elizabeth's image repair discourse: Insensitive royal or compassionate queen? *Public Relations Review*, 25 (2), 145 – 156.

González-Bailón, S., & Paltoglou, G. 2015. Signals of Public Opinion in Online

Communication: A Comparison of Methods and Data Sources. *Annals of the American Academy of Political & Social Science*, 659 (1), 95 – 107.

Kasperson, R. E., Renn, O., Slovic, P., Brown, H. S., Emel, J., Goble, R., Kasperson, J. X., et al. 1988. The social amplification of risk: A conceptual framework. *Risk Analysis*, 8 (2), 177 – 187.

Kraker, J. D., Kuijs, S., Cörvers, R., & Offermans, A. 2014. Internet public opinion on climate change: A world views analysis of online reader comments. *International Journal of Climate Change Strategies & Management*, 6 (1), 19 – 33.

Nassab, R., Hamnett, N., Nelson, K., Kaur, S., Greensill, B., Dhital, S., & Juma, A. 2010. Cosmetic tourism: Public opinion and analysis of information and content available on the Internet. *Aesthetic surgery journal*, 30 (3), 465 – 469.

Noelle-Neumann, E. 2010. The Spiral of Silence A Theory of Public Opinion. *Journal of Communication*, 24 (2), 43 – 51.

Savigny, H. 2002. Public opinion, political communication and the internet. *Politics*, 22 (1), 1 – 8.

Schulz, A., & Roessler, P. 2012. The spiral of silence and the Internet: Selection of online content and the perception of the public opinion climate in computer-mediated communication environments. *International Journal of Public Opinion Research*, 24 (3), 346 – 367.

Shi, J., Kapucu, N., Zhu, Z., Guo, X., & Haupt, B. 2017. Assessing risk communication in social media for crisis prevention: A social network analysis of microblog. *Journal of Homeland Security and Emergency Management*, 14 (1), 1 – 16.

Sturges, D. L., Carrell, B. J., Newsom, D. A., & Barrera, M. 1991. Crisis communication management: The public opinion node and its relationship to environmental nimbus. *SAM Advanced Management Journal*, 56 (3), 22.

Weber, L. M., Loumakis, A., & Bergman, J. 2003. Who participates and why? An analysis of citizens on the Internet and the mass public. *Social Science Computer*

Review, 21 (1), 26 – 42.

Woo-Young, C. 2005. Online civic participation, and political empowerment: Online media and public opinion formation in Korea. *Media, Culture & Society*, 27 (6), 925 – 935.

An Analysis of Government's Response to Online Public Opinion:
Based on System Dynamics Perspective

Shi Jia　Guo Xuesong　Hu Xiangnan　Xiao Xiaotian

Abstract: An effective response to online public opinion in the Internet environment is an important issue to prevent and resolve social conflicts. Based on the perspective of system dynamics, this paper constructs a system dynamics model of government online public opinion response from the event subsystem, media subsystem, netizen subsystem, and government subsystem. Then, the key causal loops were identified and analyzed from the aspects of government online public opinion monitoring ability, government response ability, government guidance ability, and government communication ability. Finally, this paper proposes to improve the government's response to online public opinion focusing on four important relationships, namely the relationship between risk and opportunity, the relationship between emergency response and normal governance, the relationship between traditional media and online media, and the relationship between opinion leaders and ordinary netizens.

Keywords: Online Public Opinion; Government's Response; System Dynamics

网络舆情、国家治理和网民参与指数

——一项网络舆情案例的时间序列分析

翁士洪[*]

【摘要】 立足于治理理论,结合我国政府与网民互动的现实,建构了理解网民参与效果的探索性分析框架。使用时间序列分析方法检验了中国 2011 年至 2014 年网络舆情案例的网民参与情况。结果表明,网络舆情指数与时间热值、微博数量值、论坛数量值都存在线性相关性且相关性都较高,特别是和时间热值的相关性最强。网民参与社会事件的评论既受到一些客观因素的影响,同时也会参考自身的前期参与行为。此外,通过定量分析展示了网民参与背后蕴含的社会机制。这一努力揭示了中国国家治理中的政府和社会互动的关系这一制度逻辑。

【关键词】 网民参与;网络舆情;国家治理

国家治理研究是当前社会科学的重要议题,近年来已经上升为国家最重要的政策议程之一。有关中国的国家治理逻辑的研究,主要有两条脉络:一条是主线,探讨国家或政府组织的内部结构、地方分权、及

---

[*] 翁士洪,博士,华东师范大学公共管理学院副教授、公共政策研究中心副主任。

其对整体行为和绩效的影响，体现的是权威配置（周黎安，2014；周雪光，2011；曹正汉，2014；何显明，2013；史普原，2016）。另一条是辅线，探讨如何从政府组织之外保证政府合法、有效地行使公共权力（蔡益群，2016；周雪光、练宏，2012；史普原，2015；彭勃、张振洋，2015），这个问题在发展中国家尤为突出，深刻影响着国家治理绩效，体现的是公共参与（Bardhan，2002）。这两条脉络都很重要，不过，现有研究往往重视第一条脉络，讨论了国家治理中的中央权威与地方权力间的关系，而忽略了第二条脉络，即政府与民众间的关系，或者说重视"国家权利"而忽视"社会权利"（史普原，2016）。由此可见，在公共参与这一条脉络上仍有空间进一步探讨其结构与成因，建构正式模型。

近年来，公共参与研究成为学界关注的焦点，相关研究包括公民参与（Pedersenl & Johannsen，2013）、公众参与（Grano，2016；Vob & Amelung，2016；赵燕菁，2015）、网络参与（Ferber, Foltz & Pugliese，2005；顾丽梅，2011）、参与治理（Michels，2005）、民主参与（Pierre, Røiseland, Peters & Gustavsen，2017；Watson，2015；莱纳·温特、杨玲，2011）。这些研究借鉴治理理论，从政治参与、议程设置、传播沟通、多元治理等角度对公共参与的组织、过程、策略与效果进行了较为深入的考察。值得注意的是，尽管网络信息技术在公共参与领域的应用日益深化（Chadwick，2007），然而有越来越多的研究尤其有关中国的经验研究表明，在涉及公共政策的网络舆情事件中的网络参与结果并不理想，充满了社会批评甚至遭遇控制，也夹杂不少谣言，加深了政府与网民之间的信任鸿沟和紧张关系（Leibold，2011）。基于上述关切，本研究试图回答以下问题：在中国，网民参与在网络舆情中是如何呈现的？究竟有哪些核心因素能够影响网民参与的效果？其背后蕴含着什么样的社会机制？

本文以2011年至2014年网络舆情案例为研究对象，采用时间序列分析方法，较为系统地分析和探讨具有较大社会影响力的网络舆情事件中网民参与得以成功扩散与传播的影响因素。这一努力正是为了更好地揭示并理解中国国家治理的另一种制度逻辑，立足政府和社会互动的关系，提出了网民参与指数模型。

本研究将在以下三个方面做出努力：第一，回顾近年网络参与研究的总体趋势，初步检验相关文献的解释力；第二，结合中国网民参与实践和研究的理论洞见，较为系统地分析网络舆情事件中网民参与的影响条件；第三，提出并检验网络舆情事件的时间热值、微博数量值、论坛数量值对网络舆情指数的影响，并进行简短的总结和延伸性讨论。

一 网民参与和网络舆情研究

（一）网络舆情相关研究

20世纪90年代中期以来，随着网络信息技术的快速发展与大规模应用，许多公众运用现代网络信息技术进行公共参与（Chadwick，2007），实现公共利益，现实中也有许多公共事件引发大量网络舆情。在网络社会时代，国家治理的有效性很大程度上取决于网络治理水平。于是中国的网络参与问题进入国内外的学术研究视野，并迅速成为一个研究热点（顾丽梅，2011）。然而，在浩瀚的网络参与研究文献中，"网民参与"的测量指标、影响因素及其成因仍未引起足够的重视，相关研究还很薄弱。

网络舆情研究是社会科学尤其公共危机管理研究较为集中的一个领域。在许多重要的社会公共事件发生后，人们很容易找到相应的网络舆情。特别是突发事件、危机事件，或群体性事件（冯仕政，2016），一旦被网络媒体或网民报道，短时间内会引起大量网民参与其中，迅速传播并形成突发事件网络舆情（李弼程、林琛、郭志刚，2010）。丁俊杰、张树庭（2010）曾依据事件简述、传播路径、舆情源头、网络传播、舆情分析的框架对突发公共事件危机管理的网络舆情经典案例进行了汇编。

也有研究采用了社会网络分析法探讨网络舆情的过程，比如康伟（2012）以量化与可视化形式呈现"7·23"动车事故中关键指数、节点和舆情结构。朱正威、石佳（2013）则运用社会网络分析法分析四川什邡钼铜事件中不同主体风险感知差异对关键节点的舆论引导作用。由于当前中国社交网络使用最为活跃且平台最为公开、数据最易搜集的是微博，于是形成了有关微博舆情的研究（Xia, Yu & Wang, 2012），当然国内外这方面研究目前都还处在初始阶段，其中比较有代表性的是Wei 等（2012）构建的有关微博舆情危机信息扩散模型、杨庆国等（2016）的社会危机事件网络微博集群行为研究，还有很大研究空间。

舆论通常涉及两个对象：公众和政府机构。首先，作为公众，其网络参与行为能够针对社会中一些不良行为形成强有力的舆论压力，期盼政府对这些现象拿出合理的解决方案。而政府在感受到舆论压力之后，其行为又会公开曝光在公众的目光下，这就要求政府谨慎地行使权力，始终以人民利益为根本利益，维护民主政府。政府需要接受民众的信息，主动回应，快速解决问题，纠正政治生活中的不正常现象，维护社会的稳定。其次，政府方面，当面对纷繁复杂的网络世界，大量的信息无时无刻不向决策机构涌来时，如何正确应对这些舆论成为当今政府面临的首要问题。面对网络舆论和社会质疑，政府的公信力建设显得尤为重要，应充分利用微博、微信、论坛等网络资源，时刻关注事件在网络媒体上的发展势态。此外，政府对网民的引导也显得格外重要，面对网络谣言，政府应当及时发布权威信息澄清事实，防止谣言蔓延，疏导民情，引导社会舆论走在公正客观的方向上。有研究指出，公共部门的实际业绩指标显著影响公众感知，而公众感知显著影响公众满意（曾莉、李佳源、李民政，2015）。对此，有学者主张，在城市化进程中，对于往往易形成网络舆情的邻避抗争的治理理念，要实现从"后院"抗争转变到公众参与（周葆华，2011），实施协商治理（张紧跟、叶旭，2018）。这便需要研究网民参与的影响因素。

（二） 网民参与指数和影响因素

时至今日，网络因其活跃程度已然成为整个社会不可忽视和无法分割的一部分，如今的人们已经很难想象离开了网民参与的社会会变成什么样。互联网的最大特点就是透明化、快速化，新的消息可以以"掩耳不及迅雷之势"的速度散布在网络的每个角落，为大众共享。更重要的是，随着像智能手机一类的高新技术的发展和完善，公众已经不仅仅是被动地接受信息，甚至可以成为信息的发布者，任何社会不和谐的现象一经拍摄传至网络端口，都可能引起公众强烈的反响，信息产业在无形中催生了网络舆论潮。网民参与广的根本原因可归结为网民参与的成本低，以及网络的隐匿性（Ferber, Foltz & Pugliese, 2005）。如果说公众往往不喜欢将自己的言论暴露于众目睽睽之下，而选择沉默，那么匿名性就很好地解决了这个问题，公众可以借助网络平台更加自由地抒发观点，发表言论不再有所忌讳。微博、微信、QQ等社交网络工具的发展使网民可以在不损伤自身利益的情况下参与舆情和事件的讨论。

有研究发现，在欧洲，尤其南欧诸国，许多网民非常重视通过分享、链接或评论等在线使用方式积极参与公共治理（Hoelig, 2016）。在转型期的中国社会，网民参与亦上升为政治参与的重要渠道，而体制型参与的比例较低，突发公共事件中的公众参与和内部政治效能呈现显著正相关关系（崔晶，2015）。公众对环境保护，特别是可能造成重大环境事件的新建项目，网络参与热情日益升温，其关注程度非常高（李丁等，2015）。

网络参与提升了公民参与率和参与效果，同时也对政府治理提出了新的挑战，使政府角色出现了转变（顾丽梅，2011）。公民的网络参与以获得信息为主要目的，公众参与政策制定的前提条件是享有充分的信息资源（魏娜、袁博，2009）。

因此，近些年来，越来越多不同学科的学者将研究重点转到了网民参与上，而研究方法也从最初的定性研究转向定量研究。这主要得益于网络技术成熟引申出来的数据信息时代，新浪、腾讯、天涯、百度等知名网络平台背后的强大数据库储备了大量社会热点事件的公众参与指标信息，为网民参与的定量研究提供了有力的数据支撑。然而数据只是一个方面，数据还需以模型为载体方能体现规律和真正的价值。舆情发展和经济市场、生物系统一样，都遵循一定的客观发展规律，这些系统的波动甚至存在一定的相似性，这也是为什么近年来一直有学者将某些领域的模型引入网络舆情研究中。数据和模型理论的架构使量化研究网民参与指数成为可能。

本文也将从定量角度研究网民参与的特性，包括"网民参与"的测量指标、影响因素及其成因，主要采用回归模型和时间序列模型，同时也将对数据进行信度和效度分析。在此基础上，提炼出网民参与指数，即测量那些反映网民在舆情中的综合参与程度的一套指标。在早期的研究中，回归模型和时间序列模型主要用于研究经济领域的波动性，但随着其他领域的研究不断深入发展，人们发现回归模型和时间序列模型不仅仅适用于经济指标，一些社会的客观发展规律亦可以用这些模型来验证。本研究将根据治理理论，尤其国家治理中的政府与民众间关系这一理论脉络，结合网络舆情与国家治理的互动来建构网民参与指数统计模型和网民参与效果的探索性分析框架。这里采用回归模型和时间序列模型，尤其是时间序列模型，研究网民参与舆情的内在特性。

二 数据说明和模型假设

（一）数据说明

本文的研究对象为 2011 年至 2014 年网络舆情案例，所采用的数据和资料主要来源于武汉大学 ROST 团队出具的舆情季度报告。但由于某些原因，部分数据存在缺失，详细说明如下。

武汉大学 ROST 团队来自武汉大学互联网科学研究中心，是以互联网科学为核心的机构，自主研发了一款用于网络舆情监控的系统软件 ROST NewScan。自 2011 年起，团队采用该舆情监控软件出具了一系列舆情季度报告，其中包括公共事件的时间热值、广度热值、数量热值、显著热值以及搜索峰值等指标。同时，由于舆情报告涉及的指标以及这些指标各自的分布存在一定差别，这种原始数据难以有效应用于各项分析，也难以清晰和直观地观测数据的波动情况，需要对原数据进行初步清洗，同时对清洗后的数据做标准化处理。之后，在标准化数据的基础上，本文会根据前面阐述的具体指标要求，对数据作进一步处理。

（二）模型的假设

由于本文的数据是以原始数据为蓝本，而原始数据本身存在一些问题，包括部分数据残缺，数据连续性不够理想，数据间的间隔具有随机性等，这些特点使得原始数据以及预处理后的数据不能完全满足建立模型的要求，因此需要在建立模型之前设定一些基本假设，使数据满足建立模型的基本条件。

（1）假设每个模型中的事件的发生时间不具有重叠性，即所有时间都是顺次发生，不存在同时发生的可能性。

（2）假设所有事件的发生和回应都建立在相同的外界条件下。

（3）假设所有事件的回应行为都是由同一政府做出的，参与行为都是由同一网民（群体）做出的，即忽略回应和参与行为中的个体差异。

三　网民参与指数的模型实证分析

（一）网民参与指数的信度和效度分析

1. 测量指标

本文采用的数据正是来自由 ROST 团队出具的网络舆情报告。该系列报告记录了 2011 年第一季度至 2013 年第一季度网络舆情的时间热值、发帖量、微博量、舆情指数等指标的变化情况。然而由于报告以季度为周期，持续了两年多时间，一些初始指标也在不断变化，比如在2013年的报告中，"天涯论坛的发帖数量"指标已经被剔除。为了保证数据的连贯性和一致性，本文采用的都是在武大报告基础上经过整合和筛选后的数据。数据清洗、整合和筛选的标准主要是，对一些不断变化且前后不统一的指标进行清洗，对相似、相近的指标进行整合，对一些名称和构成有所变化但实体内容接近的指标进行筛选并做相应加权处理。

需要说明的是，原始报告中主要包含几个方面的指数：以新闻、论坛和微博数量值为主的供给指数；以搜索数量值和时间持续值为主的需求指数；以传播交流数量值为主的互动指数。这些指数以加权的形式构成了网络舆情指数，得分越高表示话题热度越高。这里需要着重说明一点，正如前面强调的，2011年至2013年，一些指标的名称和具体构成在变化，因此网络舆情指数的具体加权方式，包括构成因素和所占权重也在相应变化。由于该系列报告主要考察的是事件受网民关注程度，因此被用来研究网民参与行为。

2. 信度和效度分析

首先，分析武汉大学舆情报告原始数据和数据处理后标准化数据的信度，表1是ROST团队给出的舆情报告信度检验结果，它的Cronbach's α系数都高于0.6，说明也通过了信度检验。该报告的原始数据属于中信度，标准化后的数据属于高信度，而且Cronbach's α系数达到0.859，证明标准化数据具有很强的内在一致性，信度很高。

表1 武汉大学ROST团队舆情报告信度检验结果

	Cronbach's α	基于标准化项的 Cronbach's α	项数
原始信息	0.617	0.887	8
标准化信息	0.859	0.890	8

其次，检验武汉大学ROST团队舆情报告的效度，同样也是对原始

数据和标准化数据进行检验,且鉴于两套数据存在细微的区别,因此给出两种情况下的检验结果对比。首先,由于该报告的数据不是正定矩阵,因此无法给出 KMO 和 Bartlett 检验值,直接进行探索性因子分析法中的主成分分析,如表 2 所示。可以发现,原始数据和标准化数据都提取了 2 个主成分,且累积方差贡献率 > 77.4%,因此可以较理想地解释变量信息。

表 2 武汉大学 ROST 团队舆情报告解释的总方差

成分	初始特征值 合计	初始特征值 方差的 %	初始特征值 累积 %	提取平方和载入 合计	提取平方和载入 方差的 %	提取平方和载入 累积 %	旋转平方和载入 合计	旋转平方和载入 方差的 %	旋转平方和载入 累积 %
1	4.549	56.866	56.866	4.549	56.866	56.866	3.324	41.554	41.554
2	1.649	20.607	77.473	1.649	20.607	77.473	2.874	35.919	77.473
3	0.844	10.556	88.029						
4	0.549	6.862	94.891						
5	0.293	3.664	98.555						
6	0.116	1.445	100.000						
7	0.000	0.000	100.000						
8	0.000	0.000	100.000						
1*	4.597	57.457	57.457	4.597	57.457	57.457	3.400	42.495	42.495
2*	1.629	20.368	77.826	1.629	20.368	77.826	2.826	35.331	77.826
3*	0.864	10.795	88.620						
4*	0.501	6.262	94.882						
5*	0.294	3.672	98.554						
6*	0.116	1.446	100.000						
7*	0.000	0.000	100.000						
8*	0.000	0.000	100.000						

提取方法:主成分分析。

* 表示标准化信息。

表 3 是旋转之后的成分矩阵分析表,原始数据和标准化数据的所有指标都包含在了主成分 1 中,贡献率分别为 41.554% 和 42.495%。其中,时间热值、百度时间持续值、网络舆情指数甚至与主成分 2 具有负向关系。

表3　武汉大学 ROST 团队舆情报告旋转成分矩阵

原始信息	成分 1	成分 2	标准化信息	成分 1	成分 2
时间热值	0.106	0.974	时间热值*	0.119	0.976
百度时间持续值	0.106	0.974	百度时间持续值*	0.119	0.976
论坛帖子总数	0.683		论坛帖子总数*	0.688	
论坛数量值	0.671	0.402	论坛数量值*	0.691	0.382
微博数合计	0.808	0.125	微博数合计*	0.801	0.113
微博数量值	0.758	0.401	微博数量值*	0.776	0.380
各论坛帖子及微博数量总和	0.942	0.120	各论坛帖子及微博数量总和*	0.941	0.119
网络舆情指数	0.520	0.788	网络舆情指数*	0.539	0.775

提取方法：主成分。
旋转法：具有 Kaiser 标准化的正交旋转法。旋转在 3 次迭代后收敛。
* 表示标准化信息。

（二）网民参与的回归分析

针对武汉大学 ROST 团队舆情报告主要提取报告中的微博数量值、论坛数量值、时间热值和网络舆情指数四类指标的原始数据，之后将其标准化。图 1 是所有网络舆情在微博数量值、论坛数量值、时间热值三个维度上的标准化分布状态，多数事件在空间中呈现密集分布的势态，网络关注度一般，而一些事件却在三个维度上的分布非常突出，成为空间中的离群点，具有很高的社会关注度，例如"药家鑫事件""7·23 动车事件""神州九号"。主要原因可能是随着信息技术的进步，网民参与的广度和深度在不断增强，微博的广泛使用也拓宽了网络舆情的发展渠道，这点从后期的报告在微博上的整体维度不断提高亦可看出。

与之前类似，倍数化所有标准化数据，使其保持在 [0，5] 内浮动。同样将事件按照时间轴顺序排列，构建关于网络舆情的时间序列。图 2 更加直观地给出了所有事件的时间热值、微博数量值、论坛数量值以及网络舆情指数的单项分布情况。其中，时间热值的分布最分散，表明不同事件引发的网络关注热度存在较大差异的特点；但一些事件的

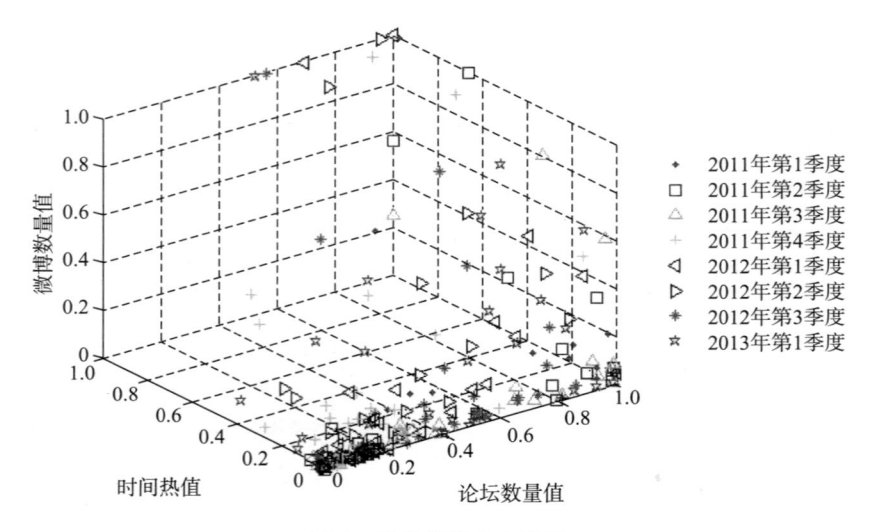

图 1　网络舆情分布情况

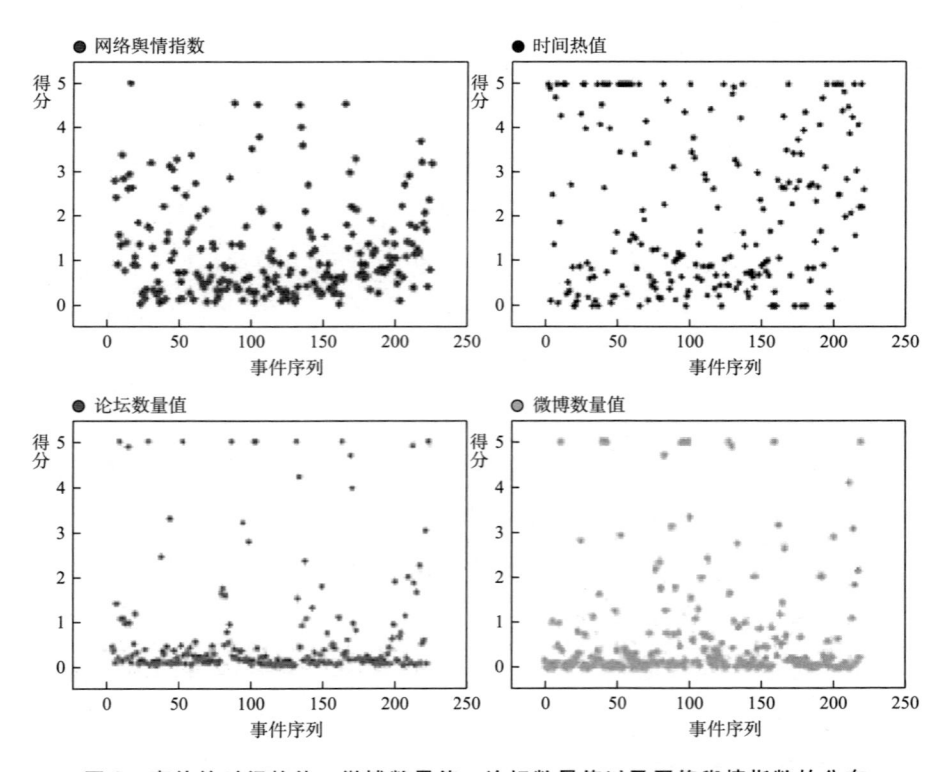

图 2　事件的时间热值、微博数量值、论坛数量值以及网络舆情指数的分布

论坛和微博关注度表现得异常突出，比如"重庆打黑风暴"等，在网络上引起了强烈的回应；而网络舆情指数则更加清晰地显示了各事件的舆情综合程度。

由于武大舆情报告明确定义了网络舆情指数的结构，它是一个由时间热值、数量热值、显著热值等指标加权得到的综合指标值，而且在不同的报告中，这个加权值的具体组成和各组成要素的相应权重在不断变化。但是该报告并未分析网络舆情指数和时间热值、微博数量值、论坛数量值之间是否存在及存在多大相关性。根据具体的构建权重，相关性会相应改变。根据本文构造的时间序列，宏观地考察相关性，其相关性检验结果如表4所示。检验结果显示，网络舆情指数与时间热值、微博数量值、论坛数量值都存在线性相关性且相关性都较高，特别是和时间热值的相关性最强。实际上，事件的网络热度越高，代表其拥有越多的关注群体，网络舆情指数也会相应出现在高位置上。

表4 相关性

相关性	时间热值	论坛数量值	微博数量值	网络舆情指数
网络舆情指数	0.773979	0.674627	0.747862	1

考虑到相关性程度，这里仅给出网络舆情指数和时间热值的线性关系方程，其中时间热值设置为自变量，网络舆情指数设置为因变量，模型建立结果如表5所示，所有变量都通过了检验。

表5 时间热值和网络舆情指数回归方程结果

变量	系数	标准差	T 检验	通过概率（T）
$X_{时间热值}$	0.463	0.026	18.088	0.001
C	-0.218	0.071	3.075	0.002
离差平方和 R^2	0.599	因变量均值	1.199	
调整后离差平方和	0.597	因变量标准差	1.063	
回归标准差	0.675	赤池信息准则	2.060	
残差平方和	99.682	施瓦茨准则	2.091	

续表

变量	系数	标准差	T 检验	通过概率（T）
对数似然值	-225.608	汉南·奎因准则	2.072	
F 检验	327.193	DW 统计量	1.470	
通过概率（F）	0.001			

则相应的回归方程为：

$$Y_{网络舆情指数} = 0.46322 X_{时间热值} - 0.217649$$

图3直接给出两个变量的散点走势及其回归方程的拟合程度。从图像上可以发现，前半段的散点分布较后半段来说相对紧密，亦更加贴合回归线的走势，然而后半段散点分布比较分散，很明显偏离了回归直线的走势。这种情况出现的原因可能是网络技术的发展促使网民参与普及率提高，由从前的保守进化为一种积极主动的态度，公众参与社会事件讨论的广度和深度有了质的飞跃，特别是在一些公众影响较大的事件上，网民参与程度不断加深。

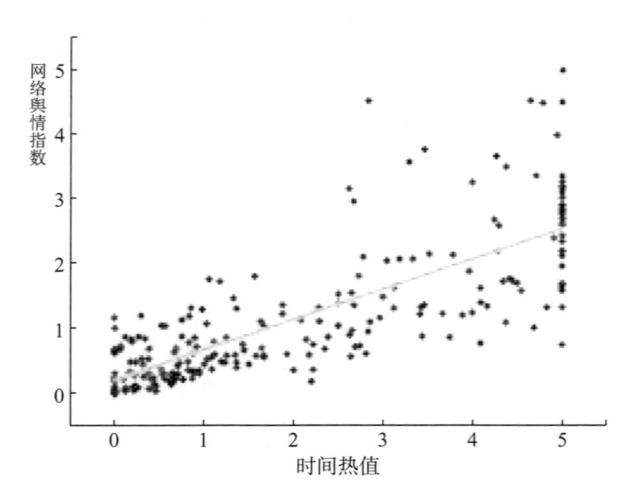

图3 时间热值和网络舆情指数的散点分布及其回归方程的拟合效果

（三）网民参与指数的时间序列分析

本文另一个重要的概念"网民参与指数"也是一个加权值，分值区间同样是［0，5］，用来反映网民在舆情中的综合参与程度，分数越高，则网民参与程度越深。根据 ROST 团队舆情报告原始数据的指标设定和标准化数据的主成分分析结果对其进行了权重设定，其具体定义为：

网民参与指数 = 0.2（微博数量值 + 论坛数量值 + 时间热值）+ 0.4 网络舆情指数

图 4 即为网民参与指数的走势，该指数整体分布比较分散，平稳程度较低，特别是在图像的上半部出现了一些离群点加剧了时间序列的离散程度，但多数事件仍然分布在［0，2］内。网民参与指数更多受到事件的性质以及网民本身对社会事件类别的兴趣取向的影响。

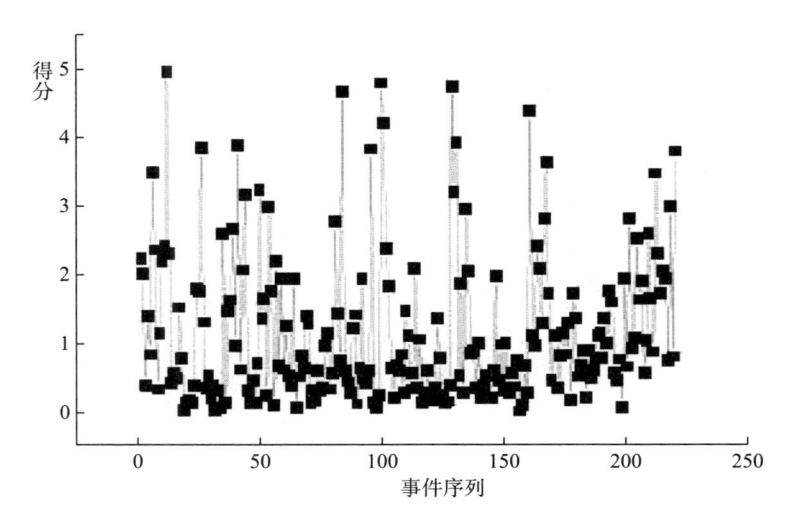

图 4　网民参与指数分布情况

网民参与指数的统计性质如图 5 所示，图像显示网民参与指数的分布从左至右大体呈现递减趋势，指数主体基本集中在低分区域，特别是［0，1］内分布的指数居多。另外，该指数的平均值和中位值偏小，两者也存在一定的差距，说明网民参与指数两极化明显，总体分布不均匀，且大多数事件得分偏低。对其作 ADF 平稳性检验后结果显示，网民参与指数序列都通过了平稳性检验。

另外还要思考一个问题：网民参与社会事件的讨论是否也会受到

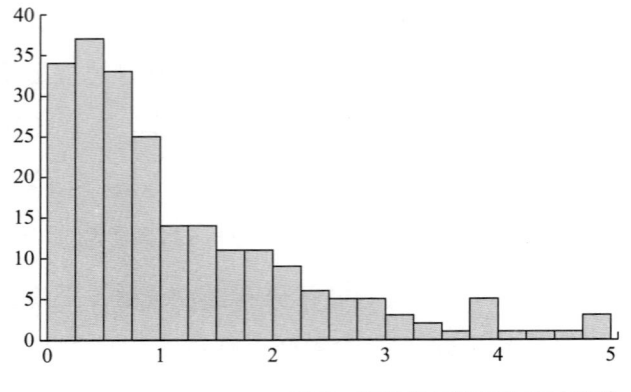

序列 WMCYZS	
样例 1221	
观察数 221	
平均值	1.179580
中位数	0.796999
最大值	4.975883
最小值	0.002000
标准差	1.091360
偏度	1.416377
峰度	4.586511
正态性检验	97.06979
概率	0.00000

图 5　网民参与指数的统计特性

自身之前讨论行为的影响，或者受到其他一些客观因素的影响，如网民前期的行为和社会客观因素等？要解决这个问题，同样需要构建 ARMA 模型，考察网民的舆情参与和先前参与行为的关系。首先，检验序列的自相关系数和偏自相关系数，如图 6 所示，图像比较清晰地显示了序列的自相关系数和偏自相关系数的截尾性和拖尾性特征。采用 ACF 和 PACF 定阶法可以确定 AR（p=1，2）和 MA（q=1，2）模型。

自相关	偏自相关		AC	PAC	Q-Stat	Prob
		1	0.205	0.205	9.3718	0.002
		2	0.134	0.097	13.431	0.001
		3	0.031	-0.015	9.3718	0.003
		4	0.062	0.049	9.3718	0.006
		5	0.038	0.018	19.862	0.011
		6	0.040	0.019	15.221	0.019
		7	-0.016	-0.034	15.277	0.033
		8	-0.057	-0.060	16.039	0.042
		9	-0.107	-0.087	18.688	0.028
		10	-0.101	-0.061	21.078	0.021
		11	-0.012	0.041	21.110	0.032
		12	-0.008	0.011	21.125	0.049
		13	-0.031	-0.023	21.353	0.066
		14	0.033	0.062	21.607	0.087
		15	0.031	0.030	21.833	0.112
		16	-0.025	-0.051	21.986	0.144
		17	-0.046	-0.054	22.492	0.167
		18	-0.027	-0.024	22.675	0.203
		19	-0.031	-0.032	2.2907	0.241
		20	-0.070	-0.066	24.119	0.237

图 6　网民参与指数的自相关系数和偏自相关系数分布

分别检验 AR（1）和 AR（2）模型的构建效果，检验结果如表 6 所示，AR（1）和 AR（2）模型的效果都很好，所有变量都可以通过检验，且两组模型的 AIC 和 SC 值差异很小。

表 6　AR（p）模型检验结果

变量	系数	标准差	T 检验	通过概率（T）
AR（1）	0.640	0.053	12.157	0.001
离差平方和 R^2	-0.292	因变量均值	1.175	
调整后离差平方和	-0.292	因变量标准差	1.092	
回归标准差	1.241	赤池信息准则	3.274	
残差平方和	337.096	施瓦茨准则	3.289	
对数似然值	-359.108	汉南·奎因准则	3.280	
DW 统计量	2.391			
AR（1）	0.423	0.065059	6.501203	0.001
AR（2）	0.335	0.064806	5.176801	0.002
离差平方和 R^2	-0.152	因变量均值	1.171	
调整后离差平方和	-0.157	因变量标准差	1.093	
回归标准差	1.175	赤池信息准则	3.170	
残差平方和	299.739	施瓦茨准则	3.201	
对数似然值	-345.113	汉南·奎因准则	3.182	
DW 统计量	2.081			

这里给出表 6 对应的拟合效果图，如图 7 所示，不难看出两个模型

（a）AR（1）模型拟合效果　　　　（b）AR（2）模型拟合效果

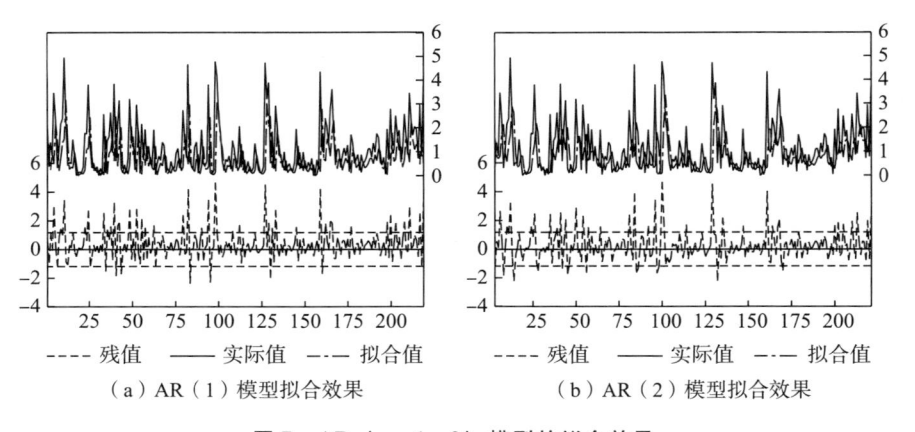

图 7　AR（p=1，2）模型的拟合效果

对原始数据走势的拟合程度都很高,适合用来说明网民参与指数的波动情况。换句话说,网民在社会事件的参与上会受到自身前期参与行为的影响,而且这种影响较深。

相似的,MA(1)、MA(2)模型的构建效果表明,这两个模型的检验效果也很好,各变量分别通过了检验。将AR(1)、AR(2)分别对应MA(1)、MA(2),构成ARMA(1,1)、ARMA(1,2)、ARMA(2,1)以及ARMA(2,2)模型,检验四种ARMA模型的拟合效果。经过对比发现,ARMA(1,1)的模型拟合效果最好,如表7所示,这种情况下AIC与SC值较小且所有变量都可以通过检验。因此使用ARMA(1,1)模型描述网民参与指数。

表7 ARMA(1,1)模型检验结果

变量	系数	标准差	T检验	通过概率(T)
AR(1)	1.001	0.002	485.425	0.002
MA(1)	-0.9821	0.018	-55.704	0.001
离差平方和R^2	-0.009	因变量均值	1.175	
调整后离差平方和	-0.014	因变量标准差	1.092	
回归标准差	1.099	赤池信息准则	3.036	
残差平方和	263.421	施瓦茨准则	3.067	
对数似然值	-331.980	汉南·奎因准则	3.049	
DW统计量	1.580			

得出网民参与指数的ARMA(1,1)模型为:

$$Y_t = 1.000357 Y_{t-1} - 0.98238 \varepsilon_{t-1} + \varepsilon_t$$

图8直观的模型ARMA(1,1)拟合效果图说明网民的公共参与会受到来自自身前期行为和社会客观因素的共同作用,但相比之下,自身的影响程度最高。使用AR、MA、ARMA模型研究该指标的特性,其中AR模型结果显示网络参与行为会受到网民自身的前期行为影响。事实上,网民在评价社会事件时,也的确会参考自己以前的参与态度,如果以前自己的参与行为不被社会认可,甚至遭受外界的批评和质疑,那么

网民以后对待社会热点事件就会言辞谨慎；但如果网民之前的参与行为受到社会的广泛认可，甚至得到有关部门的大力关注和支持，那么网民在日后的网络参与中就会表现得更积极，试图获取社会更大的支持。MA 模型结果证明也会受到外界客观因素的干扰，而且这种影响表现得比较明显。

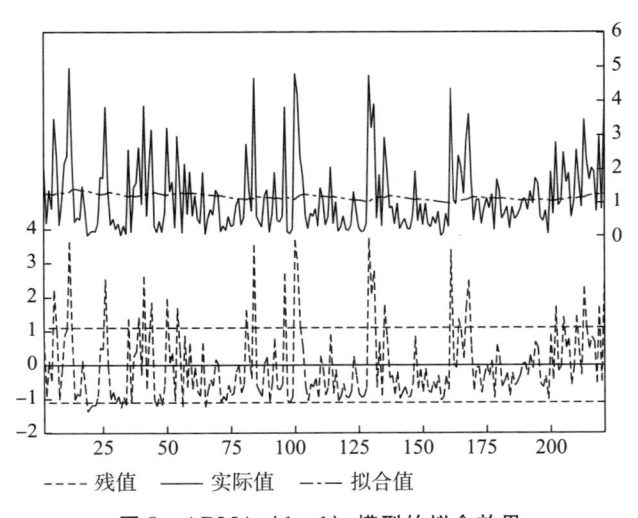

图 8　ARMA（1，1）模型的拟合效果

随后对原始数据进行预处理，保证所有指标在 [0，5] 内波动，并且根据数据的完整情况、重复性以及前面章节的具体指标要求，最终筛选保留了时间热值、论坛数量值、微博数量值和网络舆情指数四个指标。由于网络舆情指数是一个加权指数，因此对网络舆情指数和其他三个指标进行了相关性检验，检验结果证明网络舆情和这三个指标都存在线性相关性，其中与时间热值的相关程度最高，达到 0.77。鉴于网络舆情指数本身来源于其他指标，考察时间热值为自变量、网络舆情指数为因变量的情况下两者间的回归关系，回归方程的前期拟合效果比较好，而后期出现了明显的离散点。事实上，网络舆情指数的大小受到多方面因素的影响，时间热值只是其中的一部分，而近些年来随着智能媒体的壮大，事件的转发、评论的数量也随之膨胀，这些因子都在推动着事件网络舆情指数的变化，时间热值在舆情指数中占的比重也相应减少。

网络之所以拥有如此迅猛发展的势态，原因在于网络信息传播迅速，使用方式更加大众化，更重要的是参与其中的人都享有平等性，这也是它的显著特征之一。事实上，互联网中讨论的话题归根到底都可以总结为民生问题，网民最关注的始终是民众的最根本利益，而网络平台正好调动了民众表达诉求的积极性。特别是随着大量信息被公开，网民已经不满足于事情的表象，有时会思考事件发生的深层次因素，讨论社会中存在的不合理现象，通过论坛、微博等方式提出批评或建议，推动政府改革的步伐（周恩毅、胡金荣，2014）。

网民参与对整个社会无疑具有积极的推进作用。第一，政府机构的传统决策方式是单一的自下而上式的决策模式，而网络参与则可以让民众和政府在网络的两端直接进行点对点的信息交换，网民的意见可以集中且直接反映到政府部门，有助于决策的科学性和代表性的提升。第二，网民参与的主要目的在于表达对社会问题的见解，同时期望有关部门积极回应，提出整改措施，这也是参与公共决策的一部分。在政府和网民的互动交流中，政府能够加深对网民、对社会现象的认知程度。而网络参与作为新的表达民情的渠道，也在无形中推动着社会主义民主化的进程（国艳霞、姜志敏，2015）。

四　结论与讨论

（一）结论

本文从量化角度研究了网民参与网络舆情的特性，使用的具体研究方法包括信度和效度分析、回归方程以及时间序列模型，特别是时间序列模型贯穿了整个研究过程。这里采用的数据来源主要为武汉大学ROST团队的舆情报告。通过回归模型和时间序列模型对网民参与各指标进行相应的分析，所得结论如下。

第一，网络舆情指数与时间热值、微博数量值、论坛数量值都存在线性相关性且相关性都较高，特别是与时间热值的相关性最强。网络舆情指数作为网民表达自我观点、意见和关注度的指标，越多的参与和讨论意味着网络舆情指数也越高，目前，微博、论坛作为国内主要的互动平台，其发帖数量值的高低也直接反映了网络舆情的高低，因此会呈现显著的相关性。而时间热值是衡量事件关注广度的指标，随着网络技术和移动互联网的发展，越来越多的网民能够更为方便地关注和参与到公共事件评论中来，这也就使得社会舆论性更为广泛，意见也更为分散，网络舆情与时间热值间的相关性便随着这种网络发展开始趋向多样化。

第二，网民参与社会事件的评论既受到一些客观因素的影响，同时也会参考自身的前期参与行为。由于个人行为和态度受行为惯性的影响，其所表现的参与性也具有一致性，但不同于政府回应，个人也会很大程度地受到客观因素影响，这是由从众效应所引发的观点趋同性，当某个人的观点与社会主流观点存在出入时，会暂且保留自我观点，转而表现出与社会观点一致，因此网民在参与社会事件时也会在很大程度上受到社会各方影响。

第三，网民对于一般社会热点的关注差异不大，而对于一些曝光度较大的事件以及社会重点事件，网络热度就很高。新闻每天都在发生，社会热点也不断涌现，但由于每个人生活、学习、工作的不同，所关注的热点存在一定差异，无论是哪种社会热点，都会有一定的关注人群时刻对其进行评论，因此多数社会热点关注差异并不巨大；相较一般社会热点而言，曝光度较大的事件和社会重点事件，一方面与多数人的生活息息相关，另一方面与传统价值观存在极大出入，没有技术、思想等门槛，人人都有能力进行表达，这也使得这一部分的事件成为网民参与最为凸显的事件。

（二）讨论

涉及公共政策的网络舆情事件中的网民参与是一种新型且重要的

公共参与方式，相比于传统的公共参与方式，它更好地反映了有关中国的国家治理逻辑中的政府与民众间关系这一重要的脉络。而且网民参与在我国当前尤为突出，它正深刻地影响着国家治理绩效研究。然而现有研究往往忽略了这条辅线，所以需要深入探讨此问题，本研究正是旨在解决这一科学问题。

互联网给大众带了论坛、微博等新媒介，网民可以参与事件的评论和分析，融入自身的社会责任感。新媒介的意义在于，它在赋予公众知情权和参与权的同时，避免了现实生活中以聚众闹事等危害社会的方式抒发公众情感的事件的发生，有效减轻了社会压力，化解了社会矛盾。同时，网络参与方式不仅拓宽了大众舆情参与的方式，也在无形中加深了大众对事件的认知程度：网民对于社会事件的关注焦点不再局限于时间地点，而是开始好奇引发事件的导火线、事件对社会的意义，甚至个体从事件中得到的启发。近年来的热点事件多是由网民最先传播的，网民表达对政府公权力施加了舆论压力，面对这样的挑战，倘若政府能够及时回应，与网民积极互动，并通过公开化的手段解决问题，不仅能够推动事件的有效解决，还可以获取大众的认可和支持。

而且，网民参与的作用将会在未来决策中被更多地体现出来，网民作为新生的决策参与力量，具有全新的特点。不同于政府，网民并非一个统一的整体，而是以各个价值观的异同所组成的临时小团体，这种团体性思维能够有效考虑到该团体内部的所有因素与利益所得，但难免会有一定的片面性，这种片面性需要政府部门在综合社会各群体意见后进行宏观性考虑，以此提出更为全面、合理和可行的决策方案。网民参与是政府打破思维与行为习惯的重要因素，网民与政府的积极合作才能更有利于政府决策朝着好的方向发展，网民已然是政府决策变革中不可忽视的一环。

但是由于目前公众网络参与还未完全发展成熟，仍有许多问题需要解决。首先，需要加强对网络社区中网民的自我管理和监督，提高网民的自律性，即加强网民的道德建设，从目前整个社会的网络参与水平来看，网民自律性缺乏是其中的一个突出问题，由于网络的受众广，参与其中的网民年龄、教育水平程度等参差不齐，一部分网民无法理性控制自己表达观点的情绪，这就要求政府发挥作用，提早且持续重视网络文明和安全教育工作，特别针对网络社区中言论过于自由和散漫的现象，更加需要制定相应的网络安全法加以约束和管理，引导网民理性地参政议政，在网络平台上进行合理有效的社会舆论评论。这就需要健全网上的舆论引导机制，可以使用网络舆情监控软件实时检测网络舆情的状态，政府机构应该时刻留意网络动态，及时控制虚假信息的散布，特别是针对突发事件，政府方面更需要加强网络预警机制，赢得话语权，发挥主导作用，及时引导舆情走势，维护网络秩序的和谐有序。之后，需要建立完善网络发言人制度，选取权威人士定期发布准确信息，及时辟谣，承担网络发言人责任（周静，2014）。最后，作为信息的发布载体，网络媒体更需要强化自律意识，当前的信息都是首先经过网络媒体的发布，后经过主流媒体的转载辐散到整个社会，因此媒体更需要加强自身约束，认真审查信息的真实可靠性（King, Pan & Roberts, 2013），关注网民的情绪，拒绝激化社会矛盾，加强管理，规范流程。

网民除了积极参与到各方社会公共事务的关注中来，还应鼓励与激励更多朋友提高对公共事件的关注，并参与到公共事务中，随着这种参与人数的激增，社会舆情会随之不断改变，作为参与主体的个人也会随着时间与社会舆情的变化开始发生变化，这种变化有利于社会公众从多个方面来理解公共事务，并形成相对稳定的看法，这种稳定看法有利于政府部门更好地理解舆论倾向，从而做出更为有效的决策。总之，政府决策与网民参与将会是一对相互关联、相互影响、相互作用的主变量，二者联系的紧密程度会是未来社会公共事务管理程度高低的直接指标。

参考文献

蔡益群，2016，《规划性政治：中国国家治理的中轴逻辑》，《学术界》第 1 期。

曹正汉，2014，《统治风险与地方分权关于中国国家治理的三种理论及其比较》，《社会》第 6 期。

崔晶，2015，《从"后院"抗争到公众参与——对城市化进程中邻避抗争研究的反思》，《武汉大学学报》（哲学社会科学版）第 5 期。

丁俊杰、张树庭，2010，《网络舆情与突发公共事件危机管理经典案例》，中共中央党校出版社。

冯仕政，2016，《社会冲突、国家治理与"群体性事件"概念的演生》，《社会科学文摘》第 1 期。

顾丽梅，2011，《网络参与与政府治理角色变迁之反思》，《浙江社会科学》第 1 期。

国艳霞、姜志敏，2015，《公民网络参与对我国公共政策制定过程的影响》，《社会科学》第 2 期。

何显明，2013，《政府转型与现代国家治理体系的建构——60 年来政府体制演变的内在逻辑》，《浙江社会科学》第 6 期。

康伟，2012，《基于 SNA 的突发事件网络舆情关键节点识别——以"7·23 动车事故"为例》，《公共管理学报》第 3 期。

莱纳·温特、杨玲，2011，《民主参与、能动性和生活的技术形式——文化研究、数位媒介和民主进程》，《文化研究》第 11 期。

李弼程、林琛、郭志刚，2010，《突发事件网络舆情研究探讨》，《情报杂志》第 7 期。

李丁、张华静、刘怡君，2015，《公众对环境保护的网络参与研究——以 PX 项目的网络舆论演化为例》，《中国行政管理》第 1 期。

刘淑妍、朱德米，2015，《当前中国公共决策中公民参与的制度建设与评价研究》，《中国行政管理》第 6 期。

彭勃、张振洋，2015，《国家治理的模式转换与逻辑演变——以环境卫生整治为例》，《浙江社会科学》第 3 期。

钱颖、张楠、赵来军、钟永光，2012，《微博舆情传播规律研究》，《情报学报》第 12 期。

石彭辉，2013，《基于社会网络分析的网络舆情实证研究》，《现代情报》第

2 期。

史普原，2015，《科层为体、项目为用：一个中央项目运作的组织探讨》，《社会》第 5 期。

史普原，2016，《政府组织间的权责配置——兼论"项目制"》，《社会学研究》第 2 期。

魏娜、袁博，2009，《城市公共政策制定中的公民网络参与》，《中国行政管理》第 3 期。

杨庆国、陈敬良、甘露，2016，《社会危机事件网络微博集群行为意向研究》，《公共管理学报》第 1 期。

曾莉、李佳源、李民政，2015，《公共服务绩效评价中公众参与的效度研究——来自 z 市基层警察服务的实证分析》，《管理评论》第 3 期。

张紧跟、叶旭，2018，《邻避冲突何以协商治理——以广东茂名 PX 事件为例》，《中国地质大学学报》（社会科学版）第 5 期。

赵金楼、成俊会，2015，《基于 SNA 的突发事件微博舆情传播网络结构分析——以"4·20 四川雅安地震"为例》，《管理评论》第 1 期。

赵燕菁，2015，《公众参与：概念·悖论·出路》，《北京规划建设》第 5 期。

周葆华，2011，《突发公共事件中的媒体接触、公众参与与政治效能——以"厦门 PX 事件"为例的经验研究》，《开放时代》第 5 期。

周恩毅、胡金荣，2014，《网络公民参与：政策网络理论的分析框架》，《中国行政管理》第 11 期。

周静，2014，《网民政治参与非理性表达及其规制》，《人民论坛》第 8 期。

周黎安，2014，《行政发包制》，《社会》第 6 期。

周雪光，2011，《权威体制与有效治理：当代中国国家治理的制度逻辑》，《开放时代》第 10 期。

周雪光、练宏，2012，《中国政府的治理模式：一个"控制权"理论》，《社会学研究》第 5 期。

朱正威、石佳，2013，《重大工程项目中风险感知差异形成机理研究——基于 SNA 的个案分析》，《中国行政管理》第 11 期。

Bardhan, P., 2002, *Decentralization and Local Governance in Developing Countries*：

A Comparative Perspective. Boston: The MIT Press.

Chadwick, A., 2007, Internet Politics. States, Citizens and New Communication Technologies. *Public Administration* (4).

Ferber, P., F. Foltz, & Pugliese, R., 2005, The Internet and Public Participation: State Legislature Web Sites and the Many Definitions of Interactivity. *Bulletin of Science, Technology & Society* (1).

Grano, S. A., 2016, China's Changing Environmental Governance: Enforcement, Compliance and Conflict Resolution Mechanisms for Public Participation. *China Information* (2).

Hoelig, S., 2016, Social Participation in Online News Usage in Europe and Its Underlying Causes: Individual versus Structural Factors. *European Journal of Communication* (4).

King, G., Pan, J. & Roberts, M. E., 2013, How Censorship in China allows Government Criticism but Silences Collective Expression. *American Political Science Review* (2).

Leibold, J., 2011, Blogging Alone: China, the Internet, and the Democratic Illusion? *The Journal of Asian Studies* (4).

Michels, A., 2005, Innovations in Democratic Governance: How Does Citizen Participation Contribute to a Better Democracy? *International Review of Administrative Sciences* (2).

Pedersen1, K. H. & Johannsen, L., 2013, Where and How You Sit: How Civil Servants View Citizens' Participation. *Administration & Society* (1).

Pierre, J., A. Røiseland, B. Peters, G. & Gustavsen, A., 2017, Comparing Local Politicians' and Bureaucrats' Assessments of Democratic Participation: The cases of Norway and Sweden. *International Review of Administrative Sciences* (4).

Vob, J. P. Amelung, N., 2016, Innovating Public Participation Methods: Technoscientization and Reflexive Engagement. *Social Studies of Science* (5).

Watson, S., 2015, Does Welfare Conditionality Reduce Democratic Participation? *Comparative Political Studies* (2).

Wei, J. C., Bu, B. & Liang, L., 2012, Estimating the Diffusion Models of Crisis Information in Micro-blog. *Journal of Informetrics* (4).

Xia, Z. Y., Yu, Q. & Wang, L., 2012, The Public Crisis Management in Micro-blogging Environment: Take the Case of Dealing with Governmental Affairs via Micro-blogs in China. *Advances in Intelligent and Soft Computing* (4).

Network Public Opinion, Governance and Index of Internet Political Participation: A Time-Series Analysis of Online Events

Weng Shihong

Abstract: This study explored the conditions under which the effects of internet political participation are worked by using a time-series analysis. Based on the characteristics of relationship government and netizens in China, an exploratory analytical framework is proposed. Using unbalanced data of online events from year 2011 to 2014, primary findings are 3 – fold. First, the degree of hot issue, the number of SNS have positive impacts on the index of internet political participation. Second, internet political participation varies significantly by the degree of hot issue. Third, comments raised by netizens to participate social events under the influence of both some objective factors and previous action of participation, welfare generosity increases, and population health improves. This study provides new evidence on the value of considering politics and governance within the same analytical framework.

Keywords: Internet Political Participation; Network Public Opinion; Governance

移动政务研究述评*

赵金旭　王海贤**

【摘要】 移动政务迅速崛起并成为推进国家治理现代化的重要力量。本研究借助 CiteSpace 软件，对中英文移动政务相关研究进行量化图谱分析和全景展示，并结合对文本内容的全量阅读，发现移动政务现有研究多围绕移动政务建设、移动政务使用、移动政务重塑公共服务、移动政务革新社会治理、移动政务挑战五个主题展开。各主题研究内容覆盖全面，但研究方法水平参差不齐，本研究将进行针对性述评，以鉴别优劣，提出对策，推进移动政务相关研究。

【关键词】 移动政务　研究述评

一　前言

习近平总书记强调："积极利用科技革命最新成果，推进国家治理

---

* 国家社科基金重大项目"基于大数据的智能化社会治理监测、评估与应对策略研究"（项目编号：18ZDA110）；北京市科技计划"大数据在社会治理中的应用研究"（项目编号：Z181100006118009）。

** 赵金旭，清华大学社会科学学院政治学系博士后；王海贤，中山大学政治与公共事务管理学院本科生。

现代化，关系到'两个一百年'奋斗目标和中国梦的实现。"（李磊，2017）作为科技革命的新兴领域和前沿地带，移动互联网和移动政务迅速崛起，不但广泛渗透到生产、生活各领域，而且成为驱动社会进步、革新社会治理、构建智慧社会的重要力量。如此重要而有学术价值的研究课题，已引起国内外学术界广泛关注，并形成一批睿智、深刻而有启发性的研究成果。然而，因新兴事物出现时间不长且发展迅猛，现有研究依然存在许多学术盲点和不足之处，亟须反思总结和规范讨论。本研究首先通过系统总结移动政务研究的相关文献，归纳移动政务的概念内涵和核心特征，进而借助 CiteSpace 软件对国内外移动政务文献，进行量化图谱分析和全景展示。在此基础上，结合全量文本阅读，确定移动政务研究五个核心主题，并对主题内容和研究方法进行系统分析述评，总结现有研究的优点和不足，推动移动政务研究持续深入发展。

二 移动政务概念与特征

（一）移动政务概念内涵

作为一种新事物，移动政务尚没有统一的概念界定。早期研究中，许多学者将移动政务看成一种政府战略。如 Kushchu 和 Kuscu（2003）就认为移动政务（M-government）是一种不可逆转的历史趋势，所以需要政府及时采取战略，利用无线通信技术，为公民、企业、政府等各方主体牟利（Kushchu & Kuscu, 2003）。Arazyan（2002）也认为移动政务是一种提高政府效率和效能的战略。近年来，随着智能手机等移动终端的迅速普及，移动政务已不限于起初的电话投诉、政务短信等形式，其政治传播（微信、微博）、公共服务（政务 App）、网络问政（市长信箱）等多样化功能凸显，学者们对移动政务的理解也呈现多元化，但大体包括两个方面。

一方面，大量学者认为移动政务是传统电子政务的一个子集（Alrowili et al., 2015; Kiki, Lawrence, 2006; Shareef et al., 2011; Mengistu, Zo, Rho, 2009; Trimi & Sheng, 2008），即移动政务其实只是传统电子政务在技术层面上的更新换代，两者没有根本性差异（El-Kiki, Lawrence, 2008; Kumar et al., 2008）。这种观点其实是秉承新公共管理的理性化思维，认为移动政务本质上是政府实现管理目标的工具，所以将其概念界定为："政府或公共部门，利用各种无线电交流技术（智能手机、Pad、笔记本电脑、蓝牙、WAP、MMS、SMS等），向公民、企业、社会组织和政府雇员等，提供更好的信息和公共服务的过程。"（Kiki & Lawrence, 2006; ElKiki, 2007; Moon, 2004; Kim et al., 2004; Lee, Tan, Trimi, 2006; Lee & Kwak, 2012）

另一方面，也有不少学者认为，移动政务不仅是技术层面的事情，它本质上是技术与组织结构、制度、观念、文化等多种因素相互影响、相互建构的过程（Orlikowski & Gash, 1994），尤其是迅猛的技术革新与旧有的主体、制度、观念间的紧张、冲突和调适过程（Misurara, Rossel, Finger, 2006）。Amailef等就认为虽然移动政务是传统电子政务的一个子集，但它是一个全新的子集（Amailef & Lu, 2013; Bertot, Jaeger, Grimes, 2010），是传统电子政务不曾有过的更高阶段（Rannu, Saksing, Mahlakõiv, 2010; Vogel Doug et al., 2010）。Misuraca（2015）认为移动政务的根本目标在于推动善治，实现和谐的政企关系（G2B）、政社关系（G2C）和政府内部关系（G2G）；Snellen等也认为移动政务不但在重塑政府公共服务模式，而且正在形成一种不同于传统电子政务的新公共行政范式（Snellen & Thaens, 2008）。

结合两种观点，本研究认为移动政务是传统电子政务在移动技术层面的更新换代，以及由此而带来的新功能和治理结构的变革，从而促使不同治理主体间（政府、企业、公众等）走向善治的新型治理形式（Abramowicz et al., 2006; Madden et al., 2013）。

（二） 移动政务特征

移动政务特征是在与传统电子政务的比较中凸显的。第一，典型应用方面，传统电子政务典型应用是政府网站；而移动政务则是政务短信、微博、微信、App等。第二，技术基础方面，传统电子政务技术基础是有线互联网和基于Web的固定网络终端；而移动政务则是无线互联网和智能手机等各种移动网络终端（Alhadidi & Rezgui, 2010）。第三，便利性方面，传统电子政务受制于PC入网端的物理空间；而移动政务用户随时随地自由链接，便利性大为增强（Ntaliani, Costopoulou, Karetsos, 2008）。第四，普及性方面，传统电子政务网络终端价格昂贵，只在社会中上层少数群体中使用；而移动政务网络终端价格便宜，为社会各阶层广泛使用，普及率和渗透率更高（Alomari, Elrehail, 2013；Karadimas, Papatzelou, Papantoniou, 2008）。第五，服务模式方面，传统电子政务以政府供给为中心，强调统一化和标准化；移动政务以公众需求为中心，注重个性化和多样化（Wu et al., 2009）。第六，互动方式方面，传统电子政务是公众诉求表达与政务回应间的单向、错时互动；而移动政务则是双向、实时互动（Ntaliani, Costopoulou, Karetsos, 2008；Rodrigues, Ariza, Pascoe, 2005；Melkers & Willoughby, 2005）。第七，传播机制方面，传统电子政务与媒体界限清楚，政治传播是政府主导的中心化信息传播机制；而移动政务与媒体融合，形成公众主导的多中心信息传播机制。第八，建设模式方面，传统电子政务是政府主导的"以政府信息化带动社会信息化的过程"；而移动政务呈现"市场倒逼"之势，社会资本广泛参与，并逐渐成为建设主力（见表1）。

表 1 传统电子政务与移动政务特征比较

	传统电子政务	移动政务
典型应用	政务网站	政务短信、微信、微博、App

续表

	传统电子政务	移动政务
技术基础	有线互联网Web端、PC电脑	无线互联网、智能手机、Pad等
便利性	受限于PC端物理空间	随时随地可及
普及性	价格贵、普及率低	便宜、普及率高
服务模式	统一化、标准化	个性化、多样化
互动方式	单向、错时互动	双向、实时互动
传播机制	中心化信息传播	多中心信息传播
建设模式	政府主导	市场倒逼

资料来源：作者自制。

三 移动政务现有研究全景展示

为加强文献述评的客观性和科学性，本研究借助CiteSpace量化图谱分析软件，对中英文移动政务相关文献进行量化统计。中文文献，以中国学术期刊网络出版总库（CNKI）为数据来源，通过"移动政务""移动电子政务""两微一端""移动政府"等关键词进行检索，共获得66篇有效文献。英文文献，以Web of Science（WoS）期刊库为数据来源，通过"mobile government"或"m-government"进行检索，共获得159篇有效文献。

（一）论文数量分析

图1是所获文献在各年的分布，可以看出，移动政务英文文献在时间上早于中文文献，数量上也多于中文文献。自2004年来，英文文献发表量呈波动上涨趋势，尤其是2013年后，文献数量上涨迅速，至2017年达到峰值。而中文文献最早出现在2007年，比英文文献晚3年，且各年份论文发表数量波动较大，在2011年甚至超过英文文献，2015年和2016年又出现相对峰值，但之后又有明显下降。这说明，移动政务的中文研究稍微滞后于英文研究，且近年来有加重化趋势。

总体上看，中英文文献在各年数量都不多，说明移动政务研究尚处于起步阶段。

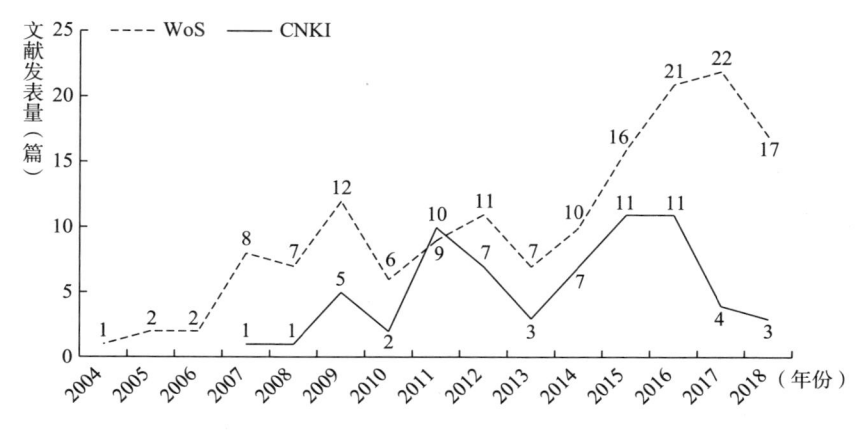

图 1 2004~2018 年移动政务中英文文献数量变化趋势

（二）关键词共现网络分析

借助 CiteSpae 软件对 159 篇英文文献和 66 篇中文文献进行关键词共现分析。所谓关键词共现是指两个关键词同时出现在一篇文章里，例如，关键词 a 和 b 同时出现在文献 1、文献 2 和文献 3 中，则 a 和 b 的共现频次为 3。CiteSpace 通过统计不同关键词共现的频次，与由此而形成的网络结构，来反映关键词间的亲疏关系及其潜在研究主题间的规律。研究分析的时间跨度为 2004 年至 2019 年，时间切片①为 1 年，节点类型为关键词，每个时间切片提取 Top50 节点，通过寻径法进行网络裁剪②，得

---

① "切片"就是数据分析的时间段，"切片为 1 年"就是指以 1 年为单位进行数据分析，即每年提取一次节点。
② CiteSpace 提供了两种裁剪方法，来降低网络密度，提高网络的可读性，分别是 Minimum Spanning Tree（MST，最小树法）和 Pathfinder Network（PFNET，寻径网络法）。其中 MST 的优点是运算简捷，能很快得到结果，而 Pathfinder 的优点是具有完备性，可以简化网络并突出其重要的结构特征，所以此次分析选择了 Pathfinder 的裁剪方法。此外，CiteSpace 还向用户提供了两种网络辅助剪裁策略，分别是 Pruning Sliced network（对每个切片的网络进行裁剪）和 Pruning the Merged network（对合并后的网络进行裁剪），由于 Pruning Sliced network 可能导致网络过于分散，所以本研究选择 Pruning the Merged network 裁剪策略。

到关键词共现网络节点图（见图 2）。图 2 的左边代表英文文献，右边代表中文文献，图中十字年轮代表关键词出现频次，年轮越大，说明频次越高。

图 2　关键词共现网络节点

可以看出，移动政务英文文献中，关键词已经形成较密集的共现网络，出现"m-government""adoption""trust"等多个高频且处于关键网络节点位置的重要词语。而中文文献中，关键词共现网络发育尚不成熟，且集中围绕在"移动政务"和"电子政务"两词周围。表 2 列出了中英文文献中主要关键词的频次和中介中心性，分别对应图 2 中关键词年轮大小和其所处网络位置，两者共同反映关键词的重要性及其背后隐藏的研究主题。可以发现两点规律。第一，移动政务与电子政务紧密相连，因为在中英文文献中，两词都与数量最多词共现（即年轮最大），且都出现在最重要的网络位置（中介中心性最高）。第二，移动政务的研究主题大体包括移动政务建设（implementation/ adoption）、移动政务使用（user acceptance/技术接受模型/trust）、移动政务影响（service quality/政务服务/公共服务/信息社会）等方面。

表2 中英文文献中高频且重要关键词统计（top10）

\multicolumn{4}{c	}{英文文献}	\multicolumn{4}{c}{中文文献}
频次	中介中心性	年份	关键词	频次	中介中心性	年份	关键词
48	0.33	2007	m-government	40	1.48	2009	移动政务
44	0.26	2008	e-government	29	0.36	2009	电子政务
25	0.3	2012	mobile government	5	0.09	2016	政务服务
20	0.27	2014	adoption	4	0	2014	公共服务
20	0.13	2013	user acceptance	3	0	2015	政务App
18	0.14	2014	information technology	2	0.33	2011	技术接受模型
14	0.11	2011	acceptance	2	0	2012	信息社会
14	0.05	2013	implementation	2	0	2016	移动政务服务
12	0.01	2015	service	2	0	2009	移动技术
11	0.3	2011	trust	2	0	2011	移动电子政务

资料来源：作者自制。

（三）关键词共现跨时区分析

图3是CiteSpace提供的关键词共现网络时区跨度图，图的上半部分为英文文献，下半部分为中文文献。可以看出，英文文献中，"m-government"在2006年出现后，又在2011年与"acceptance"、2012年与"mobile government"、2013年与"user acceptance"、2014年与"service quality"等词共现；"acceptance""adoption""service"等词在2010年至2016年又出现多次交互共现。中文文献中，"移动政务"在2009年首次出现后，又在2011年与"技术接受模型"、2012年与"信

息社会"、2014 年与"公共服务"、2015 年与"政务 App"、2016 年与"用户满意"等词共现。关键词共现的时间变化，大体呈现移动政务研究主题变化情况。

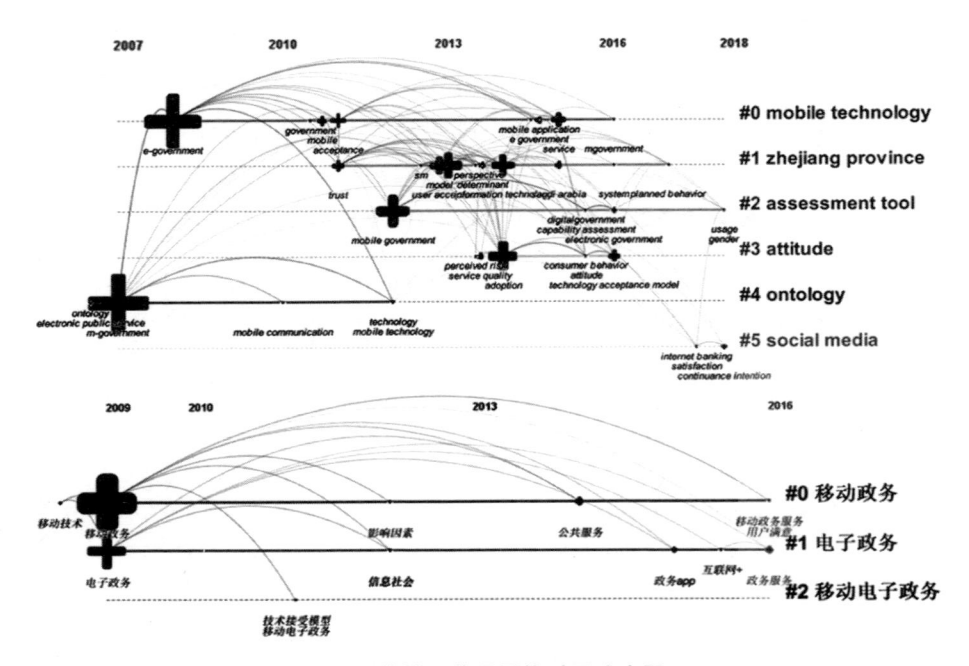

图 3　关键词共现网络时区跨度图

四　移动政务研究主题分析

CiteSpace 可大体识别出中英文文献中移动政务研究主题及其变化情况，但因论文数量有限，呈现的清晰度不高。故而，本研究结合对 159 篇英文文献和 66 篇中文文献的系统阅读，发现移动政务研究大体包括发展、影响和挑战三个方面（Amailef & Lu，2013）。其中，发展又包括政府对移动政务的建设和公众对移动政务的使用；影响又包括移动政务对公共服务渠道的重塑和对社会治理结构的革新。进而，本研究分移动政务建设、移动政务使用、移动政务重塑公共服务、移动政务革新社会治理、移动政务挑战五个主题，进行研究述评。

（一）移动政务建设

移动政务建设，为什么有的成功，有的失败？这是移动政务研究首先要回答的问题。调查显示，35％的电子政务工程是完全失败的，50％是部分失败的，只有15％是完全成功的（Commonwealth Telecommunications Organization，2002），面对如此高的失败率，学者们自然会关注移动政务建设过程中的复杂因果机理，尤其是在超越技术层面对组织结构、制度、观念的综合分析。影响最大的是私人管理中的 TOE 模型，Tornatzky 和 Fleischer 等（1983）从组织创新的角度，分析一项新技术被组织采纳的过程，发现技术特性、组织特性和环境因素都会对其产生影响。Mtingwt 等在 TOE 模型基础上，总结出移动政务发展的影响因素：技术层面，包括网络基础设施、移动终端等；组织层面，包括组织结构、部门利益等；环境层面，包括法规、政策、制度、文化等（Mtingwi，2015；靳小平、海峰，2018；易兰丽、黄梅银、田红红，2019）。此外，Rogers 的创新扩散模型、Lacovou 的组织系统模型在移动政务建设研究中出现也较多，但与 TOE 模型相比，这两个模型更加强调领导、个体认知等因素对移动政务建设的影响。除了普遍意义上的解释外，英文文献更突出比较研究。例如，移动政务在发达国家多是推动善治的重要力量，但在发展中国家却出现大量电子工程失败案例，其原因多是基础设施（Abramowicz et al.，2006）、战略规划（Ogunleye & Van Belle，2014）、企业技术能力（Bilkova & Kralova，2017）等的限制。而中文文献则更强调中国情境下，领导重视（董煜、王光荣、刘利亚，2014）、绩效考核（易兰丽、黄梅银、田红红，2019）、项目管理（王芳、王俊平，2012）、市民信任（赵蓉，2008）等因素的影响。

（二）移动政务使用

移动政务建成后，公众是否愿意使用，是移动政务研究的另一重要主题。公众使用移动政务的影响因素可大致分成需求侧和供给侧两个方面。需求侧的研究数量最多，在这些研究中，又以 Davis 的技术接受模型（TAM）影响最大。它认为并非技术本身特性，而是公众对技术有用性和易用性的主观感知，决定了个体的技术采纳行为（Davis，1989）。大量学者在 TAM 模型基础上，发现除有用性和易用性外，感到技术的安全性（Hung, Chang, Kuo, 2013）、趣味性（Wirtz & Birkmeyer, 2018；Abdelghaffar, 2012）、获益性（Serra et al., 2015）、经济性（周沛、马静、徐晓林，2012）、互动性（赵玉攀、杨兰蓉，2015）、时间充裕性（Alrowili, Alotaibi, Alharbi, 2015）等，也会影响公众对移动政务的使用，并且这种影响会因公众的使用体验（郑跃平、赵金旭，2016；Shareef, Archer, Dwivedi, 2012；Hung, Chang, Kuo, 2013；Liu et al., 2014；Choi, Kim, Kim, 2011）、绩效期望（刘利、成栋、苏欣，2016）和任务需求（王长林等，2011）等，在多次使用行为中，持续发生作用。除了对技术的感知外，公众对政府的整体认知，如公正合理性（Tolbert & Mossberger, 2006）、程序透明性（Chen, Vogel, Wang, 2016）、政府信任（Liu et al., 2014）等也会影响移动政务使用（郭俊华、朱多刚，2015；杨雅芬，2012；Wang, 2014；Shareef, 2012）。供给侧的研究相对较少，主要关注政府供给难以回应公众需求的问题，究其原因，Eom 和 Kim（2014）认为是政府急于追求技术潮流，缺乏战略规划；陈涛等（2016）认为是政府缺乏相关资源和能力；赵金旭和孟天广（2019）则强调官僚激励与公众需求间的偏离。

（三）移动政务重塑公共服务

重塑公共服务供给是移动政务在组织层面的影响，相关学术讨论主要围绕传递渠道、业务流程和科学管理等展开。首先，移动终端实现公共服务"零距离"传递，并能随时随地记录下政民互动详细数据，这带来公共服务的便利化和个性化。例如，Kiki 和 Lawrence（2006）就认为移动政务促使公共物品方便、快捷、高效并随时随地传到公众身边；阙天舒等认为"指尖政府"的兴起，摆脱了传统电子政务有线、在场的束缚（李金兆、董亮、简青，2015），形成基于地点的新型公共服务模式（Sareen，Punia，& Chanana，2013；Ntaliani et al.，2008）。其次，移动政务从政府内部深度重塑公共服务业务流程。组织流程再造运动认为将基于科层分工的"串联式"业务流程，变成直面顾客的"并联式"业务流程，可大大提高效率（Tat-Kei，2002）。移动政务打破以地理空间为基础的科层分工根基，深度重塑科层组织流程，例如，宋刚等（2015）发现实时互动和移动终端执法轨迹跟踪，根本上改变了传统执法流程；OECD认为移动政务提高效率的同时还降低成本（Madden，Bohlin，Oniki et al.，2013）；周顶等（2011）认为移动政务是公共服务内容、流程和质量的全面优化。最后，移动政务大数据推进政府科学管理。例如，Phusarat等（2009）就认为移动政务通过对行为结果的更好量化，推进政府绩效管理等。

（四）移动政务革新社会治理

革新社会治理是移动政务在社会层面的影响，相关学术讨论包括"技术赋权"和"技术赋能"两个方面。首先，向社会赋权。移动政务的便利性和低门槛优势，扩大了公民参与（Liu & Yuan，2015；Kushchu & Kuscu，2003），尤其是底层民众，或者农村地区、偏远地区和落后地区的居民参与政策制定和公共事务，这从根本上减轻了"数字鸿沟"，促进社会公平。Ochara和Mawela等发现与传统电子政务加剧社会隔离不同，移动政务反而能够弥补数字鸿沟（Ochara & Mawela，2015；Singh & Sahu，2008）；Mtingwi（2015）发现即使马拉维这种非洲经济最不发达国家，移动互联网也覆盖了85%的地区；Schlæger（2011）、Yu & Qin（2011）发现手机短信给中国浙江的农民"带来改变命运的机会"；Ojo等（2013）也认为移动政务给落后地区的发展带来了希望。其次，向政府赋能。移动政务从根本上提升了政府对社会的感知、评估和回应能力。移动终端随时随地记录公众行为和诉求，便于政府实现"民情民意实时汇聚"和"社会风险动态感知"，构建起基于大数据的智能化决策辅助系统，推动政府决策科学化、民主化、精准化、透明化、情境化（Pops & Pavlak, 1991; Chen, Vogel, Wang, 2016）。例如，Amailef 等（2013）就介绍了政务 App 在灾害防治、野地救援中的重要作用；Roy（2014）、Borins 等（2007）和 Kernaghan（2013）也认为移动政务带来了多主体参与式智能化的社会治理格局。

（五）移动政务挑战

移动政务挑战是移动政务研究讨论较多的最后一个研究主题，概括起来，主要有三。首先，基础设施不健全，尤其是在农村地区、落后地区和偏远山区，更为严重（Mtingwi, 2015）。高荣认为基础设施不健全，不仅是硬件投入不足，更多是软件服务薄弱（高荣，2016）。郑跃平和黄博涵（2016）的调查发现，中国 36 个大中城市中 58% 的政府网站没有手机版本；李重照等（2014）也发现中国省级移动政务平台建设存在建设模式陈旧、系统兼容性差、服务内容单一等问题。其次，公众使用率低。电子政务工程使用率低是一个普遍性难题，这与互联网高度垄断性有关。例如，Bakar 等（2015）发现马来西亚居民也知悉许多政务 App，但真正使用的人却很少，原因是技术兼容性差；郑跃平和赵金旭（2016）的电话调查显示，中国北、上、广、深仅有 10% 居民经常使用政务 App。最后，移动政务引起冲突。例如，Aloudat 和 Michael（2011）发现澳大利亚移动政务技术体系与旧有的法规、组织结构和利益群体发生冲突；Vogel 等（2003）发现移动政务会加重不同教育背景、社会资源、收入层级、学习能力的人群间的政治极化和观念冲突。总体上看，现有研究对移动政务挑战的讨论相对薄弱，对传统电子政务的挑战如隐私保护、政治极化等问题的讨论较少。

五　移动政务研究方法评析

移动政务研究主题覆盖相对全面，而研究方法规范性水平参差不齐。具言之，第一，关于"移动政务建设"的主要解释变量包括技术、组织、制度、观念、领导等；典型分析框架有 TOE、DOI 模型等；分析单位是政府组织；数据收集方法主要包括访谈法、观察法、文献法等；数据分析方法主要包括案例分析和叙事分析，例如，对广州（赵蓉，2008）、香港（丁明华，2014）、山西（张尚礼、姚峥，2012）等地的移动政务建设情况进行案例剖析；研究优点是能够深入政府内部，对精英个体、社会网络、组织结构、制度环境等影响移动政务建设的过程进行细腻描述和分析；研究缺点是缺乏大规模量化调查，研究结论外推受限制。

第二，关于"移动政务使用"的主要解释变量包括公众感知到的技术有用性、易用性、安全性、趣味性、信任性，以及对政府的整体认知等；典型分析框架有 TAM 模型等；分析单位是公众个体；数据收集方法是网络问卷调查、电话问卷调查或者实地问卷调查等方式；数据分析方法包括回归分析、结构方程、聚类分析等多种复杂的量化统计方法；研究的优点是量化方法相对规范科学，整体论文质量较高，且有大规模数据调查，便于验证理论假设；研究的缺点是缺乏对微观因果机制的深入挖掘，且网络调查等数据收集方法存在较严重的选择性偏误。

第三，关于"移动政务重塑公共服务供给"的主要解释变量是移动终端随时随地公共服务传递渠道和对科层组织业务流程重塑；缺乏典型分析框架；分析单位是科层组织；数据收集方法是访谈法、观察法或文献法等；数据分析方法是案例分析和叙事分析；研究优点是敏锐捕捉到移动政务重塑公共服务供给过程本质；研究缺点是方法规范性不强，缺乏系统化案例验证和大规模统计数据支撑。

第四，关于"移动政务革新社会治理"的主要解释变量是移动政务向社会"技术赋权"，向政府"技术赋能"；缺乏典型分析框架；分析单位是社会整体；数据收集方法是文献法或观察法；数据分析方法是叙事分析和论证分析；研究优点是便于从宏观结构上整体性把握移动政务的影响；研究缺点是缺乏理论建构和实证性数据支撑，方法规范性不强。

第五，关于"移动政务挑战"的主要解释变量是基础设施不健全、公众使用率低、引发冲突等；缺乏典型分析框架；分析单位是政府组织或公众个体；数据收集方法包括问卷调查、内容测评、实地调查等；数据分析方法是描述性统计或案例分析；优点是统计数据和案例资料相对翔实；缺点是缺乏理论建构，也缺乏对移动政务相关的隐私保护等问题的关注。

表3 移动政务五个主题研究方法比较

研究主题	主要解释变量	分析框架	分析单位	数据收集	数据分析	优点	缺点
移动政务建设	技术、组织、制度、观念、领导等	TOE/DOI	组织	访谈法、观察法、文献法	案例分析、叙事分析	细腻描述、效度高	理论难外推
移动政务使用	有用性、易用性、安全性、趣味性等	TAM	个体	问卷调查	回归、聚类、结构方程	严谨规范、信度高	缺乏因果机制挖掘；样本选择性偏误
移动政务重塑公共服务供给	随时随地传递渠道；科层流程重塑	无	组织	访谈法、观察法、文献法	案例分析、叙事分析	细腻描述、效度高	缺乏系统案例验证；缺乏统计数据支撑
移动政务革新社会治理	"技术赋权"于社会；"技术赋能"于政府	无	社会	文献法、观察法	叙事分析、论证分析	从宏观结构总体性把握	缺乏理论建构；缺乏实证验证
移动政务挑战	基础设施；公众使用；引发冲突	无	组织/个体	问卷调查、内容测评、实地调查	描述性统计、案例分析	统计数据和案例资料相对翔实	缺乏理论建构；隐私保护

资料来源：作者自制。

六 进一步研究思路

移动政务的不同研究主题，研究方法水平各异，需针对不同研究主题，扬长避短，分情况推进现有研究。首先，移动政务建设主题需强化量化统计和多案例比较研究，以实现宏观层面上的理论验证和更广范围的理论外推。其次，移动政务使用主题，一方面，要在量化研究基础上，强化质性因果机理深入挖掘；另一方面，提高量化数据收集规范性，尤其要克服网络调查、电话调查等的选择性偏误问题。再次，移动政务重塑公共服务供给和革新社会治理两主题，研究规范性较差，尚未形成典型分析框架，缺乏系统化案例支撑，更无大规模量化统计数据验证，需在质性研究和量化研究两方面强化。最后，移动政务挑战主题，需要在强化量化统计调查与案例深度剖析基础上，提炼因果机理，强化理论建构，同时要加强对隐私保护、政治极化等问题的深入探析。

七　结论与讨论

"手推磨产生的是封建主社会，蒸汽机产生的是工业资本家社会"，科学技术作为社会发展的根本动力，影响并最终决定人类社会的发展形态（约瑟夫·熊彼特，1991）。作为科技革新推动社会治理转型，甚至公共行政范式变迁的典型案例，移动政务已经受到国内外学术界广泛关注，并已形成一批深有启发性的学术成果。本研究借助 CiteSpace 量化图谱分析工具，对中英文文献中移动政务相关讨论进行量化分析，并结合对全量文献的系统阅读，归纳和评析移动政务研究的主题及其相对应的方法。

研究发现，中英文文献中移动政务研究均处于起步阶段，中文研究略微滞后于英文研究。中英文文献中移动政务研究主题，均主要集中在移动政务建设、移动政务使用、移动政务重塑公共服务供给、移动政务革新社会治理、移动政务面临的挑战五个主题。各主题讨论已经广泛而深入，但研究方法、水平参差不齐。

具言之，移动政务建设研究，多在 TOE 等模型基础上，通过案例研究，讨论了技术、组织、制度等对移动政务建设的影响，却缺乏大规模统计数据，进行理论外推。移动政务采纳研究，多在 TAM 等模型基础上，通过统计数据，验证技术有用性、易用性、便利性、安全性等对移动政务使用的影响，却缺乏质性因果机理的深入挖掘。移动政务重塑公共服务和移动政务革新社会治理两个主题，研究相对薄弱，尚未形成典型分析框架，研究方法也以案例研究或文本分析为主，缺乏严谨的研究设计及量化统计数据验证。最后，移动政务挑战相关研究，具备量化和质性数据支撑，却缺乏分析框架等理论建构，以及对隐私保护等问题的讨论。

推进移动政务研究，要在丰富各主题讨论的同时，更加注重研究方法规范性，包括强化移动政务建设的量化研究、移动政务采纳的质化研究，移动政务重塑公共服务和革新社会治理的系统化实证资料验证，及移动政务挑战的理论建构等。

参考文献

陈涛、董艳哲、马亮、梅冬芳、张锐昕、王少辉、杨道玲、于跃、张毅、郑磊、郑跃平，2016，《推进"互联网+政务服务"提升政府服务与社会治理能力》，《电子政务》第8期。

陈则谦，2015，《中国移动政务App客户端的典型问题分析》，《电子政务》第3期。

丁明华，2014，《政府App：移动电子政务发展模式新思路》，《商业经济研究》第12期。

董煜、王光荣、刘利亚，2014，《移动公共服务创新的影响因素分析与启示——以上海市闸北区移动就业服务为例》，《电子政务》第1期。

高荣，2016，《服务型政府建设背景下我国移动政务发展探究》，《天津行政学院学报》第2期。

郭俊华、朱多刚，2015，《基于信任的移动政务服务用户采纳模型与实证分析》，《软科学》第12期。

靳小平、海峰，2018，《我国移动政务的驱动要素、存在问题及发展对策》，《中国社会科学院研究生院学报》第4期。

李金兆、董亮、简青，2015，《网络社会与行政生态变革下的政务服务研究》，《电子政务》第 5 期。

李磊，2017，《习近平新科技革命观论析》，《社会主义研究》第 2 期。

李重照、刘新萍，2014，《中国省级移动政务平台建设现状研究：从 WAP 到 App》，《电子政务》第 11 期。

刘利、成栋、苏欣，2016，《移动政务档案信息服务平台的用户使用意愿研究——基于 UTAUT 模型》，《山西档案》第 6 期。

宋刚、刘建敏、陈泓洁，2015，《执法城管通移动应用服务平台设计与应用》，《电子政务》第 8 期。

王芳、王俊平，2012，《移动政务利益相关者研究》，《电子政务》第 8 期。

王长林、陆振华、冯玉强，2011，《后采纳阶段移动政务的持续使用——基于任务－技术匹配理论的实证分析》，《情报杂志》第 10 期。

杨雅芬，2012，《基于用户需求的移动政务研究》，《情报理论与实践》第 2 期。

易兰丽、黄梅银、田红红，2019，《美国移动政务建设及其对我国的启示》，《电子政务》第 3 期。

约瑟夫·熊彼特，1991，《经济发展理论：对利润、资本结构、信息和经济周期的考察》，何畏、易家祥等译，北京：商务印书馆。

张尚礼、姚峥，2012，《移动电子政务平台建设研究》，《电子政务》第 7 期。

赵金旭、孟天广，2019，《科技革新与治理转型：移动政务应用与智能化社会治理》，《电子政务》第 5 期。

赵蓉，2008，《移动政务关键成功因素研究》，《上海行政学院学报》第 5 期。

赵玉攀、杨兰蓉，2015，《公众采纳政务 App 影响因素及实证研究》，《情报杂志》第 7 期。

郑跃平、黄博涵，2016，《"互联网＋政务"报告（2016）——移动政务的现状与未来》，《电子政务》第 9 期。

郑跃平、赵金旭，2016《公众政务客户端的使用及影响因素探究——基于我国一线城市的调查》，《公共行政评论》第 6 期。

周顶、张毅、张玉婷，2011，《香港移动政务模式研究》，《情报理论与实践》第 12 期。

周沛、马静、徐晓林,2012,《移动电子政务公众采纳影响因素的实证研究》,《图书情报工作》第5期。

Abdelghaffar, H., & Magdy, Y. 2012. The adoption of mobile government services in developing countries: the case of Egypt. *International Journal of Information and Communication Technology Research*, 2 (4): 333 – 341.

Abramowicz, W., Bassara, A., Filipowska, A., et al. 2006. Mobility implications for m-government platform design. *Cybernetics and Systems: An International Journal*, 37 (2 – 3): 119 – 135.

Alhadidi, A., & Rezgui, Y. 2010. Adoption and diffusion of m-government: Challenges and future directions for research. *Working Conference on Virtual Enterprises*: 88 – 94.

Alomari, M, A., & Elrehail, H, H. 2013. Mobile-government: challenges and opportunities Jordan as case study. *International Journal of Business and Social Science*, 4 (12).

Aloudat, A., & Michael, K. 2011. Toward the regulation of ubiquitous mobile government: a case study on location-based emergency services in Australia. *Electronic Commerce Research*, 11 (1): 31 – 74.

Alrowili, T, F., Alotaibi, M, B., & Alharbi, M, S. 2015. Predicting citizens' acceptance of m-government services in Saudi Arabia an empirical investigation. *IEEE 2015 9th Annual IEEE International Systems Conference*: 627 – 633.

Amailef, K., & Lu, J. 2013. *Ontology-supported case-based reasoning Approach for intelligent m-government emergency response services*. Elsevier Science Publishers B. V.: 79 – 97.

Arazyan, H., & Zálešák M. 2002. *M-Government: Definition and Perspectives*. http://www. developmentgateway. org/download/143909/mGov_ Interview_2. doc.

Bakar, A., Suriana, N., Rahman, A, A., et al. 2015. The implementation of Malaysian m-government services. *Advanced Science Letters*, 21 (5): 1122 – 1126.

Bertot, J, C., Jaeger, P, T., Grimes, J, M. 2010. Using ICTs to create a culture of transparency: e-government and social media as openness and anti-corruption tools for societies. *Government Information Quarterly*, 27（3）：264 – 271.

Bilkova, R. , & Kralova, A. 2017. Adoption model of m-government services. *2017 International Conference on Information and Digital Technologies（IDT）*, 52 – 55.

Borins, S, F. , Kernaghan, K. , Bontis, N. 2007. *Digital State at the Leading Edge.* University of Toronto Press, 6.

Chen, Z, J. , Vogel, D. , Wang, Z, H. 2016. How to satisfy citizens? Using mobile government to reengineer fair government processes. *Decision Support Systems*, 82：47 – 57.

Choi, H. , Kim, Y. , Kim, J. 2011. Driving factors of post adoption behavior in mobile data services. *Journal of Business Research*, 64（11）：1212 – 1217.

Commonwealth Telecommunications Organization. 2002, *E-government for development information Exchange Project Website.* http:∥www. egov4dev. org.

Davis, F, D. 1989. Perceived usefulness, perceived ease of use, and user acceptance of information technology. *MIS Quarterly*, 319 – 340.

ElKiki, & Lawrence. 2008. Mobile user needs：efficient transactions. *International Conference on Information Technology：New Generations. Las Vegas：IEEE Computer Society*, 975 – 981.

ElKiki, T. 2007. M-government：a reality check. *International Conference on the Management of Mobile Business. Las Vegas：IEEE Computer Society*, 37.

Eom, S, J. & Kim, J, H. 2014. The adoption of public smartphone Applications in Korea：empirical analysis on maturity level and influential factors. *Government Information Quarterly*, 31：S26 – S36.

Hollifield, C, A. , & Donnermeyer, J, F. 2003. Creating demand：influencing information technology diffusion in rural communities. *Government Information Quarterly*, 20（2）：135 – 150.

Hung, S, Y. , Chang, C, M. & Kuo, S, R. 2013. User acceptance of mobile e-government services：an empirical study. *Government Information Quarterly*, 30（1）：33 – 44.

Karadimas, N, V. , Papatzelou, K. , Papantoniou, A, N. 2008. M-government services in Greece. *22nd European Conference on Modelling and Simulation*, 71 – 74.

Kernaghan, K. 2013. Changing channels: managing channel integration and migration in public organizations. *Canadian Public Administration*, 56 (1): 121 – 141.

Kiki, T, E., & Lawrence, E. 2006. Government as a mobile enterprise: real-time, ubiquitous government. *Proceedings of the Third International Conference on Information Technology: New Generations (ITNG)*. Las Vegas, Nevada: IEEE Computer Society, 320 – 327.

Kim, Y., Yoon, J., Park, S., et al. 2004. *Architecture for implementing the mobile government services in Korea*. Heidelberg: Springer, 601 – 612.

Kumar, M., Hanumanth, Appa, M., Reddy, B, L. 2008. Security issues in m-government. *International Journal of Electronic Security & Digital Forensics*, 1 (4): 265 – 273.

Kushchu, I., & Kuscu, H. 2003. From e-government to m-government: facing the inevitable. *The 3rd European Conference on e-Government*. MCIL Trinity College Dublin Ireland, 253 – 260.

Lee, G., & Kwak, Y, H. 2012. An open government maturity model for social media-based public engagement. *Government Information Quarterly*, 29 (4): 492 – 503.

Lee, S, M., Tan, X., Trimi, S. 2006. M-government, from rhetoric to reality: learning from leading countries. *Electronic Government an International Journal*, 3 (2): 113 – 126.

Liu, S, M., & Yuan, Q. 2015. The evolution of information and communication technology in public administration. *Public Administration and Development*, 35 (2): 140 – 151.

Liu, Y., Li, H., Kostakos, V., et al. 2014. An empirical investigation of mobile government adoption in rural China: a case study in Zhejiang province. *Government Information Quarterly*, 31 (3): 432 – 442.

Madden, G., Bohlin, E., Oniki, H., et al. 2013. Potential demand for m-government services in Japan. *Applied Economics Letters*, 20 (8): 732 – 736.

Melkers, J., & Willoughby, K. 2005. Models of performance-measurement use in local governments: understanding budgeting, communication, and lasting effects. *Public Administration Review*, 65 (2): 180 – 190.

Mengistu, Zo, H., Rho, J, J. 2009. M-government: opportunities and challenges to deliver mobile government services in developing countries. *Fourth International Conference on Computer Sciences & Convergence Information Technology. Las Vegas: IEEE Computer Society*, 1445 – 1450.

Misuraca, G, C. 2013. E-government 2015: *exploring m-government scenarios, between ICT-driven experiments and citizen-centric implications. Foresight for Dynamic Organisations in Unstable Environments*. Routledge, 2013: 131 – 148.

Misuraca, G., P, Rossel., M, Finger. 2006. Governance with and of ICTs: the need for new institutional design in a changing world. *eGov: Magazine 2*, no. 5.

Moon, M, J. 2004. *From e-government to m-government? Emerging practices in the use of mobile technology by state governments*. IBM Center for the Business of Government.

Mtingwi, J, E. 2015. Mobile government in African least developed countries (LDCs): proposed implementing framework. 2015 *IST-Africa Conference. IEEE*, 1 – 14.

Ntaliani, M., Costopoulou, C., Karetsos, S. 2008. Mobile government: a challenge for agriculture. *Government Information Quarterly*, 25 (4): 699 – 716.

Ochara, N, M., & Mawela, T. 2015. Enabling social sustainability of e-participation through mobile technology. *Information Technology for Development*, 21 (2): 205 – 228.

Ogunleye, O, S., & Van Belle, J, P. 2014. Exploring the success, failure and factors influencing m-government implementation in developing countries. 2014 *IST-Africa Conference Proceedings. IEEE*, 1 – 10.

Ojo, A., Janowski, T., Awotwi, J. 2013. Enabling development through governance and mobile technology. *Government Information Quarterly*, 30: S32 – S45.

Orlikowski, W, J., & Gash, D, C. 1994. Technological frames: making sense of information technology in organizations. *ACM Transactions on Information Systems*

(TOIS), 12 (2): 174 - 207.

Phusavat, K., Anussornnitisarn, P., Helo, P., et al. 2009. Performance measurement: roles and challenges. *Industrial Management & Data Systems*, 109 (5): 646 - 664.

Pops, G, M., & Pavlak, T, J. 1991. *The case for justice: strengthening decision making and policy in public administration.*

Rannu, R., Saksing, S., Mahlakõiv, T. 2010. *Mobile government: 2010 and beyond: white paper.* http://www.mobisolutions.com.

Rodrigues, H., Ariza, C., Pascoe, J. 2005. On the development of an open platform for m-government services. *IFIP Working Conference on Mobile Information Systems.* Boston, MA: Springer, 79 - 90.

Roy, J. 2014. Cloud computing and Gov 2.0: traditionalism or transformation across the Canadian public sector? *International Journal of Public Administration in the Digital Age (IJPADA)*, 1 (1): 74 - 90.

Sareen, M., Punia, D, K., Chanana, L. 2013. Exploring factors affecting use of mobile government services in India. *Problems and Perspectives in Management*, 11 (4): 86 - 93.

Schlæger, J. 2011. The role of m-government in Western China development. *Mobile information communication technologies adoption in developing countries: Effects and implications. IGI Global*, 117 - 133.

Serra, L., C., Carvalho, L, P., Ferreira, L, P., et al. 2015. Accessibility evaluation of e-government mobile Applications in Brazil. *Procedia Computer Science*, 67: 348 - 357.

Shareef, M, A., Archer, N., Dwivedi, Y, K. 2012. Examining adoption behavior of mobile government. *Journal of Computer Information Systems*, 53 (2): 39 - 49.

Shareef, M, A., Kumar, V., Kumar, U., et al. 2011. E-Government adoption model (GAM): differing service maturity levels. *Government Information Quarterly*, 28 (1): 17 - 35.

Sharma, S, K., Gupta, J, N, D. 2004. Web services architecture for m-government: issues and challenges. *Electronic Government An International Journal*, 1 (4): 462-474.

Singh, A, K., & Sahu, R. 2008. Integrating internet, telephones, and call centers for delivering better quality e-governance to all citizens. *Government Information Quarterly*, 25 (3): 477-490.

Snellen, I., & Thaens, M. 2008. From e-government to m-government: towards a new paradigm in public administration. *The Promotion Seminars-Administrative Innovation, International Context and Growth. Bologna, SPISA: Erasmus University, Rotterdam*, 1-34.

Tat-Kei, Ho, A. 2002. Reinventing local governments and the e-government initiative. *Public Administration Review*, 62 (4): 434-444.

Tolbert, C, J., & Mossberger, K. 2006. The effects of e-government on trust and confidence in government. *Public Administration Review*, 66 (3): 354-369.

Tornatzky, L, G., Eveland, J, D., Boylan, M, G., et al. 1983. *The process of technological innovation: reviewing the literature*.

Trimi, S., & Sheng, H. 2008. Emerging trends in m-government. ACM, 53-58.

Vogel, Doug., Chen, Zhenjiao., Bi, Qingqing., et al. 2010. M-government in China: observations and reflections. *16th Americas Conference on Information Systems. Lima, Peru*, 197.

Wang, C. 2014. Antecedents and consequences of perceived value in mobile government continuance use: an empirical research in China. *Computers in Human Behavior*, 34: 140-147.

Wirtz, B, W., & Birkmeyer, S. 2018. Mobile government services: an empirical analysis of mobile government attractiveness. *International Journal of Public Administration*, 41 (16): 1385-1395.

Wu, H., Ozok, A, A., Gurses, A, P., et al. 2009. User aspects of electronic and mobile government: results from a review of current research. *Electronic Government, an International Journal*, 6 (3): 233-251.

Yu, Y., & Qin, X. 2011. The cases analysis on study of innovation mode of rural informatization service in China. 2011 *Third International Conference on Multimedia Information Networking and Security. IEEE*, 210 – 213.

A Literature Review of M-Government Research

Zhao Jinxu Wang Haixian

Abstract: Mobile government affairs rose rapidly and became an important force to promote the modernization of national governance. With the help of CiteSpace software, this study made quantitative atlas analysis and panoramic display of Chinese and English mobile government research, and combined with the full reading of text content, found that the existing research of mobile government mainly revolves around five themes: mobile government construction, mobile government use, mobile government reshapes public service, mobile government innovates social governance and the challenges of mobile government. The research contents of each subject are comprehensive, but the level of research methods is uneven, And then, this research had the pertinence to carry on the review, in order to identify the superiority and inferiority, propose the countermeasure, advances the mobile government affairs correlation research.

Keywords: Mobile Government; Research Review

我国移动政务发展的现状与问题

——基于大中城市的实证研究[*]

刘　特　李　佳[**]

【摘要】 过去十年间，移动政务在全球范围内呈现高速发展的趋势，依托先进的软硬件技术、良好的用户基础和广泛的政策支持，我国移动政务的发展走在世界前列。基于近三年对我国 70 个城市移动政务调查数据的搜集、整理和分析，从供给和使用两个维度出发，2018 年的移动政务呈现新的发展态势：政务客户端的发展速度相比上一阶段放缓，全国四个地区的发展差异在扩大，但是中西部地区发展迅速，发展的广泛性得到提升；第三方平台搭载的政务服务大幅增长，中小城市进步较大，地区差异逐步缩小；公众对移动政务的整体使用和评价提升，对于"第三方平台"搭载的政务服务评价较高，较高年龄、较低学历和与政府事务接触较少的职业人群对移动

---

[*] 教育部人文社会科学重点研究基地重大项目"新技术革命与公共治理转型"（项目批准号：16JJD630013）；教育部人文社会科学重点研究基地中国公共管理研究中心课题"科技革命与国家治理：基于中国智慧城市的研究"（项目批准号：15JJD630014）。

[**] 刘特，中山大学政治与公共事务管理学院，博士研究生；李佳，中山大学政治与公共事务管理学院，本科生。

政务的使用提升明显。

【关键词】 移动政务；政务客户端；第三方平台

一　引言

过去十年间，伴随着移动互联网快速发展和软硬件技术的不断创新，移动政务（Mobile Government）在全球范围内呈现高速发展的趋势。依托先进的软硬件技术、良好的用户基础和广泛的政策支持，我国移动政务的发展走在世界前列。根据中国互联网络信息中心（CNNIC）第43次《中国互联网络发展状况统计报告》，我国手机网民规模为8.17亿，网民中使用手机上网人群的占比由2018年的98.3%提升至98.55%（中国互联网信息中心，2018），互联网在中年人群中的渗透加强，尤其在中国农村和偏远落后地区，移动平台拥有良好的用户基础。近十年，移动通信技术不断探索发展，实现了从3G到5G的超越，5G商用的时代加速到来。可以安装较多应用程序的智能手机由高端的小众市场转向大众普及，也产生了大量非结构化的数据。这对数据的获取、传输、储存和分析等提出了更高的要求，助推了云计算的发展，国内云计算产业市场从起步到进入一个相对成熟稳定的阶段。随着移动设备的迅速普及和移动互联网的发展，移动商务、移动支付、共享经济等新兴业态快速发展，各大企业、社会组织积极开拓移动端的功能，通过移动平台提供多样化和个性化的服务，创建了较完善的生态系统。商业领域的发展带来公众需求的结构性变化，公众期待"更多的服务从PC端向移动端转移，提高服务供给的便捷性"，期待"政务服务理念从'以供给为中心'走向'以需求为中心'"（郑跃平、赵金旭，2016）。

从PC端的传统互联网到移动互联网，再到大数据、人工智能等技术的不断发展，带来了政府数字治理能力的改善。过去十年间，政府服务从传统的政府网站逐步向政务微博、政务客户端和第三方平台等多种渠道延伸，移动政务的发展提升了政府的服务精准性和便捷性。顺应这一趋势，国家层面的相关政策文件为移动政务的建设提供了指导和良好的环境，引导从中央到地方的实践和创新。近三年，我国对于移动政务的政策支持和指导加强，2018 年 6 月和 7 月发布的两份文件《关于印发进一步深化"互联网 + 政务服务"推进政务服务"一网、一门、一次"改革实施方案的通知》（国务院办公厅，2018）和《关于加快推进全国一体化在线政务服务平台建设的指导意见》（国务院，2018），明确提出深化"互联网 + 政务服务"的改革，推进一体化政务服务平台的建设和政务服务流程的优化，特别指出要推进移动政务平台建设。这些政策在实践中得到了落实，并积累了宝贵的经验。2016 年年初，涵盖了要闻、总理、政策、部门、地方、服务、督查等栏目的国务院 App 上线，10 个月之后下载量超过 2000 万。2016 年，浙江省首次提出"最多跑一次"改革，浙江政务服务网 App 下载量超 800 万，便民服务应用超 200 个。2018 年 5 月，我国首个集成民生服务微信小程序——"粤省事"，实名用户超过 1000 万，一站式综合性的移动政务平台成为未来发展趋势。

　　当前我国移动政务处于快速发展的阶段，较为成熟的电子政务建设、商业领域的经验和国际移动政务的实践为我国移动政务发展提供了宝贵借鉴。顺应时代发展的趋势，移动政务得到政府大力建设并成为其政务服务提供的重要方式。同时应当看到，移动政务在实践中呈现诸多问题，而作为移动政务服务重要提供平台的政务客户端，当前提供服务的质量、使用率和用户满意度普遍较低，政府和第三方平台合作提供的政务服务还不成熟。总体来看，移动政务存在用户满意度较低、区域发展不均衡、服务的全面性和平台的专业性不足以及信息安全等问题，这影响到了弥合数字鸿沟、优化政务服务等作用的发挥，政府公信力也可能因此受损。因此，在中国特殊的背景下探讨移动政务发展的问题和未来趋势就显得尤为重要。

　　从当前已有的移动政务研究来看，全国城市层面上较为全面的研究不足，有数据支撑的研究较少；同时缺乏微信、支付宝等基于第三方平台的政务服务现状研究,并且对于移动政务建设的横向对比不足,还停留在对单一年份数据分析的层面。为此,本研究基于 2016～2018 年数据的分析,从政务客户端和第三方平台搭载的政务服务两个层面出发,关注全国城市层面移动政务发展的供给和使用状况,并探讨移动政务未来的发展趋势。首先,对移动政务的概念及其优势、发展的现状、问题和移动政务建设与公众采纳的影响机制进行梳理,在此基础上提出了研究问题。其次,基于 2016～2018 年的移动政务数据对比,从政务客户端和第三方平台搭载的政务服务两个层面总结了当前移动政务供给和使用的发展特征。最后,进一步探讨了移动政务未来的发展趋势。

二 移动政务研究综述

(一)移动政务及其优势

随着移动互联网的发展和电子政务建设的推进,移动政务(mobile government)成为政府提供信息和服务的有效途径。根据 Arazyan (2002)、Kushchu 等(2003)、Östberg(2003)等学者的定义,移动政务是一项战略,也包括其实施情况,基于各种无线和移动通信技术、服务、应用和设备,使公民、企业和政府等相关各方受益。Kim (2004)、Scholl(2005)等学者也提出了相近的观点,归纳来看,移动政务基于无线和移动通信技术、移动设备(如手机、Pad、笔记本电脑等)和移动应用的发展,为公民、企业等社会组织和政府内部提供信息和服务,从而改善各方的利益。

移动政务的发展经历了不同的阶段。学者 Eom 和 Kim(2014)根据移动政务的实践,将其归纳为六个发展阶段:前两个阶段是政府向公众提供信息,通过文本、图片和视频等格式和 GPS 等技术手段单向传递便捷的信息;第三、第四阶段发展到政民的双向互动,公众可以通过移动平台给予反馈和表达意见;第五阶段公众可以通过移动设备获取相关政务服务；第六阶段则进一步发展为"一站式服务"，即从碎片化的多部门提供服务发展到跨部门、功能整合的便捷服务。可以看到，移动政务的发展趋向于以公众需求为导向的双向互动，以及服务的便民化和简洁化，真正做到在"移动"环境中随时随地获取便捷的公共服务。

移动政务是在电子政务的基础上进一步发展的产物。一方面，移动政务被认为是电子政务向移动平台的延伸（Trimi & Sheng，2008；Olanrewaju，2013）或是电子政务的子集（Ntaliani et al.，2008），二者从理论构建到实践发展都是一脉相承的。另一方面，移动政务克服了传统电子政务的部分局限性，在移动互联网技术发展和公众需求结构性变化的现实条件下，更加能够满足公众对于公共服务的个性化需求，推进政务服务流程重构和公共服务价值重塑（王锐等，2017）。

从现有研究成果看，相较于传统电子政务，移动政务自身的优势和价值得到了较为广泛的认同。具体来看，在时间空间限制、用户基础、建设成本、使用成本、公众参与、服务个性化和服务流程等方面具有一定优势。

表 1 传统电子政务和移动政务的对比

	传统电子政务（E-Government）	移动政务（M-Government）
时间空间限制	基于 PC 端的有限网络通信，具有不可移动性	政府、公众可以"随时随地"管理自身事务、接受信息和享受服务（Trimi，Sheng，2008）；特别有助于应急管理（Ntaliani et al.，2008；Aloudat & Michael，2011；Liu et al.，2014）
用户基础	无法覆盖落后地区和弱势群体	更广泛的用户基础（Ntaliani et al.，2008；Vincent & Harris，2008），提升政务服务的可及性和社会包容性（Ionescu et al.，2013），有效弥合数字鸿沟（Olanrewaju，2013；Liu et al.，2014；Misuraca & Gianluca，2009；Hung et al.，2013）
建设成本	技术基础设施成本高、公民准备程度低（Abdelghaffar & Magdy，2012）	建设成本低（Olanrewaju，2013；Liu et al.，2014；Susanto & Goodwin，2013），无线互联网技术可以绕过建设常规互联网接入所需的重型基础设施
使用成本	高昂的计算机和互联网连接费；对知识素养要求高，使用复杂、学习成本高	移动设备成本低；更容易使用（Liu et al.，2014；Misuraca & Gianluca，2009；Susanto & Goodwin，2013）

续表

	传统电子政务（E-Government）	移动政务（M-Government）
公众参与	公众是服务的被动接受者，信息多为单向传播，参与程度低	公众主动参与，"公众需求为中心"（Hung et al., 2013; Susanto & Goodwin, 2013），便捷、多样化的互动形式（Ntaliani et al., 2008; Susanto & Goodwin, 2013; Yixiao et al., 2018），公众积极参与政策决定、执行和监督（Lorenzi et al., 2014）
服务个性化	信息和服务没有较好匹配公众个性化需求	个性化、精确化的政务服务（Ntaliani et al., 2008; Misuraca & Gianluca, 2009; Hung et al., 2013; Popescu, 2014）
服务流程	传统行政服务向互联网的延伸，政府网站信息冗杂、服务获取流程烦琐	重构政务服务流程，促进服务的简化和整合（Ntaliani et al., 2008）；提升政务服务的质量和效率（Olanrewaju, 2013; Aloudat & Michael, 2011; Madden et al., 2013）

（二）移动政务发展的现状与问题

移动政务处于快速发展阶段，各国的实践积累了丰富的经验，也伴随着一定的问题和挑战，具体体现在移动政务建设和公众使用两个方面。随着移动互联网的日益进步，世界各国政府在努力推进移动政务的建设，其已经逐渐成为公共服务提供的重要渠道之一；在公众使用方面，移动互联网的普及推动了移动政务覆盖率的扩大，移动政务的公众使用率和满意度快速提高。然而，移动政务快速发展的同时缺乏科学的规划，提供的服务范围较为局限，建设水平较低；同时，与其他国家相比，我国移动政务的用户使用率和满意度仍然较低，在不同地区和人群之间，存在一定的数字鸿沟。

在移动政务的建设方面，过去十年间，我国拥有良好的基础和建设环境，移动政务建设实现"弯道超车"，走在世界前列，在理念、实践、模式等多个方面成为移动政务发展的引领者，为全球的移动政务发展提供了新的思路和可借鉴案例。移动政务商业领域发展成功的实践积累了丰富的经验并培养了广泛的用户，政府数字治理能力的提升和国家层面的政策引导，推动地方政府移动政务快速发展。同时，政企合作是我国移动政务发展探索中的一个重要特色，促使移动互联网、大数据、人工智能等新技术与政府服务深度融合，实现了移动政务的跨越式发展。移动政务可以通过多种方式实现，政府自主建设的政务客户端和与第三方平台合作提供的政务服务是当前服务提供的重要平台（郑跃平、赵金旭，2016）。政务客户端又称"移动政务App"（Mobile Government Application），是政府部门面向公众或员工提供服务的移动应用程序，也是移动政务服务提供的主要平台。它具有网络接入更便捷、移动终端更多样、服务内容更丰富、用户体验更人性化等特征，极大地增强了政务服务的便利性和透明性（薛万庆、谢明荣，2015）。作为政府向公众提供全面、便捷服务的途径之一，世界各国都在探索适合本国国情的政务客户端发展模式。对于政务客户端的建设，韩国、美国、新加坡等国家走在全球前列，美国建立了整合多个领域政务客户端的移动客户端子站点——apps.usa.gov，韩国的政务客户端已经多达2000个，涵盖政务服务、教育、旅游等领域（王丽颖、王花蕾，2017）。我国近年来政务客户端的发展较快，2015年年底的数据显示，全国70个大中城市有69个都在通过政务客户端提供信息和服务，政务客户端共计316个，分布在交通、社保、民政、旅游、公共安全等多个领域（郑跃平、黄博涵，2016）。

然而，移动政务的建设在实践中存在一定的不足。具体来看，Olanrewaju（2013）以尼日利亚的移动政务实践为例展开研究，他认为成功的移动政务建设，需要应对好在基础建设、信息安全、可接受性、用户友好性和兼容性等方面的挑战；Naqvi等（2019）以Oman的实践为例，指出发展中国家的移动政务建设存在通信和网络基础设施建设不足、缺乏宏观指导和规划、政府工作流程官僚化等问题。在我国，陈则谦（2015）采用"网络调查+实际体验"的方式调查了中国的政务客户端建设，结果显示，无论是在数量、质量上还是在服务功能上，政务客户端的现状都不尽如人意。归纳来看，政务客户端的建设缺乏整体规划、缺乏持续建设的激励、相关部门和人员的专业性不足（闫新月、蔡晶波，2017），这导致政务客户端的渗透度较低、公众满意度和持续使用意愿较低。在平台搭建上，一些部门存在重复建设、"一府多端"的问题（王芳菲，2017）；在功能设计上，政务客户端对政务服务与政务互动等功能开发不足，也存在定位不准确、功能不突出和信息安全等问题（朱娟娟，2018）；在开发运营上，部分政务客户端无法兼容不同终端平台，也未及时进行更新和维护（高荣，2016）；在宣传推广上，大多数客户端没有进行积极的宣传，导致较低的下载量和使用率，也缺乏推广和持续建设的政策动力。

在移动政务的公众使用方面，我国移动互联网拥有较广的覆盖面，移动政务的发展拥有良好的用户基础，公众使用逐步提升。同时，移动政务使用的区域和人群差异在缩小，移动互联网使用成本低、操作简捷的特点大大降低了使用门槛，在中年人群中的渗透加强（人民网，2018）。特别是对于中国农村和偏远落后地区，以及年龄较大、对新生事物接受能力较低的民众，移动政务提升了这部分人群的政务服务体验和便利程度。

移动政务的公众使用率提升的同时，使用状况并不理想。政务客户端的下载量和渗透率一直较低，并且在不同地区和人群之间，由于对信息技术接入和使用能力的差异，存在移动政务使用的数字鸿沟问题。2016年的调查数据显示，政务客户端的下载和使用远远不及商业领域的客户端，仅有不足一成的被调查者经常使用（郑跃平、赵金旭，2016），并且政务客户端在不同领域和城市分布不均衡，有47个城市的政务客户端不足5个，同时，北、上、广、深四个城市的渗透率不足四成，体现出政务客户端较弱的影响力和接受度（郑跃平、黄博涵，2016）。公众对于当前政务客户端的功能和运行状况满意程度并不高，仅17.61%的政务客户端用户评分优秀（9分以上）（郑跃平、黄博涵，2016）。较低的使用率和公众满意度不但影响了高质量政务服务的提供，而且给移动政务的后续建设带来较大阻力，进而影响到民众对于政府的信任和满意度。移动政务存在使用鸿沟问题，不同年龄群体对于支付宝平台上政务服务的使用差异较大，16～35 岁的人群占到了八成（郑跃平、黄博涵，2016）；Liu（2014）等的研究也发现，不同群体对于移动政务的使用情况不同，男性、受教育水平高、年轻人等群体对移动政务有更为正面的认识。此外，Aloudat 和 Micheal（2011）指出，公众非常担心移动政务存在个人信息被滥用的情况。数字鸿沟是移动政务发展的主要挑战，它影响不同群体平等享受政务服务的机会，加剧地区差异的同时阻碍整体社会的进步，采取有效措施应对数字鸿沟体现了公共服务的公平性这一重要特征。

（三）移动政务发展的影响机制

基于可流动的、灵活的、完整的、透明的、连贯的"无缝隙组织"的概念，美国学者林登（2002）在 20 世纪 80 年代提出无缝隙政府理论，认为政府应当以竞争、结果为导向，能够以一个整体快速提供个性化的公共服务，并且以公众为中心进行流程优化，这一理论也为移动政务的建设提供了基本的思路。在移动政务的建设方面，郑跃平等人（2018）基于政府创新扩散理论，发现不同城市在空间上的邻近性会影响其移动政务的发展水平，为城市间移动政务发展不平衡的影响机制研究提供了新的视角。陈灿灿（2013）、程吟（2016）等人基于无缝隙政府理论探讨了移动政务建设中政府的行动逻辑。周斌（2005）借鉴客户关系管理（Customer Relationship Management，CRM）的概念和思想指导电子政务的建设，认为电子政务应当以公众为中心、以服务为导向，提供集成的"一站式"服务，优化服务流程，增加服务透明度。而作为电子政务的延伸和发展，移动政务建设的理念与 CRM 具有内在的一致性，可以为政府建设移动政务提供有益指导。基于此，结合移动政务的建设思路和发展现状，对其影响机制的探究，主要从政务服务的提供者和接受者两个维度展开：

1. 维度一：政务服务提供者

移动政务的建设受到内部和外部因素的双重影响。从内部因素来看，政府自身的能力是移动政务建设的基础（刘淑华等，2011）。同时，移动政务可以随时随地提供政务服务、拥有广泛的用户基础而且建设和使用成本较低，重视公民参与和公民诉求、提供个性化的政务服务，并促进了服务流程的优化，其自身的诸多优势成为政府推动移动政务建设的主要动力。影响政府建设移动政务较为重要的一点是，建设所需的成本较低（Lorenzi et al.，2014），能够满足政府高效和有效提供服务、加强与公民互动交流的需要，特别是对于偏远地区（Kushu & Kuscu，2003）。正如 Kushchu 等（2003）所言，"在传统电信基础设施不足并且更多地接受移动电话的国家，能够到达农村地区可被视为是移动政务的一个重要特征"，Halewood 等（2012）也提出，通过手机发送政府信息是一个更经济实惠的解决方案。

对于外部影响因素，一方面，移动通信技术的发展和移动设备的普及，是移动政务建设的必要基础，其发展程度与之密切相关。Olanrewaju（2013）等人的案例研究中指出，过去十年里的无线技术的快速发展，以及互联网支持的移动设备在许多国家的广泛应用，鼓励这些政府自然地发展移动政务，并将其作为提高政府服务提供水平和质量的下一步。同时，外界的压力，包括移动设备（智能手机和平板电脑等）的使用热潮和公众更高的服务需求和期盼（Aloudat & Michael，2011），正在迫使政府部署移动政务（Sharma，2004）。基于此，顺应发展趋势和有效回应公众诉求，是塑造政府形象和加强合法性的必然要求。另一方面，相关领域和国家的实践也为移动政务的建设提供了宝贵经验：电子政务是移动政务发展的重要基础，其发展也相对成熟，Houston（2006）明确提出，电子政务在信息的基本分类、有效的在线呈现模式以及内容的生产和管理方面为移动政务打下了基础；同时，国际移动政务建设、移动商务领域的发展也为移动政务提供了先进建设经验；另外，Aloudat 等指出了商业领域和社会力量对于移动政务发展的重要性，如第三方互联网平台、电信运营商、设备供应商和软件开发商等机构企业，对于平台技术的研发和同政府合作的意愿，进一步推动了移动政务的建设（Aloudat & Micheal，2011）。

2. 维度二：政府服务接受者

移动政务公众采纳行为的影响因素的研究，是移动政务研究的一个重要组成部分。当前的研究主要从一个或多个理论模型出发，针对移动政务在不同发展阶段的自身特性以及其用户特性，对已有理论进行扩展并进行实证检验。传统经典理论关注公众采纳行为背后的影响机制，早在 1975 年，Fishbein 和 Ajzen（1980）提出了理性行为理论（Theory of Reasoned Action，TRA），认为人类行为产生于意向，态度对于行为具有重要影响。Ajzen（1991）在此基础上提出计划行为理论（Theory of Planned Behavior，TPB），指出人通常会在深思熟虑进行计划之后才会采取某项行动。随着信息技术的不断进步，出现了针对新技术采纳影响机制的相关理论模型探讨。技术接受模型（Technology Acceptance Model，TAM）是 1989 年美国学者 Fred D. Davis（1989）修正理性行为理论（TRA）而提出的一种新模式，探讨新技术被用户接受的影响因素，具有很高解释力。技术接受模型认为用户对于信息技术的使用行为由其行为意向决定，其他外部变量通过行为意向对其使用行为产生影响。感知有用性和感知易用性两个关键因素，影响用户对于计算机技术的使用行为意向，而感知易用性和外部变量共同影响感知有用性。在此基础上，Venkatesh 和 Davis 在 2000 年又提出了技术接受模型的拓展模型（TAM 2）。关于用户对于信息技术持续使用行为的研究，一个重要的研究成果是信息系统持续使用模型（Expectation-Confirmation Model of IS Continuance，ECM – ISC）。Bhattacherjee 将广泛应用于消费者行为学的期望确认理论（ECT）引入信息系统采纳的研究中，并将其与技术接受模型（TAM）结合，构建了一个全新的模型。他认为持续使用行为取决于期望确认度，即用户使用前的期望与实际使用后的真实感受进行对比的情况。期望确认度越高，用户认为其有用性和对其满意度也越高，下次继续使用可能性也会越高。

基于以上模型，当前主要围绕感知有用性、感知易用性、信任、服务质量、新技术接受度等影响公众采纳的因素展开研究。Hung 等人的研究主要基于计划行为理论，对中国台湾移动通信服务的 331 名用户进行了问卷调查，研究结果表明，感知有用性、感知易用性、信任、互动性、外部影响、人际影响、自我效能和促进条件是关键影响因素。类似的对中国农村地区的调查显示，感知易用性、近期有用性、长期有用性、完整性、仁慈性、形象和社会影响力对农村地区用户采纳有显著和积极的影响（Liu et al.，2014）。一项对澳大利亚基于位置的应急服务案例研究显示，建立公众对服务的信任、信息安全性、服务提供的信息准确、及时和可靠、提供的政务服务质量以及公众对平台的信任对于公众采纳移动政务至关重要（Aloudat & Michael，2011）。此外，也有研究探究了影响公众对不同表现形式的移动政务采纳的因素。对北、上、广、深四市 1200 份电话问卷调查显示，公众对政务客户端的需求以及对新技术的接受度显著影响他们对于政务客户端的使用，而使用后的评价和反馈会影响他们对政务客户端的未来使用意愿（郑跃平、赵金旭，2016）。

（四）研究问题的提出

从现有对移动政务发展状况的研究看，案例研究、二手资料分析等描述性质的研究较多，具有相应数据支撑的研究较少；从研究范围看，关注省级层面或地方层面的研究较多，对于全国城市层面较为全面的移动政务研究不足；从研究对象看，缺乏微信、支付宝等基于第三方平台的政务服务现状研究；另外，现有研究对于移动政务建设的横向对比不足，还停留在对单一年份数据分析的层面。

为此，本研究关注城市层面移动政务发展的状况，从探究政务客户端和第三方平台提供的政务服务两个方面出发，通过对 2016~2018 年数据的分析得出较为全面的结论，并为移动政务未来的发展提供有针对性的建议。

具体而言，本研究主要关注以下三个问题：（1）我国当前城市层面的移动政务的建设状况，通过政务客户端和第三方平台提供了哪些政务服务；（2）基于近三年（2016～2018年）的数据进行横向区域和纵向时间的对比，不同渠道（政务客户端和第三方平台）的移动政务建设发生了什么变化；（3）公众对移动政务的使用和评价如何，对不同渠道（政务客户端和第三方平台）移动政务的使用和评价是否存在差异，移动政务的供给和使用在不同区域和不同人群之间是否存在差异。

三 研究方法

该研究的数据主要来自2016～2018年中山大学数字治理研究团队发布的移动政务发展研究报告，主要包括三个部分：首先，政务客户端的数据来自对百度、安智、小米、腾讯、魅族等手机应用下载平台的数据抓取，包括客户端的内容介绍、下载量、更新、用户评分等；第三方平台的移动政务数据主要来自蚂蚁金服的"支付宝+政务服务"数据，包括服务数量、类型等；公众使用评价数据主要来自对全国不同区域的30个大中城市进行的电话问卷调查数据，每个城市完成100份，共计3000份电话问卷调查数据。

研究使用相关软件对这些数据进行了统计分析和数据可视化，从"供给"和"使用"两个方面来了解我国城市层面移动政务的发展现状和存在的问题。"供给"方面关注地方政府通过政务客户端以及第三方平台（以支付宝为例）向公众提供的服务类型和数量；"使用"方面旨在了解公众对移动政务的了解、使用以及评价。

四 研究发现

（一）政务客户端

1. 政务客户端的数量和下载量：持续增长，相比上一阶段增速放缓

截至2018年12月，全国70个大中城市共计提供了534个政务客户端，与 2015 年年底的 316 个和 2017 年年底的 514 个相比，数量持续增长，速度明显减缓，政务客户端的发展向质量的进步和服务的整合方向迈进，而不再单单是数量的增长。其下载量呈现相似的发展趋势：政务客户端的总下载量为 5051.37 万次，平均下载量为 10.08 万次。与 2015 年年底数据相比，总下载量增长了 103.9%；与 2017 年年底数据相比，总下载量增长了 34.5%，平均下载量增长了 30.9%。

2. 横向区域对比

（1）全国四个地区横向相比，差距进一步扩大

图 1 和图 2 是 2017 年和 2018 年东部、中部、西部以及东北四个地区在政务客户端数量及下载量方面的对比，体现出了地区之间的差异性。结果显示，与 2017 年数据相比，区域之间的差距进一步扩大。东部地区共提供了 326 个政务客户端，占全国比重为 61.05%；政务客户端下载量超过 4194.73.6 万次，占全国比重为 83.04%，明显高于其他地区，同时，较 2017 年提升了超过 15 个百分点。西部地区位列次席，占全国比重为 19.85%，与 2017 年相比降幅明显。

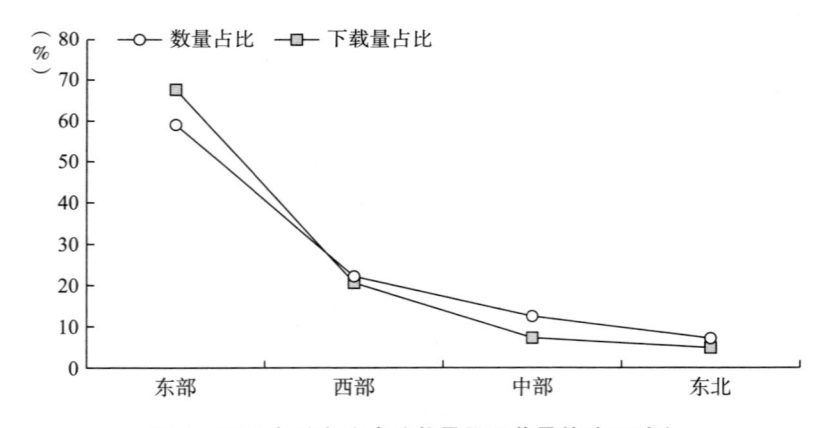

图 1　2017 年政务客户端数量及下载量的地区对比

（2）省份差异明显，部分中西部省份发展迅速

根据全国省份之间的政务客户端数量和下载量的对比数据，浙江、江苏、广东三省在政务客户端的数量和下载量两个维度都位列全国前

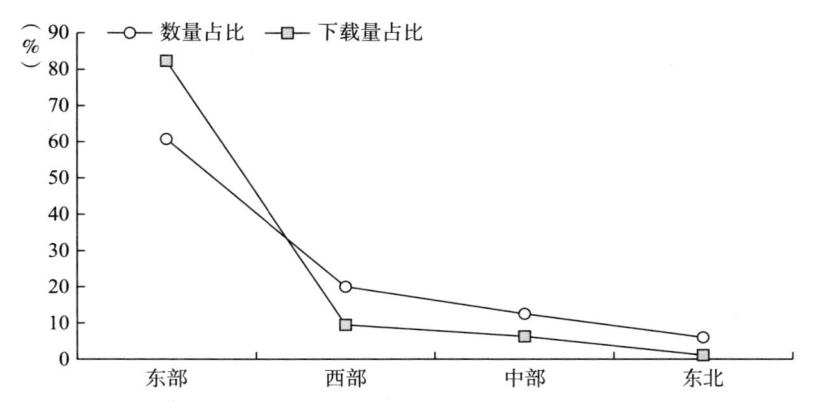

图 2　2018 年政务客户端数量及下载量的地区对比

三，体现出较高的建设发展水平，也反映了全国不同省份的差异较为显著。浙江的数量为 65 个，占全国比重为 12.17%，位列第一，三省政务客户端数量之和超过全国的三成；广东省的政务客户端下载量最大，占全国比重的 15.73%，三省下载量合计占比也超过了全国的三成以上。

同时可以看到，部分中西部省份政务客户端的建设发展迅速。与 2017 年相比，政务客户端数量的省份排名中，福建、广西、湖南进入前十；下载量排名中，内蒙古、河南、甘肃、福建进入前十。可以看到，东部的福建、广西和中西部湖南、内蒙古、河南、甘肃等省份发展迅速。

（3）城市间差异缩小，政务客户端发展的广泛性得到提升

对省会城市政务客户端数量的调查显示，2018 年省会城市的政务客户端数量均值为 9.46 个，略高于 2017 年，但仍然存在不同地区的城市差距较大的问题。北京和上海的政务客户端数量同为 30 个，并列第一且明显高于其他城市；宁波、杭州、成都等城市政务客户端数量也都超过了 20 个。截至 2018 年，政务客户端数量不足 5 个的城市有 30 个，占比 42.9%，与 2015 年年底相比降低了 56.7%，与 2017 年相比降低了 10%，政务客户端发展的广泛性得到提升。图 3、图 4 是部分省会城市的政务客户端数量及对比，从图中可以明显看出，政务客户端数量少

的部分城市提升明显，城市间的差距在逐步缩小。

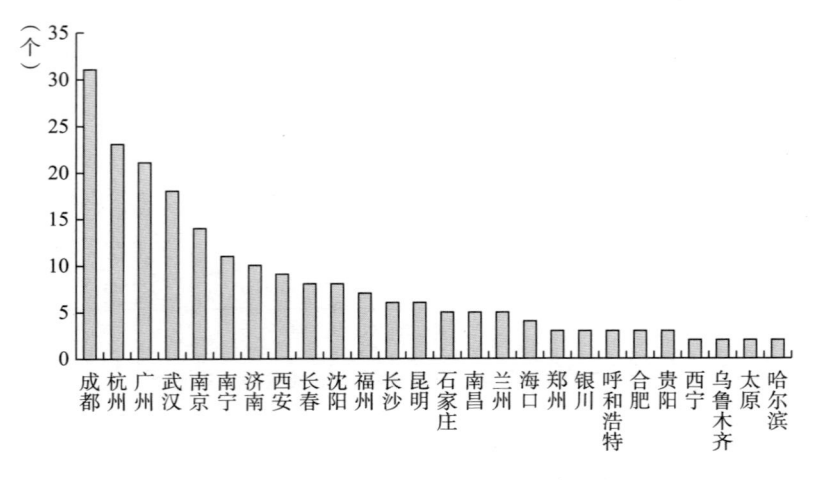

图 3　2017 年部分省会城市的政务客户端数量

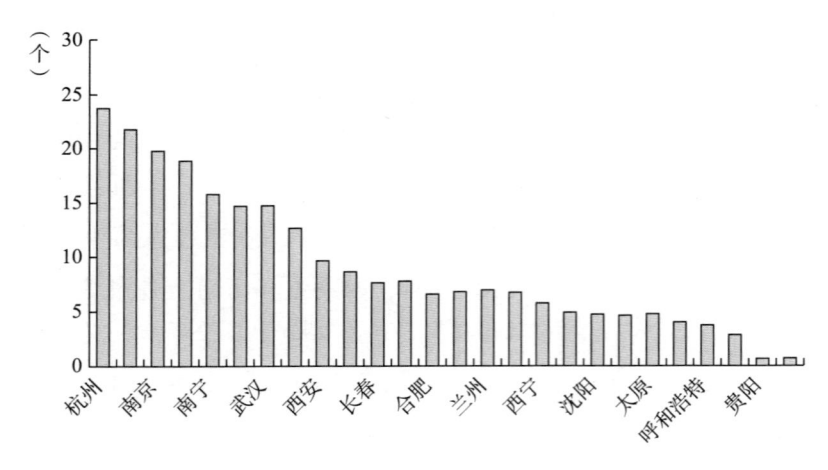

图 4　2018 年部分省会城市的政务客户端数量

（二）第三方平台：以支付宝为例

政府部门与第三方平台合作提供政务服务（coproduction），是一种发展较快的移动政务提供模式。以支付宝平台为例，到目前为止，共有超过 100 项移动政务服务通过支付宝平台提供，涵盖包括社会保障、交通、警务、民政、旅游、税务、气象、环保等多种类别。与政务客户端的发展相比,以支付宝等为代表的第三方政务服务平台具有一定差异和特点,具体表现为以下两方面。

1. 政务服务数量大幅增长,通过支付宝提供服务的城市数量增加明显

截至 2018 年 9 月,全国已有 442 个城市(含县级市和省直辖县)通过支付宝平台提供移动政务服务,相比 2015 年年底的 347 个、2017 年年底的 364 个分别增长了 27.4% 和 21.4%,可以看到 2018 年取得了较大的突破。同时,在支付宝平台上搭载的政务服务数量继续呈现较大幅度的增长,平均增幅为 40.12%。数据显示,石嘴山市、三沙市、中卫市这 3 个城市的政务服务数量增幅达到甚至超过 100%;排名第 20 名的吉林省白山市的增幅也超过 50%。

2. 服务覆盖全国并向中小城市延伸,中西部地区数量增长明显,区域差异缩小

综观 2014~2018 年"支付宝+政务服务"的发展历程,自 2014 年 12 月杭州开始在支付宝上搭载政务服务之后,2015 年这一模式在中部和东部发达地区迅速扩展。2016 年是"支付宝+政务服务"快速发展的一年,尤其体现在西部和东北地区,服务范围基本覆盖全国。2018 年,通过支付宝提供政务服务的城市数量大幅增长,特别体现在中小城市发展较快,基于这一平台的政务服务更多地向中小城市延伸。

"支付宝+政务服务"数量大幅增长的同时,值得注意的是,中西部地区增长明显,区域差异逐渐缩小。在 2018 年"支付宝+政务服务"数量增幅排名前 20 名的城市中,有 9 个城市来自西部省份,3 个城市来自中部省份,中西部地区城市的比例超过一半,与 2017 年排名列表中大多数城市来自东部省份的现象形成鲜明对比。在中西部地区中,宁夏和新疆增长突出。在东部省份间,2018 年海南省和福建省后来居上,表现强劲。而从数量增长的空间分布看,中部、西部地区许多城市增幅明显,2017 年增幅最为明显的华东地区今年增幅有所下降,增长趋于平缓。

(三) 公众使用状况

1. 对移动政务的整体使用和评价提升

公众对于移动政务的了解、使用和评价有了进一步的改善。调查结果显示，2018年公众对政务客户端的了解、使用和评价相比2017年有了明显改善。有44.43%的被调查者从来不用政务客户端，比2017年的66.47%有了明显下降。经常用和几乎每天都用的被调查者占15.46%。在不同类别的政务客户端中，"时政新闻""交通""天气"的使用率均超过40%，位列前三，明显高于其他类别。具体到对政务客户端的各维度评价中，除服务质量和总体信任度方面外，政务客户端的用户评价与2017年数据相比都有所提高。有51.65%的用户认为政务客户端提供的服务质量好，在保护用户信息安全方面，有45.77%的被调查者对其表示信任。其他方面，公众认为政务客户端使用更为方便，对政务客户端提供的整体服务更加满意，并且未来有意愿继续使用政务客户端。

类似的，公众对"第三方平台"搭载的政务服务的使用和评价有了进一步改善。在服务内容方面，被调查者主要通过"第三方平台"获取时政新闻、交通和天气这三类信息。同时，公众对"第三方平台"搭载的政务服务各维度评价中，超过50%的调查对象认为"第三方平

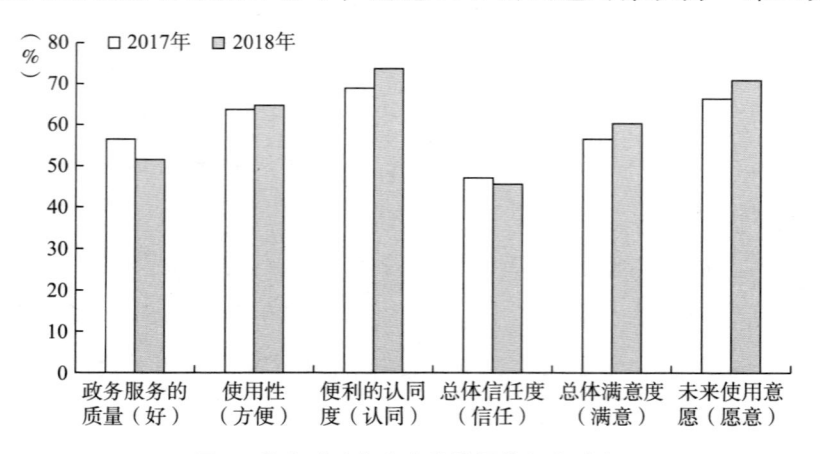

图5 公众对政务客户端的评价年度对比

台"搭载的移动政务服务的质量比较好，使用起来比较方便，为生活带来了便利，并且对"第三方平台"的安全保障抱有信心。总体来看，高达67.67%的调查对象对"第三方平台"上的政务服务感到满意，并且79.21%的调查对象在未来愿意继续使用此类平台上的政务服务。

2. 政务客户端与"第三方平台"搭载的政务服务对比

总体来讲，公众对"第三方平台"搭载的政务服务使用较频繁，评价较高，尤其在服务质量、便利程度两方面明显高于政务客户端，对于第三方平台的信息安全信任度和未来使用意愿评价较高。

在获取政务服务内容方面，公众均倾向于选择"第三方平台"搭载的政务服务，两种渠道在时政新闻、医疗卫生、旅游、工商服务这四项政务服务之间的差距尤为明显。

在使用方面，公众对"第三方平台"上移动政务服务的使用明显高于在政务客户端上的使用。根据数据，经常使用"第三方平台"搭载的政务服务的用户比例是37.9%，但经常使用政务客户端的用户比例仅为15.47%。

在评价方面，虽然公众对"第三方平台"提供的移动政务服务的评价与政务客户端的评价整体差别不大，但公众对"第三方平台"的各项具体评价普遍要比对政府客户端的高。而且，公众在其中几个维度的评价上，对"第三方平台"的评价要明显高于政务客户端。例如，62.19%的调查者认为"第三方平台"搭载的移动政务服务质量较好，80.47%的调查者认为"第三方平台"搭载的移动政务服务比较方便使用，为生活带来便利。而对于政务客户端，这两个比例分别为51.65%和65.09%。

此外，公众对"第三方平台"提供的移动政务服务的信息安全信任度也要高于政务客户端，50.46%的调查对象认为"第三方平台"能够有效保护他们的信息安全，略高于政务客户端的45.77%。同时，调查对象对"第三方平台"提供的移动政务服务的未来使用意愿（79.21%）也比使用政务客户端的意愿更为强烈（71.15%）。

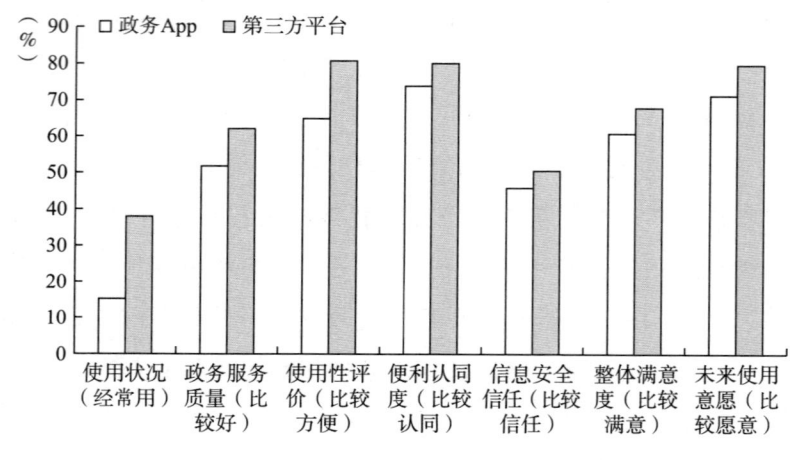

图6 两种渠道移动政务服务的对比

3. 公众使用在不同城市和人群的差异化

（1）不同城市对比

结果显示，东部地区在移动政务用户总数和排名上都占据较为明显的优势，尤其是华东地区。华东地区政务客户端的发展水平在全国名列前茅：在政务客户端使用排名前20名的城市中，8个省份的13个城市均属于东部地区，其中7个城市属于华东地区。其余的城市中，2个属于中部地区，5个属于西部地区。类似的，"第三方平台+政务服务"的城市排名前20名的城市中属于东部地区的城市一共有14个，其中仍以华东地区为最。在其余的6个城市中，2个属于中部地区，4个属于西部地区。

（2）不同人群对比：年龄、学历、职业

不同年龄段人群对比结果显示，两种渠道移动政务服务的使用率都呈递增趋势。同时，更高年龄的人群对移动政务的使用增幅明显，能够有效弥合数字鸿沟。

各年龄段人群对政务客户端和"第三方平台"的使用均逐年递增。"25岁及以下"和"26~35岁"人群对于政务客户端和"第三方平台"上政务服务的使用要高于其他年龄段人群。年龄在45岁以上的人群对移动政务服务的使用稳步提升。其中,"65岁以上"人群对移动政务服务的使用增幅明显,"第三方平台"的使用比例增加超过一倍,政务客户端的使用比例也增加7%。

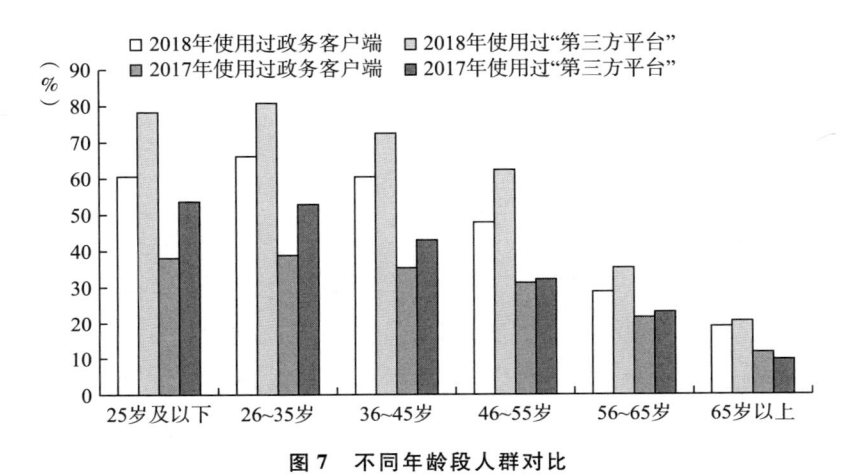

图7 不同年龄段人群对比

不同学历人群对比结果显示,学历越高对移动政务的使用越频繁,但是"研究生及以上"与"本科或大专"使用差别不大。值得注意的是,低学历人群的使用率在2018年明显增加。

"初中及以下"学历人群对于移动政务服务的使用明显低于其他学历人群。相较2017年,2018年各学历人群对政务客户端和"第三方平

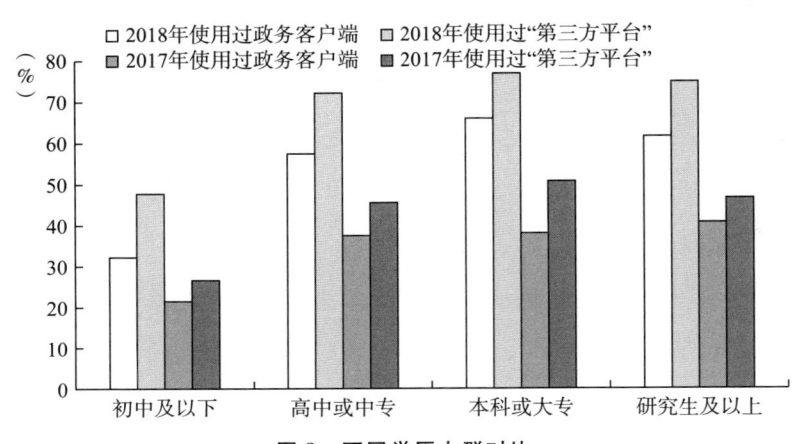

图8 不同学历人群对比

台"的使用均有增加。"初中及以下"学历人群对移动政务服务的使用稳步提升,"第三方平台"的使用比例增长显著。

不同职业的人群对比结果显示,与政府工作相关的职业更加频繁地使用移动政务。对于较少接触政务服务的"农林牧渔等劳动者"以及"离退休人员"群体,第三方平台的吸引作用更大。

在2018年的调查数据中,"政府机关或事业单位工作人员"、"国企员工"以及"民营企业员工"对政务客户端的使用率位列前三;"学生"、"政府机关或事业单位工作人员"以及"民营企业员工"对"第三方平台"的使用率位列前三;"农林牧渔等劳动者"以及"离退休人员"对于移动政务服务的使用要明显低于其他职业群体。但相较2017年,各职业人群对移动政务服务的使用均有显著提高。其中需要关注的是,"农林牧渔等劳动者"以及"离退休人员"对于"第三方平台"的使用率增加均超过1倍。

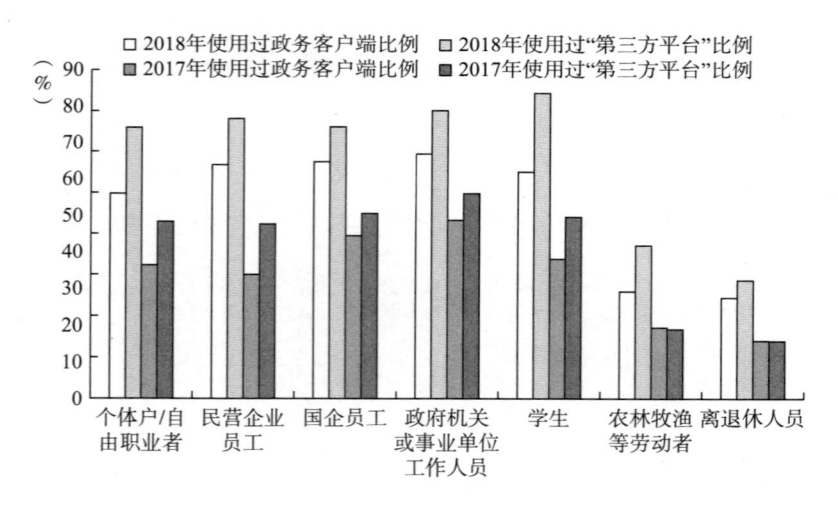

图9 不同职业人群对比

五 结论

经过多年的探索和实践,我国移动政务取得了长足的进步。移动互联网的快速发展、技术的创新和突破、商业领域积累的丰富经验和培养的广泛用户，为我国移动政务的发展提供了良好的基础和环境。政府数字治理能力的提升和相关政策的引导，成为地方政府移动政务发展的重要推动力。2016~2018年，移动政务的服务质量和效率有了显著提升，政务客户端的建设逐步规范，"第三方平台+政务服务"在支付宝、微信等平台完整的服务生态支持下服务便捷性和体验呈现较高的水平。移动政务所汇聚的海量数据在智慧政务和智慧城市建设中也发挥了重要作用。

然而，城市层面的移动政务也存在一些问题需要进一步完善。第一，地方政府对移动政务建设缺乏清晰的定位和顶层设计，移动政务的建设不够规范，服务碎片化，一体化、集约化水平不高，尚未与政府网站、政府服务热线、政务大厅等服务渠道实现有效融合。第二，不同城市和区域间的移动政务水平差异较大，"数字鸿沟"现象明显，制约了移动政务的良性发展和普惠性。第三，公众对移动政务的了解和使用水平依旧不高，不同年龄段人群对移动政务的使用存在明显差异。此外，移动端的个人隐私和信息安全问题面临较大风险，成为移动政务发展面临的挑战。

与其他服务渠道相比，移动政务有一定的独特性和优势，是政务服务体系的重要组成部分。未来，地方政府需要对移动政务的发展有更加清晰的定位和规划，通过资源的合理投入和健全的管理机制，借助移动互联网、大数据、人工智能等新的技术和工具，不断提升移动政务的发展水平，让其在智慧政务和治理现代化建设中发挥应有的价值和作用。

参考文献

陈灿灿，2013，《无缝隙政府理论视角下移动政务的应用研究》，华中师范大学硕士学位论文。

陈则谦，2015，《中国移动政务APP客户端的典型问题分析》，《电子政务》第

3 期。

程吟，2016，《基于无缝隙政府理论的移动政务发展研究》，南京大学硕士学位论文。

高荣，2016，《服务型政府建设背景下我国移动政务发展探究》，《天津行政学院学报》第 2 期。

国务院办公厅，2018，《关于印发进一步深化"互联网 + 政务服务"推进政务服务"一网、一门、一次"改革实施方案的通知》，http://www.gov.cn/zhengce/content/2018 - 06/22/content_5300516.htm。

国务院，2018，《关于加快推进全国一体化在线政务服务平台建设的指导意见》，http://www.gov.cn/zhengce/content/2018 - 07/31/content_5310797.htm。

拉塞尔·M. 林登，2002，《无缝隙政府——公共部门再造指南》，北京：中国人民大学出版社。

刘淑华、詹华、袁千里、武明戈，2011，《移动政务与中国城市治理》，《电子政务》第 6 期。

人民网，2018，《中国移动互联网发展报告（2018）》，http://media.people.com.cn/n1/2018/0620/c120837 - 30068627.html。

王芳菲，2017，《问题与应对：我国政务客户端的发展研究》，《现代传播（中国传媒大学学报)》第 1 期。

王丽颖、王花蕾，2017，《国外"移动政府"建设经验及对我国的启示》，《信息化建设》第 10 期。

王锐、郑跃平、赵金旭，2017，《移动政务的兴起、现状及未来》，《智慧城市评论》第 2 期。

薛万庆、谢明荣，2015《服务型政府视角下政务 APP 的发展现状与策略思考》，《电子政务》第 3 期。

闫新月、蔡晶波，2017，《我国移动政务的发展现状及对策研究》，《中国管理信息化》第 16 期。

郑跃平、黄博涵，2016，《"互联网 + 政务"报告（2016）——移动政务的现状与未来》，《电子政务》第 9 期。

郑跃平、马亮、孙宗峰，2018，《移动政务的发展和扩散——基于空间视角的解释与分析》，《公共管理学报》第 2 期。

郑跃平、赵金旭，2016，《公众政务客户端的使用及影响因素探究——基于我国一线城市的调查》，《公共行政评论》第 6 期。

中国互联网络信息中心，2018，《第 43 次中国互联网络发展状况统计报告》，http://www.cnnic.net.cn/hlwfzyj/hlwxzbg/hlwtjbg/201902/t20190228_70645.htm。

周斌，2005，《客户关系管理对电子政务的借鉴》，《同济大学学报（社会科学版）》第 4 期。

朱娟娟，2018，《政务客户端的问题与发展策略》，《青年记者》第 2 期。

Abdelghaffar, H., & Magdy, Y. 2012. The adoption of mobile government services in developing countries: The case of Egypt. *International Journal of Information and Communication Technology Research*, 2 (4).

Ajzen, I., & Fishbein, M. 1980. *Understanding attitudes and predicting social behaviour*. https://pdfs.semanticscholar.org/0e84/1ed289a3cf9b9a799da4b344bd9397542c2e.pdf.

Ajzen, I. 1991. The theory of planned behavior. *Organizational Behavior and Human Decision processes*, 50 (2): 179 – 211.

Aloudat, A., & Michael, K. 2011. Toward the regulation of ubiquitous mobile government: A case study on location-based emergency services in Australia. *Electronic Commerce Research*, 11 (1): 31 – 74.

Arazyan, H. 2002. *M-Government: Definition and Perspectives*. http://www.developmentgateway.org/download/143909/mGov_Interview_2.doc.

Bhattacherjee, A. 2001. Understanding information systems continuance: an expectation-confirmation model. *MIS Quarterly*, 351 – 370.

Davis, F., D. 1989. Perceived usefulness, perceived ease of use, and user acceptance of information technology. *MIS Quarterly*, 319 – 340.

Eom, S., J., & Kim, J., H. 2014. The adoption of public smartphone applications in Korea: Empirical analysis on maturity level and influential factors. *Government Information Quarterly*, 31: S26 – S36.

Halewood, N., J., Surya, P. 2012. Mobilizing the agricultural value chain. *Chapter 2 in Information and Communications for Development.*

Houston, D. 2006. *Mobile Governance.* Juniper Research White Paper.

Hung, S., Y., Chang, C., M. & Kuo, S., R. 2013. User acceptance of mobile e-government services: An empirical study. *Government Information Quarterly*, 30 (1): 33 – 44.

Ionescu, L., Lăzăroiu, G. & Şerban, S. 2013. A theory of the availability and level of consumer protection in online and mobile payments for public economic services. *Amfiteatru Economic*, 15 (34): 369 – 384.

Kim, Y., Yoon, J., Park, S., et al. 2004. *Architecture for Implementing the Mobile Government Services in Korea.* Lecture Notes in Computer Science.

Kushchu, I., & Kuscu, H. 2003. From E-government to M-government: Facing the Inevitable. *Proceedings of the 3rd European Conference on E-Government*, 1 – 13. Retrieved from http://citeseerx.ist.psu.edu.

Liu, Y., Li, H., Kostakos, V., et al. 2014. An empirical investigation of mobile government adoption in rural China: A case study in Zhejiang province. *Government Information Quarterly*, 31 (3): 432 – 442.

Lorenzi, D., Vaidya, J., Chun, S., et al. 2014. Enhancing the government service experience through QR codes on mobile platforms. *Government Information Quarterly*, 31 (1): 6 – 16.

Madden, G., Bohlin, E., Oniki, H., et al. 2013. Potential demand for m-government services in Japan. *Applied Economics Letters*, 20 (8): 732 – 736.

Misuraca., Gianluca, C. 2009. e-Government 2015: exploring m-government scenarios, between ICT-driven experiments and citizen-centric implications. *Technology Analysis & Strategic Management*, 21 (3): 407 – 424.

Naqvi S J, & Al-Shihi H. 2009. M-government services initiatives in Oman. *Issues in Informing Science & Information Technology*, 6: 817 – 824.

Ntaliani, M., Costopoulou, C., & Karetsos, S. 2008. Mobile government: A challenge for agriculture. *Government Information Quarterly*, 25 (4): 699 – 716.

Olanrewaju, O., M. 2013. Mobile Government Framework-A Step Towards Implementation of Mobile Government in Nigeria. *China Economic Review*, 6 (1): 91 – 104.

Östberg, O. 2003. A Swedish View on Mobile Government. *Proceedings of International Symposium on E-& M-Government*, Seoul, Korea.

Popescu, G., H. 2014. The influence of gender inequalities on economic outcomes. *Journal of Research in Gender Studies*, 4 (1): 1056 – 1061.

Scholl, H., J., J. 2005. *The mobility paradigm in government theory and practice: A strategic framework.* Euro mGov.

Sharma, S., K. 2004. Web services architecture for m-government: issues and challenges. *Electronic Government An International Journal*, 1 (4): 462 – 474.

Susanto, T., D., Goodwin, R. 2013. User acceptance of SMS-based e-government services: Differences between adopters and non-adopters. *Government Information Quarterly*, 30 (4): 486 – 497.

Trimi, S., & Sheng, H. 2008. Emerging Trends in M-government. *Communications of the ACM*, 51 (5): 53 – 58

Vincent, J., & Harris, L. 2008 EFFECTIVE USE OF MOBILE COMMUNICATIONS IN E-GOVERNMENT: How do we reach the tipping point? *Information Communication & Society*, 11 (3): 395 – 413.

Yixiao, L., Shuiqing, Y., Yuangao, C., et al. 2018. Effects of perceived online-offline integration and internet censorship on mobile government microblogging service continuance: A gratification perspective. *Government Information Quarterly*, 35: 588 – 598.

The Current Situation and Problems of China's Mobile Government Development: An Empirical Study at City Level

Liu Te   Li Jia

Abstract: In the past ten years, Mobile Government has shown a trend of rapid development all over the world. The development of China's Mobile Government is in the forefront of the world, relying on advanced software and hardware technologies, good user base and extensive policy support. Based on the collection, collation and analysis of survey data on Mobile Government in 70 Chinese cities in the past three years, Mobile Government in 2018 showed a new development trend from the two dimensions of supply and demand: on the one hand, the development speed of Government App slowed down compared with the previous stage, and the development differences among the four regions in the country were expanding. However, the central and western regions developed rapidly and the universality of development was promoted. Government services carried by third-party platforms have increased significantly. While small and medium-sized cities have made great progress, and regional differences have gradually narrowed. On the other hand, the overall use and evaluation of Mobile Government by the public have improved. Among them, the government service carried by the "third party platform" is highly evaluated. The use of Mobile Government by people of higher age, lower educational background and less contact with government affairs has increased significantly.

Keywords: Mobile Government; Government App; Third Party Platform

政务 App 服务满意度及其影响因素探究[*]

——基于 27 个城市的调查分析

孙宗锋　黄思颖[**]

【摘要】随着移动终端设备的快速普及，政务 App 正日益成为政府提供公共服务的重要形式之一。已有政务 App 服务的评价主要基于客观指标体系的方法，较少讨论用户的主观评价结果。本研究将政务 App 服务满意度作为研究的关键变量，使用全国 27 个主要城市的调查数据，探究了政务 App 服务满意度及其影响因素。研究发现，2018 年我国政务 App 服务满意度总体较好，平均得分在 3.5～3.7 分之间（取值范围 1～5）。统计分析发现，政务 App 的绩效越高，即使用性、便利度和个人信息保护程度越高，公众对其提供公共服务的满意度也就越高；公众越信任地方政府和互联网提供的信息和服务，对政务 App 服务的满意度就越高。上述发现指出了政

---

[*] 本研究受国家社科基金青年项目"政府反腐败力度对公众清廉感知的影响及机制研究"（18CGL037）、山东省社科基金青年项目"政府反腐败绩效的主客观评价及其关系研究：基于山东省 17 地市'大数据＋小数据'的分析"（18DZZJ01）资助。

[**] 孙宗锋，男，山东临沂人，管理学博士，山东大学政治学与公共管理学院助理研究员，研究方向：大数据与电子政务、公共组织理论与绩效评估、廉政等；黄思颖，中山大学政治与公共事务管理学院本科生。

务 App 服务满意度影响因素的双重维度：App 绩效和政府运作。这也为今后政务 App 的发展提供了方向指引。

【关键词】 政务 App；满意度；使用性；便利度；政务信任

一　研究背景

随着互联网的快速发展和广泛普及，电子政务正朝着一体化"互联网+政务服务"平台和在线服务深度加强的方向快速发展。与此同时，移动通信技术的发展创新也促使手机终端用户规模的持续增加。根据第 43 次《中国互联网络发展状况统计报告》显示，截至 2018 年 12 月，我国手机网民规模达 8.17 亿，网民中通过手机接入互联网的比例占 98.6%，手机上网已成为使用频率最高的上网渠道之一（国家图书馆研究院，2019：15）。用户增长的同时，移动互联网应用渗透率也不断提升，公众对移动互联网的黏性不断增强。在此背景下，公众依靠手机终端获取政务服务的需求也日益高涨。

随着政府数字治理能力的逐步改善，政府也开始意识到新技术及其应用对政务服务供给创新的重要性，政务服务建设由此开始迈入了移动政务发展新阶段。自 2015 年起，国务院先后颁布一系列相关文件，围绕政务信息共享、平台建设、信息安全等进行政策性指导，将移动政务服务纳入"互联网+政务服务"的体系之中。在国家层面政策的指导下，全国各地也积极进行探索实践。浙江、江苏、广东、湖北、重庆等地相继上线移动政务服务，移动政务的发展日趋完善。

作为电子政务的新延伸，移动政务不仅兼具 PC 端传统电子政务服务交互式、网络化的体系特征，还在信息传递上具有全方位、多形式、多途径、开放性以及服务主动化的优点。同时，移动政务还具有实时性强、容易与其他信息系统集成以及服务流程向简单化、集成化、便捷化、透明化发展等优势和特点（郑跃平、赵金旭，2016）。除此之外，移动政务服务更为注重"以公共需求为中心"的导向，这有利于其为公众提供更为个性化、精准化的服务。由于移动互联网的使用门槛较低，智能手机也较 PC 端的覆盖率更高，这就使得移动政务具有更为广泛的群众基础。

现有移动政务服务主要以移动政务客户端和搭载在第三方平台（如支付宝、微信等）的移动政务服务两种类型为主。移动政务客户端（Mobile Government Application，以下简称"政务 App"）是指政府或相关部门面向公众或政府部门内部人员开发的一种可以在手机、平板电脑及其他移动终端运行的应用程序（薛万庆、谢明荣，2015；陈则谦、刘坤，2017）。区别于以政府信息传递和发布为主的政务"两微"（政务微博、政务微信）、门户网站以及搭载在第三方平台的政务服务，政务 App 作为一站式移动政务平台，突破了主体的依附性。它以公众为导向，进行自我功能的定制，并且深度、全面地将包括业务办理和政民互动在内的政务服务进行整合，从而使得公众能够便捷、即时地享用自助式服务（薛万庆、谢明荣，2015）。因而，政务 App 被认为是移动政务最重要的工具之一（Abdelghaffar & Magdy，2012）。

根据中山大学发布的《移动政务服务报告（2018）——重构与智慧》显示，截至 2018 年 12 月，全国 70 个大中城市提供的政务客户端共有 534 个，较去年增长了 3.9%；其中，交通和综合类 App 的合计占比超过一半，远超其他类别的政务 App。然而，不同城市政务 App 的供给量差距明显，总数最多的两个城市——北京和上海，政务 App 数量达 30 个，而数量不足 5 个的城市有 30 个。就下载量来看，2018 年政务 App 的总下载量达 5051.37 万次，平均下载量达 10.08 万次，较 2017 年分别增长了 34.5%、30.9%（中山大学数字治理研究中心，2018）。尽管政务 App 取得了较快的发展，但在发展过程中仍然面临着诸多问题。陈则谦（2015）将问题归纳为四个方面：服务功能、易获取性、可使用性和其他问题。他指出当前的政务 App 总体数量仍与庞大的政府职能部门系统不相匹配，整体拥有率低，地区间、部门间的 App 建设差距明显；已经建成的政务 App 服务质量不一，普遍在易获取性和可使用性方面存在问题，且大部分 App 的交流互动和网上办事功能都有待完善。中国信息通信研究院（2017）发布的《政务服务移动 App 发展状况研究报告》指出，当前政务 App 的问题还表现在：大多数政务 App 功能单一，缺乏实用的网上办事和便民服务的功能；政务 App 盲目开发泛滥，占用空间且不够便捷；相当一部分政务 App 未能结合移动端特性在接入政务服务时进行整合和创新，导致用户体验差；政务 App 运营维护状况不好，影响用户体验等。

由此可见，当前政务 App 无论是在数量、质量上还是功能上都存在着不足，其服务还有待进一步改善。"以用户为中心，提供更好服务"的终极目标要求电子政务的发展必须以公众需求为导向。从用户的角度出发而非以往的技术驱动，是当前政务 App 发展困境的重要突破口，也直接影响着公众对政务 App 持续使用的意愿，甚至左右着整个移动政务项目的成败。因此，公众对政务 App 提供服务的满意度如何，其影响因素有哪些，是本文关注的核心问题。

二　文献综述

（一）公共服务满意度及其影响因素

随着新公共管理运动的兴起，市场领域的"顾客导向"价值偏好被引入公共服务领域。奥斯本和盖布勒提出了建立"顾客导向的政府"，将公共服务消费者的公民比作市场领域中的顾客（Osborne & Gaebler, 1992）。这一理念的兴起，使得传统公共管理中的公众由被动的公共服务接收者转为"主导"地位。公共部门根据公众的需要提供公共服务或产品，并将公众对公共服务或公共产品的满意度作为绩效评估的指标，由此重塑了政府管理的运作机制（蔡立辉，2003）。

Giese 和 Cote（2000）将"顾客满意度"定义为产品或服务的最终使用者（即顾客）"对于产品获得或消费的某些方面，在特定有限时间点的评价，是一种强度不断变化的总情感响应"。这是一种心理状况，是顾客由对产品或服务的期望值和实际感受之间的差距形成的认知结果（Oliver，1980）。由此，公共服务满意度即指辖区居民通过比较公共服务的预期效用和实际体验后的感受而产生的认知，或"辖区居民对政府提供的公共服务满足自身需要程度的一种判断"（Osborne，1992）。

国外在评价公共服务满意度方面已经开发出了很多成熟的测评模型，包括美国 ACSI 模型、瑞典 SCSB 模型、德国 DK 模型、韩国 KSCI 模型等（朱国玮、郑培，2010：11-25）。起步较晚的国内研究者在美国 ACSI 模型的基础上，结合中国的国情和实际进行修改与完善并形成了 CCSI 模型。国内学者们对公共服务满意度的研究则主要集中在公共服务满意度的理论研究（杨道田，2012）、公共服务满意度的测评内容和指标体系（张光进、龙朝双，2007；郑方辉、王绯，2008）、公共服务满意度测评模型（杨道田，2011；吴建南等，2006）、测评方法和指数计算（龚佳颖、钟杨，2017）等方面。这几类研究成果主要集中在为什么（Why）要研究公共服务满意度、公共服务满意度的测评对象和内容是什么（What）以及如何（How）对公共服务满意度进行可操作性的测评等问题。

已有国内研究得出的公共服务满意度影响因素可以总结为个体背景特征变量、服务特征变量和社会环境变量三类。个体背景特征变量指与服务使用主体特征相关的变量，主要由客观的背景性变量构成，具体包括了年龄、教育水平、收入、职业、居住时间、单位性质、性别、健康状况以及对政府工作的参与度、对政府工作的知晓度、社区参与水平以及公益活动参与度等因素（纪江明、胡伟，2015；王硕霞、骆永民，2004；陆晶婧，2014：29-41）。服务特征变量指公众对于政府供给的公共服务的感知，具体包括了感知质量、服务公平性、政府信息公开、政府信任力、政府形象、公众信任等因素（龚佳颖、钟杨，2017；吴建南等，2006；赵大海、胡伟，2014）。社会环境变量则从社会层面探讨环境因素对于公共服务满意度的影响，具体因素包括人口密度、人口规模、人均GDP、区位、公共服务财政支出等（吴建南等，2006；龚佳颖、钟杨，2017；纪江明、胡伟，2015；林挺进，2011）。郑方辉和王绯（2008）应用ACSI模型，对广东公众满意度指数进行了计算，并分析了变量之间的关系。研究结果表明，被访者背景对其满意度评价影响较大：男性的评价高于女性；31~50岁年龄群的评价明显高于其他年龄段；学历越高，满意度评价也越高；公务员、科教文卫从业者、国企员工和私营企业主的平均评分在5.22分到5.81分之间，而农民及失业者的评分最低；收入越高，满意度越高；收入越高的城市，公众对政府绩效的满意度评价越高。吴建南等人（2006）也借鉴了ASCI模型构建了我国公共服务评价模型，并通过相关分析来识别对公众产生满意评价或不满意评价影响较大的关键指标，发现感知质量与满意度的相关性最强，之后依次是公众信息、感知价值和公众期望。纪江明（2016）使用HLM多层线性模型分析城市公共服务的因素和理论机制，将影响要素分为城市层面和个人层面，探究其对城市公共服务的影响程度。研究结果表明公共服务满意度的差异主要受个体特征变量的影响，而城市层面的要素解释力则较弱。

（二）电子政务服务满意度与移动政务服务满意度影响因素

在信息技术的推动下，电子政务乃至移动政务的出现改变了政府公共服务的递送方式。作为网民持续行为的主要驱动力，用户满意度对建立和保持长期客户行为，实现有效供给电子政务和移动政务有着关键的意义（Alawneh et al.，2013）。如前文对满意度的解释，电子政务服务满意度（或移动政务公众满意度）即公众和企业在使用电子政务（或移动政务）服务过程中，对事前期望（包括理想服务的期望和适当服务的期望）和事后感知（包括满意、不满意和愉悦）的比较差距程度的主观认知（Anderson，2001）。

目前相关研究主要集中在对电子政务服务满意度的测评上。研究者们尝试开发出对电子政务用户满意度评价的概念模型或框架，并通过实证研究进行验证。在信息系统采用测评中，以 SERVQUAL（Parasuraman et al.，1988）、顾客满意度指数（CSI）、信息系统（IS）成功模型（DeLone & McLean，1992；Delone & McLean，2003）等为代表的几个经典模型常常被使用。研究者们将来自 ICT 接受理论以及原有的测量模型与电子政务研究的概念和特征进行结合，开发出了一系列与电子政务服务满意度相关的模型。在 Osman 等人（2014）研究的基础上，笔者再对关于电子政务服务满意度的文献进行梳理，将其区分出三种类型。

第一类，直接测量电子政务服务满意度的评估模型。这类模型多为基于 CSI、ACSI 及其衍生模型的拓展模型。顾客满意度指数（Customer Satisfaction Index，CSI）是从顾客角度对组织提供的私营或公营服务进行评价的一种测量体系，最早由瑞典率先建立，之后美国费耐尔将其进一步发展，形成了 ACSI 模型。在该模型中，用户期望、感知质量和感知价值被设定为用户满意度的原因变量，用户满意度被设定为目标变量，用户抱怨和用户忠诚则被设定为用户满意度的结果变量，以此构建用户满意度的前后因果关系（Fornell et al.，1996）。该模型的衍生模型还包括了 NCSI、CCSI 等。学者们结合网络环境以及政府服务的特点，以用户信任变量取代在测评私营部门时与价格相关的因素。如 Kim 等人（2005）综合韩国顾客满意度指数和美国顾客满意度指数，开发了 g–CSI 模型。它基于感知质量（信息、流程、客户服务、预算执行和管理创新）和用户期望，以用户投诉、信任和再利用作为用户满意度的结果来衡量和促进用户满意度。邹凯等（2016）则借鉴了 SCSB、ACSI、ECSI 等经典国家顾客满意度指数模型，建立了基于网络舆情的政府信息服务公众满意度指数模型，并通过算例分析和实验比较对其进行验证。研究结果表明，公众期望以及政府响应、信息透明度和危机处理决定的感知应对能力显著影响公众的满意度，其结果导向为公众的抱怨或者信任。除此之外，也有学者直接从 ICT 接受理论出发，重新构建了一个概念模型指标体系。在定量和质性研究的基础上制定了适用的指标后，应用结构方程模型（SEM）评估概念模型的适合性，再利用5个佛兰德电子政务网站的数据进行了实证测试，最终得出了满意度的9个决定因素：基础设施、可靠性、意识性、成本、技术方面、顾客友好性、安全/隐私、内容和可用性（Verdegem & Verleye，2009）。

第二类，以电子政务服务满意度作为衡量指标的电子政务服务成功与否的评估模型。主要以基于 D & M 信息系统成功模型的拓展模型为代表。Delone 和 McLean（1992）通过全面回顾不同信息系统成功的措施，提出了一个包含系统质量、信息质量、使用、用户满意度、个人影响和组织影响在内的6个因素的信息系统成功模型。后来又进行修正改进，提出了一个更新的 IS 成功模型，增加了"服务质量"这一新维度，并将个人影响、工作组影响、组织影响、组织间影响、消费者影响、社会影响归为单一的"净效益"维度。模型描述了系统质量、信息质量、服务质量、使用、用户满意度和净收益之间的关系（Kettinger & Lee，1994）。在这类信息系统成功的拓展模型中，系统、信息和服务质量作为电子政务服务使用的激励因素，最终将影响用户满意度（Chen，2010；Floropoulos et al.，2010；Jang，2010）。Wang 和 Liao（2008）应用结构方程模型技术，对中国台湾119位 G2C 电子政务系统使用者进行问卷调查。研究结果显示，信息质量对使用者及使用者满意度均有显著影响。服务质量对使用和用户满意度的影响不显著。系统质量对使用者满意度有显著影响，但对使用没有显著影响。用户满意度似乎是感知净收益的一个重要决定因素。张育英等（2016）则在 D & M 信息系统成功模型的基础上，将用户满意度分解为特点满意度和累积满意度，采用 PLS 进行数据计算与分析，并用其 Bootstrapping 方法进行显著性检验。研究结果表明信息质量、系统质量和服务质量均分别对特定满意度和累积满意度有显著正向影响，而特定满意度和累积满意度又对连续性动机有显著正向影响。还有一些研究是通过权衡电子政务服务价值（收益）与成本和风险来评价其成功与否。如有学者在信息系统成功模型和 SERVQUAL 模型的基础上，结合社会交换理论、期望 - 确认理论，类比 SWOT 定性分析框架，将各种表现变量分组为一个新的定量分析框架，其主要构成部分包括成本、收益、风险和机会。研究者在土耳其的一组电子政务服务用户样本运用基础上开发、测试、完善和验证，形成 COBRA 模型。研究结果表明，成本与用户满意度呈负相关，效益与用户满意度呈正相关，风险对关系用户满意度有负面影响，机会与用户满意度有正相关关系（Osman et al.，2014）。

第三类，间接测量服务满意度的电子政务服务质量评估模型。这类模型以基于 SERVQUAL 模型的电子政务服务质量测量拓展模型为主，但其大多不直接测量公众满意度这一要素，而是通过查明影响公众满意度的质量因素，从而更好地了解用户的使用要求、提升电子政务的供给效率。相较于认为质量是一个来自组织内部的问题，这一类别侧重于自身提供的服务质量，是一种相对"外向"的测量方法（Papadomichelaki et al.，2006）。SERVQUAL 模型由 PZB（Parasuraman、Zeithaml 和 Berry）于 1985 年提出，并在 1991 年进行修正，旨在评价服务的质量。该模型包括了具体指标（实体设施、设备、人员和社区物料的外观）、可靠性指标（可靠和准确地履行承诺的服务能力）、反应能力指标（愿意帮助客户和提供迅速的服务）、保证指标（员工的知识和礼貌以及传达信任和信心的能力）以及同理心指标（对客户提供关怀和个性化的关注）共 5 个层面的 22 个服务质量指标。在该模型中，用户满意受感知质量和期望质量的影响（Parasuraman et al.，1988）。学者们将其引入在线环境，对信息系统服务质量的评估进行了许多探索。在此基础上，学者们又结合电子政务的特点和背景，对 SERVQUAL 模型进行了拓展和改造，形成电子政务服务质量的测评模型。如 Alanezi 等人（2010）在该模型的基础上，结合文献进行修订，确定了衡量政府电子服务质量的 7 个维度，分别是网站设计、可靠性、响应性、安全/隐私、个人化、资讯和易用性。除此之外，学者们还借鉴了营销领域中电子商务的其他服务质量评估理论模型，构建了许多电子政务服务质量的评估模型。如 Papadomichelaki 和 Mentzas（2009）构建了电子政务服务质量模型（e-GovQual），从可靠性、效率、公民支持和信任四个维度来衡量。此外还有 Batini 等人（2009）提出的 GovQual 模型、Rotchanakitum-nuai（2008）开发的 E-GOVSQUAL-RISK 模型以及 Kaisara 和 Pather（2011）提出的电子服务质量（eSQ）模型等。

除了通过构建测评模型外，也有部分学者直接讨论电子政务服务满意度的影响因素。学者通过问卷调查和因子分析得出政务网站使用率或满意度不高的原因，主要是"网站宣传效果差"、"在线办事效果差"和"主观因素"，且影响力依次递减（陈忆金、曹树金，2013）。Alawneh 等人（2013）为了探究影响约旦人对约旦电子政务服务门户网站满意度的关键因素，在文献综述的基础上提出了 5 个假设，并确定了可能产生影响的 5 个因素（安全和隐私、信任、可访问性、对公共服务的认识和公共服务质量）。他们收集了约旦北部地区 4 所大学 400 名雇员的调查数据，并采用多元线性回归和因子分析进行检验，发现约旦电子政务门户网站的所有可访问性、公共服务意识和公共服务质量对满意度水平具有重大的积极影响；公共服务质量是影响满意度的最大因素，而信任度最弱；安全、隐私和信任对满意度则没有显著的正向影响。

目前，从用户视角探讨移动政务的研究主要集中在公众使用行为及其持续使用行为的影响因素上。学者们以构建概念模型为主，通过实证研究的方式检验公众在使用过程三阶段的影响因素及其作用机制。这些研究往往将不同的理论和模型作为其因果关系的重要理论基础。一些学者在技术接受理论与信息系统成功模型的基础上，将信息系统成功模型与用户满意理论中的相关概念作为外生变量引入模型中（Petter et al.，2008）。在电子商务领域，研究表明移动客户端的满意度会影响用户的持续使用意愿（Hsiao et al.，2016；Chang，2015）。基于此，郑跃平和赵金旭（2016）通过对北、上、广、深四市 1200 份电话问卷的研究，探索其使用现状及未来使用意愿的影响因素。研究结果表明，使用后的满意度会显著影响公众未来继续使用政务 App 的意愿。Al-Hubaishi 等（2018）以 SERVPERF 模型为基础，将服务质量视为一个层次化的、多维度的结构。该研究采用结构方程模型（SEM）测试437名政府服务使用者。分析表明，互动质量、环境、信息、系统、网络、结果质量与政府服务质量呈正相关，政府服务质量与顾客满意度呈正相关。研究结果并不支持转换成本与移动政府服务质量之间的关系，但转换成本与顾客满意度呈负相关。

总体来看，学术界对于电子政务服务满意度的测量多依赖于已有的经典模型和理论，在模型的选择和变量的确定上往往较为简单，忽略影响公众满意度的多维度因素。已有研究往往只是选择了一个城市或地区作为样本总体，这就使得实证检验的结果在适用性方面受限。此外，政务App服务的评价主要基于客观指标体系的方法，忽略了作为用户的主观评价结果的应用。而针对政务App服务满意度，甚至移动政务服务满意度影响因素的相关研究仍然很少，存在较大的研究空白。结合移动政务的特点，移动政务的公众满意度仍有进一步探讨的空间。

三 分析框架

通过上述文献回顾，并且考虑到政务App政府运作和服务效率的双重属性，本文提出一个基于App绩效和公众信任的二元分析模型来解释公众的政务App服务满意度差异。App绩效指的是实际运行过程中的政务App在可使用性、便利程度以及对公众个体信息的保护上的绩效。该维度的提出主要来源于新公共管理运动中顾客满意度导向的公共服务质量评价主张。换言之，政务App的主要目的在于通过以移动客户端的形式提供公共服务，而移动客户端所具有的特性，例如，使用性、便利度和个人隐私信息的保护，则是网民所高度关心的。因此，基于绩效的服务效率维度，提出研究假设1：

研究假设1：政务App绩效越高，公众的政务服务满意度就越高。

本文以公众的政府信任和对互联网提供的服务与信息的信任作为衡量政府运作的属性指标。该维度的提出可以反映政务 App 的政府运作性。换言之，公众对政务 App 服务满意度的评价也不可避免地包含着公众对政府本身的评价和判断。因此，政府信任是一个较为理想的指标。此外，考虑到互联网的独特性，而政务 App 也是一种典型的线上服务，公众对互联网的信任可能在很大程度上影响着其对政务 App 服务的满意度。因此，提出研究假设 2：

研究假设 2.1：对政府的信任水平越高，政务 App 服务满意度就越高。

研究假设 2.2：对互联网的信任水平越高，政务 App 服务满意度就越高。

上述研究假设的关系可见图 1。

图 1　本研究分析框架

四　数据收集与变量设定

（一）数据收集

基于研究问题和研究假设，在科学合理设计研究问卷的基础上，2018 年 11 月，本研究选取了全国具有代表性的 27 个大中城市作为研究对象，范围覆盖华北、东北、华东、华中、华南、西南、西北等不同区域，共发放问卷 3000 份。

（二）变量设定

1. 因变量

App 服务质量。使用主观感知的测量方式，衡量政务 App 服务质量的高低。问卷中，我们用"您对政务客户端上提供的政务服务质量（包括服务的全面性、便捷性、回应性、服务效果等）评价如何？"（A. 质量非常差 B. 质量比较差 C. 质量一般 D. 质量比较好 E. 质量非常好）来测量。"质量非常差"赋值为"1"，"质量非常好"赋值为"5"，得分越高代表政务 App 服务质量越高。

App 服务总体满意度。总体满意度是一种相对模糊的测量方式，主要衡量用户对政务 App 提供服务的主观评价结果。通过问卷中的"您对政务客户端上提供的政务服务（包括服务内容和质量、互动性、安全性等）的总体满意度如何？"（A. 非常不满意 B. 比较不满意 C. 一般 D. 比较满意 E. 非常满意）进行测量。数据来源于问卷调查。"非常不满意"赋值为"1"，"非常满意"则赋值为"5"，得分越高代表对政务 App 服务总体满意度越高。

图 2 显示了全国 27 个城市政务 App 服务质量满意度和 App 服务的总体满意度分布状况。总的来说，2018 年我国政务 App 服务满意度较

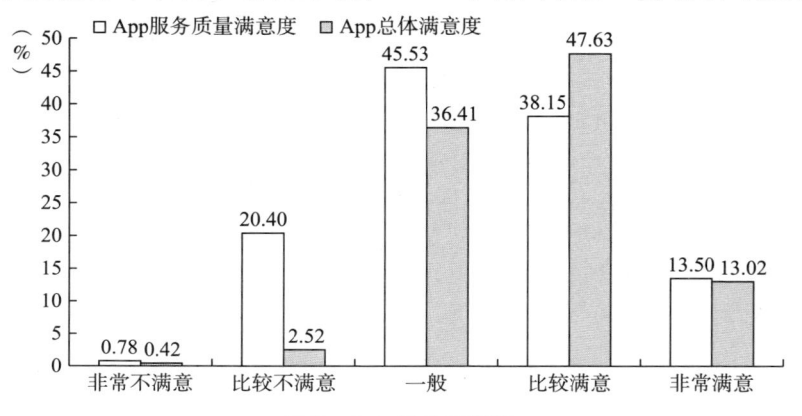

图 2 App 服务满意度

好。其中，政务 App 服务质量满意度和政务 App 总体服务满意度在"一般"以上的占比分别为 97.18%（45.53% + 38.15% + 13.50%）和 97.06%（36.41% + 47.63% + 13.02%）。然而，需要指出的是，该种估计策略存在着高估的可能性。鉴于此处只考虑了回答该问题的所有受访者的评价，而有 1000 多位受访者是对该问题没做任何回答的，因此，后续的填补缺失值的办法为该问题提供了另外一种解答。

2. 自变量

App 使用性。使用性指的是政务 App 是否方便使用。问卷中用一个问题"您认为这些政务客户端的总体使用性如何？"（A. 很不方便 B. 不太方便 C. 一般 D. 比较方便 E. 非常方便）对其进行测量。本文将"很不方便"赋值为"1"，"非常方便"赋值为"5"，得分越高说明政务 App 使用性越强。

App 便利度。本文使用主观感知的方法来衡量 App 的便利程度，调查问题为"您对政务客户端上提供的政务服务为您生活带来便利的认同度如何？"（A. 很不认同 B. 不太认同 C. 一般 D. 比较认同 E. 非常认同）。本文将"很不认同"赋值为"1"，"非常认同"赋值为"5"，得分越高代表政务 App 便利度越强。

App 个人信息保护。本研究使用"您对政务客户端上提供的政务服务在保护您个人信息安全方面的总体信任度如何？"（A. 很不信任 B. 不太信任 C. 一般 D. 比较信任 E. 非常信任）进行测量。其中"很不信任"赋值为"1"，"非常信任"赋值为"5"，得分越高表明政务 App 对个人信息保护越强。

政府信任。根据已有文献，本文测量两个维度的信任，包括当地政府信任和互联网信任。已有研究表明，政府信任影响公众对政府绩效的评价，政府信任的测量方式较多，有测量不同层级政府信任的，也有测量信任的不同维度的。本文基于 App 的本地性，也即由于政务 App 是服务于特定地方民众的，因此测量地方政府信任水平更具针对性。我们使用直接询问受访者问题的办法来测量政府信任。具体问题为："您对当地政府的总体信任状况如何？"（A. 很不信任 B. 不太信任 C. 一般 D. 比较信任 E. 非常信任）。其中，"很不信任"赋值为"1"，"非常信任"赋值为"5"，得分越高代表公众对当地政府的信任度越高。

互联网信任。政务App提供的服务最终是以互联网的方式呈现的，因此，我们进一步询问公众对互联网信息和服务的信任程度："您对移动互联网上相关信息和服务（如新闻资讯、购物、社交、娱乐等）的总体信任度如何？"（A. 很不信任 B. 不太信任 C. 一般 D. 比较信任 E. 非常信任）。"很不信任"赋值为"1"，"非常信任"赋值为"5"，得分越高表明公众对互联网的信任度就越高。

3. 控制变量

App使用频率。我们使用选项"A. 从来不用 B. 很少用 C. 有时候用 D. 经常用 E. 几乎每天都用"来衡量App使用频率变量。我们将"从来不用"赋值为"1"，"几乎每天都用"赋值为"5"，得分越高代表政务App的使用频率越高。

性别。性别以男性为参照组，设为哑变量。

年龄。为方便受访者回答并且减少敏感性，我们将年龄分段，分别为"25岁及以下""26~35岁""36~45岁""46~55岁""56~65岁""65岁以上"，设为哑变量。

学历。我们将学历分为四组，包括"初中及以下""高中或中专""本科或大专""研究生及以上"，设为哑变量。

收入。我们采用月收入的形式衡量收入水平的高低，同样为去敏感性，我们采用分段的形式，分为"3000元及以下""3000~6000元""6000~10000元""10000~20000元""20000元以上"，设为哑变量。

上述变量的描述性分析结果如表1所示。

表1 变量描述性统计分析

变量	均值	标准差	最小值	最大值
App服务质量	3.62	0.77	1	5

续表

变量	均值	标准差	最小值	最大值
App 服务总体满意度	3.70	0.74	1	5
App 使用性	3.76	0.80	1	5
App 便利度	3.91	0.73	1	5
App 个人信息保护	3.40	0.95	1	5
App 服务质量（填充缺失值）	3.50	0.63	1	5
App 服务总体满意度（填充缺失值）	3.61	0.61	1	5
App 使用性（填充缺失值）	3.63	0.64	1	5
App 便利度（填充缺失值）	3.78	0.60	1	5
App 个人信息保护（填充缺失值）	3.34	0.78	1	5
地方政府信任度	3.48	0.98	1	5
App 使用频率	2.06	1.18	1	5
互联网信任（信息和服务）	3.29	0.85	1	5
女性	0.33	0.47	0	1
年龄：25 岁及以下				
26~35 岁	0.35	0.48	0	1
36~45 岁	0.21	0.41	0	1
46~55 岁	0.13	0.33	0	1
56~65 岁	0.08	0.27	0	1
65 岁以上	0.06	0.23	0	1
最高学历：初中及以下				
高中或中专	0.24	0.43	0	1
本科或大专	0.46	0.50	0	1
研究生及以上	0.05	0.21	0	1
月收入：3000 元以下				
3000~6000 元	0.41	0.49	0	1
6000~10000 元	0.18	0.39	0	1
10000~20000 元	0.07	0.26	0	1
20000 元以上	0.03	0.17	0	1

上述因变量的描述表明，App 服务质量的满意度和 App 服务总体满意度在填补缺失值和未填补缺失值之间的差异并不明显，填补缺失值之前满意度分别为 3.62 和 3.70（取值范围 1~5），填补缺失值后变为 3.50 和 3.61。即便如此，总体来说，2018 年政务 App 服务满意度介于 3 和 4 之间，即"一般"和"比较满意"之间。

五 研究发现

回归模型的选择取决于数据属性和因变量的分布类型，本次分析的数据基于调查的截面数据。本研究的样本量为3000，而政务App服务质量、政务App服务满意度、政务App的使用性、便利度和信息保护五个变量存在着1000多个样本的缺失值。缺失的原因可能有很多。第一，受访者并不了解或者没听说政务服务客户端（或者政务App），因此并未就政务App相关的问题进行回答。第二，受访者了解政务App，但是对该问题的回答上具有选择性。样本量将近一半的缺失，会对回归模型的选择带来一定的挑战性。

针对该种情况，我们通常使用填充缺失值的办法，将上述五个变量分别当作因变量，用其他人口统计学的变量（性别、年龄、学历和月收入水平）对其进行回归，进而填充缺失值。结果如下表2中的模型（2）和（4）所示。换言之，模型（2）和（4）是因变量在填充缺失值之后回归分析的结果。

为解决异方差的问题，这里使用稳健标准误对参数进行估计。因变量虽然是五分类型的变量，但是其分布接近正态，故此处使用OLS回归模型更合适。此外，我们也使用了定序回归模型进行估计，发现结果与OLS回归模型类似。为了更方便地解读估计参数，最终只汇报OLS模型

表2 回归分析结果

	模型（1） App服务质量	模型（2） App服务质量 （填充缺失值）	模型（3） App服务总 体满意度	模型（4） App服务总体满意度 （填充缺失值）
绩效（App）				
使用性	0.326 *** (0.0289)	0.326 *** (0.0288)	0.203 *** (0.0241)	0.203 *** (0.0240)
便利度	0.184 *** (0.0346)	0.184 *** (0.0345)	0.237 *** (0.0272)	0.237 *** (0.0271)

续表

	模型（1） App 服务质量	模型（2） App 服务质量 （填充缺失值）	模型（3） App 服务总体满意度	模型（4） App 服务总体满意度 （填充缺失值）
信息保护信任	0.118 *** (0.0216)	0.118 *** (0.0216)	0.244 *** (0.0191)	0.244 *** (0.0190)
地方政府信任度	0.0952 *** (0.0206)	0.0952 *** (0.0125)	0.0780 *** (0.0180)	0.0780 *** (0.0107)
互联网信任	0.0378 (0.0259)	0.0378 * (0.0153)	0.0656 ** (0.0213)	0.0656 *** (0.0128)
控制变量				
App 使用频率	0.0396 * (0.0347)	0.0396 *** (0.0193)	0.0172 (0.0297)	0.0172 * (0.0165)
26~35 岁	-0.0290 (0.0444)	-0.0290 (0.0277)	-0.0653 (0.0410)	-0.0653 * (0.0255)
36~45 岁	0.000142 (0.0505)	0.000142 (0.0305)	-0.0792 (0.0461)	-0.0792 ** (0.0279)
46~55 岁	0.0319 (0.0704)	0.0319 (0.0362)	-0.00476 (0.0586)	-0.00476 (0.0311)
56~65 岁	0.0931 (0.101)	0.0931 * (0.0370)	0.128 (0.0731)	0.128 *** (0.0300)
65 岁以上	-0.0371 (0.132)	-0.0371 (0.0369)	-0.0684 (0.0963)	-0.0684 * (0.0307)
高中或中专	-0.0450 (0.0643)	-0.0450 (0.0276)	-0.0512 (0.0537)	-0.0512 * (0.0235)
本科或大专	-0.0640 (0.0611)	-0.0640 * (0.0275)	-0.0786 (0.0525)	-0.0786 ** (0.0243)
研究生及以上	0.0702 (0.0876)	0.0702 (0.0472)	0.0980 (0.0720)	0.0980 * (0.0387)
3000~6000 元	0.0674 (0.0456)	0.0674 ** (0.0236)	0.0825 * (0.0402)	0.0825 *** (0.0209)
6000~10000 元	0.00232 (0.0543)	0.00232 (0.0314)	0.0768 (0.0478)	0.0768 ** (0.0277)
10000~20000 元	0.0868 (0.0710)	0.0868 * (0.0430)	0.105 (0.0582)	0.105 ** (0.0352)
20000 元以上	-0.0381 (0.0965)	-0.0381 (0.0565)	0.0591 (0.0765)	0.0591 (0.0446)
常数项	0.684 *** (0.136)	0.684 *** (0.0843)	0.655 *** (0.107)	0.655 *** (0.0627)

续表

	模型（1）	模型（2）	模型（3）	模型（4）
	App 服务质量	App 服务质量（填充缺失值）	App 服务总体满意度	App 服务总体满意度（填充缺失值）
样本量	1461	2602	1461	2602
R^2	0.380	0.476	0.486	0.583

注：括号内为稳健标准误，$^*p<0.05$，$^{**}p<0.01$，$^{***}p<0.001$。

估计的结果。表 2 表明，模型的拟合度较高，除了模型（1）之外，其余三个模型的拟合度均接近 50%，说明本文的解释变量和控制变量选取的结果较为理想。

政务 App 的绩效显著提升公众的政务 App 服务满意度。如模型所示，政务 App 的使用性、便利度以及对个人信息的保护程度对于公众对政务 App 质量和服务的满意度有显著正向影响，显著度水平为 0.001。具体来说，政务 App 的使用性对公众服务质量满意度的影响较大，系数为 0.326，即公众的政务 App 使用性评价每增加 1 分，App 服务质量满意度就会增加 0.326，政务 App 服务总体满意度就会提升 0.203。同样，政务 App 的便利度对公众服务满意度也存在着显著影响，系数为 0.184，换言之，公众的政务 App 便利度评价每增加 1 分，App 服务质量满意度就会提升 0.184，而总体满意度就会提升 0.237。政务 App 对公众个人信息的保护程度每提高 1 分，政务 App 服务质量满意度就会提升 0.118，App 服务总体满意度就会提升 0.244。

信任度显著提升政务 App 服务满意度。模型（1）到（4）均表明，信任度和政务 App 服务满意度之间存在着显著的正相关关系。具体来说，公众对地方政府的信任度对政务 App 服务质量满意度和政务 App 服务总体满意度的影响显著且稳健，显著度水平为 0.001。公众对地方政府的信任度水平每提高 1 分，政务 App 服务质量满意度就会提升 0.0952，政务 App 服务总体满意度水平就会提升 0.078。公众对互联网提供的服务和信息的信任度每提高 1 分，政务 App 服务质量就提升 0.0378（未处理缺失值，两者之间的相关性在总体中并不显著），政务

App 服务总体满意度则会提升 0.0656。

此外，政务 App 的使用频率显著影响政务 App 服务质量满意度和总体满意度。总体来说，政务 App 使用频率越高，公众对政务 App 服务质量的满意度和总体满意度就越高。政务 App 服务总体满意度在不同的年龄组之间存在着显著的差异，然而，我们尚未发现有经验证据表明，政务 App 服务质量满意度在不同年龄组之间存在显著差异。同样的发现也存在于学历和政务 App 服务质量和总体满意度之间的关系。最后，我们发现在填充缺失值后，政务 App 服务质量和总体满意度在月收入上存在着显著的差异性。这足以说明收入对政务 App 服务满意度存在着较为稳健的影响。

六　结论

随着"互联网+移动政务"的快速发展，政务 App 越来越多地被应用到政府公共服务的递送中，并成为一种重要的形式。除了客观的评价指标体系来评估政务 App 的效果之外，作为公共管理绩效评估中的重要方式之一，公众对政务 App 服务的主观评价也显得日益重要。事实上，公众对 App 服务满意度是政务 App 存在和发展的最终目的。让公众切实感受到满意感是所有公共服务的发展目标。然而，已有研究较少讨论政务 App 服务满意度的现状及其影响因素。

为回应上述问题，我们在全国 27 个主要城市开展了政务 App 服务满意度的调查。研究发现 2018 年政务 App 提供服务的总体满意度处于一般以上的水平，平均得分在 3.5 分到 3.7 分之间（取值范围是 1～5）。与我们的研究假设一致，政务 App 的绩效，如使用性、便利度和个人信息的保护程度是影响政务 App 服务满意度的关键变量，尤其是使用性对政务 App 服务满意度的解释力度较强。另外，公众对地方政府和互联网信息和服务的信任水平也显著影响着公众对政务 App 服务满意度。上述发现在识别和发现政务 App 发展的影响因素上有着重要贡献。首先，理论上，我们指出政务 App 兼具政府和服务的双重属性，既有效率的需要，又有公共事务的属性。因此，公众的满意度影响因素也体现为两个维度：绩效和信任。其次，在今后各地政务 App 的发展上，要重视 App 开发的使用性，即操作是否灵活、用户体验是否满意、与其他 App 的兼容性等。此外，还要改善 App 在保护个人信息方面的开发和设置，保障用户对个人隐私保护的需要。

政务 App 本质上是一种公共服务递送的新方式，因此，要切实提高用户的满意度离不开政府多方面的努力。一方面，政府应当充分听取民意，提高公众的参与水平，改善公众对政府的信任度；另一方面，政府还需要加强对互联网行业的监管，提高公众对互联网信息和服务的信任度，进而提高公众对政府的信任度和公共服务的满意度。本研究的局限之处在于此次研究使用的是截面数据，难以发现和识别变量之间的因果关系。

参考文献

蔡立辉，2003，《西方国家政府绩效评估的理念及其启示》，《清华大学学报》（哲学社会科学版）第 1 期。

陈忆金、曹树金，2013，《民众对政务网站信息公开与政务服务的需求与满意度分析》，《图书情报工作》第 6 期。

陈则谦，2015，《中国移动政务 App 客户端的典型问题分析》，《电子政务》第 3 期。

陈则谦、刘坤，2017，《地方政府政务 App 的可用性调查与分析——以河北省为例》，《电子政务》第 3 期。

龚佳颖、钟杨，2017，《公共服务满意度及其影响因素研究——基于 2015 年上海 17 个区县调查的实证分析》，《行政论坛》第 1 期。

国家图书馆研究院，2019，中国互联网络信息中心发布第 43 次《中国互联网络发展状况统计报告》，《国家图书馆学刊》第 2 期。

纪江明，2016，《我国城市公共服务公众满意度熵权 TOPSIS 指数及影响因素研究》，中国社会科学出版社。

纪江明、胡伟，2015，《我国城市公共交通公众满意度的影响因素研究——基于"2012 连氏中国城市公共服务质量调查"的实证分析》，《软科学》第 6 期。

林挺进，2011，《中国城市公共教育服务满意度的影响因素研究——基于 HLM 模型的定量分析》，《复旦教育论坛》第 4 期。

陆晶婧，2014，《2014 年中国社会学年会"社会治理与满意度测评"论坛论文集》，武汉。

王硕霞、骆永民，2004，《城乡基本公共服务满意度现状及影响因素研究》，《安徽工业大学学报》（社会科学版）第 1 期。

吴建南、黄加伟、张萌，2006，《构建公共部门公众满意度测评模型的实证分析》，《甘肃行政学院学报》第 3 期。

薛万庆、谢明荣，2015，《服务型政府视角下政务 app 的发展现状与策略思考》，《电子政务》第 3 期。

杨道田，2011，《公民满意度指数模型研究》，北京：经济管理出版社。

杨道田，2012，《当代中国公民满意度研究的进展与评价》，《云南行政学院学报》第 11 期。

张光进、龙朝双，2007，《公众满意结构的初步研究》，《中国地质大学学报》（社会科学版）第 2 期。

张育英、明承瀚、陈涛，2016，《行政审批服务质量与用户满意度的实证研究》，《中国行政管理》第 1 期。

赵大海、胡伟，2014，《中国大城市公共服务公众满意度的测评与政策建议》，《上海行政学院学报》第 1 期。

郑方辉、王绯，2008，《地方政府整体绩效评价中的公众满意度研究：以 2007 年广东 21 个地级以上市为例》，《广东社会科学》第 1 期。

郑跃平、赵金旭，2016，《公众政务客户端的使用及影响因素探究——基于我国一线城市的调查》，《公共行政评论》第 6 期。

中国信息通信研究院，2017，《政务服务移动 APP 发展状况研究报告》，搜狐网：https://www.sohu.com/a/212876994_735021。

中山大学数字治理研究中心，2018，《移动政务服务报告（2018）——重构与智慧》，搜狐网：https：//www.sohu.com/a/285566853_686932。

朱国玮、郑培，2010，《服务型政府公众满意度测评理论与实践》，北京：科学出版社。

邹凯、左珊、陈旸、蒋知义，2016，《基于网络舆情的政府信息服务公众满意度评价研究》，《情报科学》第2期。

Abdelghaffar, H., & Magdy, Y., 2012, The adoption of mobile government services in developing countries: The case of Egypt. *International Journal of Information and Communication Technology Research*, 2 (4).

Alanezi, M. A., Kamil, A., & Basri, S., 2010, A proposed instrument dimensions for measuring e-government service quality. *International Journal of u-and e-Service*, 3 (4).

Alawneh, A., Al-Refai, H., & Batiha, K., 2013, Measuring user satisfaction from e-Government services: Lessons from Jordan. *Government Information Quarterly*, 30 (3), 277 – 288.

Al-Hubaishi, H. S., Ahmad, S. Z., & Hussain, M., 2018, Assessing m-Government Application Service Quality and Customer Satisfaction. *Journal of Relationship Marketing*, 17 (3), 229 – 255.

Anderson, R., 2001, Why information security is hard – an economic perspective. In *Seventeenth Annual Computer Security Applications Conference* (pp. 358 – 365). IEEE.

Batini, C., Viscusi, G., & Cherubini, D., 2009, GovQual: A quality driven methodology for E-Government project planning. *Government Information Quarterly*, 26 (1), 106 – 117.

Chang, C. C., 2015, Exploring mobile application customer loyalty: The moderating effect of use contexts. *Telecommunications Policy*, 39 (8), 678 – 690.

Chen, Y. C., 2010, Citizen-centric e-government services: Understanding integrated citizen service information systems. *Social Science Computer Review*, 28 (4), 427 – 442.

DeLone, W. H., & McLean, E. R., 1992, Information systems success: The quest for the dependent variable. *Information Systems Research*, 3 (1), 60 – 95.

DeLone, W. H., & McLean, E. R., 2003, The DeLone and McLean model of information systems success: a ten-year update. *Journal of Management Information Systems*, 19 (4), 9 – 30.

Floropoulos, J., Spathis, C., Halvatzis, D., & Tsipouridou, M. (2010). Measuring the success of the Greek taxation information system. *International Journal of Information Management*, 30 (1), 47 – 56.

Fornell, C., Johnson, M. D., Anderson, E. W., Cha, J., & Bryant, B. E., 1996, The American customer satisfaction index: nature, purpose, and findings. *Journal of Marketing*, 60 (4), 7 – 18.

Giese, J. L., & Cote, J. A., 2000, Defining consumer satisfaction. *Academy of Marketing Science Review*, 1 (1), 1 – 22.

Hsiao, C. H., Chang, J. J., & Tang, K. Y., 2016, Exploring the influential factors in continuance usage of mobile social Apps: Satisfaction, habit, and customer value perspectives. *Telematics and Informatics*, 33 (2), 342 – 355.

Jang, C. L., 2010, Measuring electronic government procurement success and testing for the moderating effect of computer self-efficacy. *International Journal of Digital Content Technology and its Applications*, 4 (3), 224 – 232.

Kaisara, G., & Pather, S., 2011, The e-Government evaluation challenge: A South African Batho Pele-aligned service quality approach. *Government Information Quarterly*, 28 (2), 211 – 221.

Kettinger, W. J., & Lee, C. C., 1994, Perceived service quality and user satisfaction with the information services function. *Decision Sciences*, 25 (5 – 6), 737 – 766.

Kim, T. H., Im, K. H., & Park, S. C., 2005, Intelligent measuring and improving model for customer satisfaction level in e-government. In *International Conference on Electronic Government* (pp. 38 – 48). Springer, Berlin, Heidelberg.

Oliver, R. L., 1980, A cognitive model of the antecedents and consequences of satisfaction decisions. *Journal of Marketing Research*, 17 (4), 460 – 469.

Osborne, D., & Gaebler. T. 1992, *Reinventing Government: How the Entrepreneurial Spirit Is Transforming the Public Sector*. New York: Addision-wesley Publishing Co.

Osman, I. H., Anouze, A. L., Irani, Z., Al-Ayoubi, B., Lee, H., Balcı, A., ⋯ & Weerakkody, V., 2014, COBRA framework to evaluate e-government services: A citizen-centric perspective. *Government Information Quarterly*, 31 (2), 243 – 256.

Papadomichelaki, X., & Mentzas, G., 2009, A multiple-item scale for assessing e-government service quality. In *International Conference on Electronic Government* (pp. 163 – 175). Springer, Berlin, Heidelberg.

Papadomichelaki, X., Magoutas, B., Halaris, C., Apostolou, D., & Mentzas, G., 2006, A review of quality dimensions in e-government services. In *International Conference on Electronic Government* (pp. 128 – 138). Springer, Berlin, Heidelberg.

Parasuraman, A., Zeithaml, V. A., & Berry, L. L., 1988, Servqual: A multiple-item scale for measuring consumer perc. *Journal of Retailing*, 64 (1), 12.

Petter, S., DeLone, W., & McLean, E., 2008, Measuring information systems success: models, dimensions, measures, and interrelationships. *European Journal of Information Systems*, 17 (3), 236 – 263.

Rotchanakitumnuai, S., 2008, Measuring e-government service value with the E-GOVSQUAL-RISK model. *Business Process Management Journal*, 14 (5), 724 – 737.

Verdegem, P., & Verleye, G., 2009, User-centered E-Government in practice: A comprehensive model for measuring user satisfaction. *Government Information Quarterly*, 26 (3), 487 – 497.

Wang, Y. S., & Liao, Y. W., 2008, Assessing eGovernment systems success: A validation of the DeLone and McLean model of information systems success. *Government Information Quarterly*, 25 (4), 717 – 733.

Citizens' Satisfaction with Government Apps Services and Its Determinants: Based on a Survey of 27 Cities in China

Sun Zongfeng   Huang Siying

Abstract: With the rapid popularization of mobile devices, government apps are increasingly becoming one of the important forms of public services delivered by the government. The existing evaluation of government apps is mainly based on the method of the objective index system, but the subjective evaluation for users are seldom discussed. Survey data from 27 major cities in China were collected and used to measure user satisfaction of government apps, the key variable of this study, and explore its influencing factors. Research results show that the satisfaction of China's government app service in 2018 was generally good, with an average score of 3.5 to 3.7 (values are between 1 and 5). Besides, statistical analysis shows that the higher the performance the government apps have, specifically, the better the usefulness, convenience and protection of user information are, the higher the user satisfaction with the public services will be. Additionally, the more the public trust in the information and services provided by local governments and the Internet, the more satisfied they will be with the service provided by the government apps. The above findings indicate the dual dimensions of the factors influencing the satisfaction of service provided by government apps: app performance and government operation, which also provides direction for the development of government apps in the future.

Keywords: Government Apps; Satisfaction; Usefulness; Convenience; Government Trust

线上线下一体化政务服务用户满意度影响因素研究方案

——以上海市"一网通办"为例

张 瑜 程 飞 李政蓉 黄华津 Kalin Grose[*]

【摘要】 随着信息通信技术在政府部门的应用与发展,线上线下一体化政务服务是政府提供公共服务的大趋势,但是一体化政务服务的用户满意度还有待提升。在政务服务领域,现有的文献对于线上服务平台与线下服务中心的用户满意度评价相对割裂,未把线上与线下政务服务作为一体化进行研究。本研究以线上线下一体化政务服务为对象,从用户使用、政府客观绩效、参与互动以及社会环境四个层面,构建用户满意度影响因素的理论框架。本研究将以上海市"一网通办"一体化政务服务为例,收集用户满意度的相关数据进行量化分析,确定用户满意度的影响因素,并以此为依据对进一步提

---

[*] 张瑜,山西财经大学讲师,博士,研究方向为电子政务和互联网治理;程飞,天津大学管理与经济学部博士研究生,研究方向为公共物品博弈和绿色供应链;李政蓉,内蒙古大学民族学与社会学学院博士研究生,研究方向为公共服务、公共政策和数字治理;黄华津,中国传媒大学政府与公共事务学院公共管理系研究生,研究方向为数字治理、社交媒体治理、传媒公共品的供给与监管和智慧城市;Kalin Grose,乔治·华盛顿大学本科生。

升线上线下一体化政务服务用户满意度提供对策建议。

【关键词】 线上线下；一体化政务服务；用户满意度；一网通办

一　问题提出

根据公共需求，提供政务服务，是现代政府的基本职责。随着科学技术的发展，政务服务与信息通信技术（ICT）不断融合，电子政务成为政府发展的新方向。自 2001 年联合国首次尝试对电子政务进行标杆分析以来，电子政务在过去 17 年实现了飞速发展，全球在线服务提供水平不断提高，EGDI 均值从 2014 年的 0.47 升至 2018 年的 0.55，同时在线服务指数（OSI）均值的增长速度最快，从 0.39 增加到 0.57，平均增长 40%。2014 年以来，联合国 193 个成员都提供了不同形式的在线服务。这表明从全球范围来看，各国都在稳步改善电子政务以及公共服务的在线提供（王益民，2019）。

在电子政务的发展过程中，新问题不断出现。借助信息通信技术，政府可以较快地将一部分政务功能复制迁移到线上，向更多的用户开放线上政务服务接入口，有效优化传统线下政务服务成本高、效率低、效果差等问题。但缺少线下基础，线上政务服务很快就面临天花板。线上线下缺乏融合将导致政务服务的割裂和瓶颈，使得政务服务既上不去，也下不来。线上线下政务平台存在不同的优势，线上的便捷性、实时性、低成本与线下的专业性、强互动性、复杂情况适应性等可以形成互补，大部分政务服务的高质量实现更需要线上政务流程和线下政务流程高度配合、深度交互。随着线上线下一体化政务服务建设的不断推进，线下和线上的服务场景开始逐渐融合，线下的政务服务不再单纯地停留在线下，而是深度使用信息通讯技术，达到线上线下互为支持、信息互联、数据共享、场景无障碍沟通。可以看到，建设线上线下一体化政务服务平台，实现线上线下一体化政务服务，是电子政务发展的重要趋势。同时，衡量线上线下一体化政务服务水平的重要指标，就是用户满意度。简而言之，线上线下一体化的目的是更好利用两种平台的优势，实现最佳组合，向用户提供更加方便、快捷、体验更好的政务服务，用户满意度不仅是线上线下一体化政务服务的核心建设目的，还将显著影响用户对政务平台的使用成本、使用效率和使用效果。更为重要的是，注重用户满意度，从需求侧的角度而不是供给侧的角度来推进线上线下一体化政务服务将有效解决重建设轻应用导致的功能和服务的闲置；政府对政府（G2G）、政府对企业（G2B）和政府对公民（G2C）等不同的电子政务绩效满意度差别较大；有助于化解公共服务建设弱于政府自我服务建设等能力、应用及其实际绩效之间的矛盾。显然，站在用户满意度视角，从需求侧来研究线上线下一体化政务服务意义重大且十分迫切。

我国电子政务虽然起步较晚，但发展十分迅速。2016年李克强总理在政府工作报告中首次提出推动"互联网+政务服务"。2018年6月，国务院办公厅印发《进一步深化"互联网+政务服务"推进政务服务"一网、一门、一次"改革实施方案》；7月，经李克强总理签批，国务院印发《关于加快推进全国一体化在线政务服务平台建设的指导意见》。2019年4月26日，国务院办公厅公布并实施了《关于在线政务服务的若干规定》。目前，在线政务服务平台在国家和省（自治区、直辖市）层级进行了大规模的建设，在部分地区的一些政务上，实现了面向群众和企业所有线上线下服务事项在一个网站上办理。在上海，在线政务服务平台"一网通办"[①]总门户已接入超1300个服务事项，行政审批事项全覆盖，90%的事项可以"只跑一次、一次办成"，个人社区服务事项"全市通办、身边可办"等。"一网通办"显著提升了上海线上线下一体化政务服务的水平，为推动上海市"一网通办"优化

---

① "一网通办"是上海探索推进"互联网+政务服务"而打造的全流程一体化在线政务平台，于2018年10月17日正式上线。

升级，加快打造精准、高效、便民的智慧政府，上海市于2018年6月5日面向广大企业和群众推出了"千万市民来找茬"①的活动，活动启动后共收到市民反馈问题4000余条，六成有关个人事务，四成和企业事务相关。

"一网通办"的建设发展无疑给上海政务服务水平和政务服务用户满意度带来了巨大的提升，同时也迫切需要来进一步提升线上线下一体化水平。通过实地调研和文献梳理，我们发现了一些具体和抽象的问题有待研究。第一，上海市针对"一网通办"开展了"千万市民来找茬"活动，试图通过用户参与来帮助改进"一网通办"政务平台，提升上海市政府政务服务能力。然而，并非所有用户都知晓和参与了"找茬"活动。可能许多用户对"一网通办"没有任何意见建议，但同时，也有一些用户可能有意见建议，却没有通过"找茬"活动进行参与，特别是通过线上反馈建议的能力较弱的公众。第二，用户在"找茬"活动中有不同的行为模式和影响因素，比如尽管在同一平台使用同一流程办理事情，但用户对其的感受和后续行为却存在差异，这可能不仅和用户层面的用户特征等有关，还可能与政府层面、政民互动层面等的一些因素密切关联。第三，现有的文献对于线上服务平台与线下服务中心的用户满意度的研究相对割裂，未把线上与线下政务服务作为一体化进行研究。

综上所述，本研究的目的是探究线上线下一体化政务服务用户满意度的影响因素和调节机制。本文将以上海"一网通办"作为政务服务的典型案例，结合实际运行情况，有针对性地进行数据抓取和挖掘，从线上和线下两个维度，对"一网通办"进行用户满意度测量，然后建构影响用户满意度的多个层面，并通过理论研究确定次级层面的自

---

① "千万市民来找茬"是"一网通办"开展的收集用户意见和建议的活动。根据公开信息，上海市于2019年6月5日起至8月5日开展为期两个月的"千万市民来找茬"活动，活动期间市民可以登录"一网通办"总门户或"随申办"App或拨打"12345"市民服务热线提出意见建议。

变量，之后再采集数据，最后通过定量分析构建新的用户满意度模型，挖掘新的用户满意度生成知识，发现新的用户满意度调节机制。并在研究基础上，对进一步提升线上线下一体化政务服务用户满意度提出对策建议。

二 文献综述

（一）政务服务用户满意度的研究内容

政务服务的"用户满意度"来源于商界的"顾客满意度"概念。"满意度"最初的定义是消费者事后对整体产品或服务体验的评估和情感反应，用于研究商业的产品或服务（Oliver，1992），"顾客满意度"指的是顾客在特定的情况下，对他们使用的产品所获得价值的即时的情绪反应（Verdegem & Verleye，2009）。后来这一概念被引入公共管理领域，政务服务的用户满意度主要指的是公民和企业等主体对政府及其政务服务的整体满意度，是用户参与服务前的期望与参与服务后的感知之间差异的反映（Reddick & Turner，2012）。

从政务服务满意度的研究内容来看，学者主要分别以线上政府网站和线下服务大厅为测评对象。在政府网站方面，学者利用科学的统计方法对电子政务软硬件设施进行评估，以此计算用户的满意度（Stowers，2004）。刘燕基于客户关系理念，从电子政务线上服务的服务特点、服务平台、服务对象、服务内容和服务层次这五个方面构建了政务线上服务的指标框架（刘燕，2006）。还有学者基于不同国家、不同地区的政府网站数据，对于电子政务绩效或者其用户满意度进行了对比研究（Luk，2008；马亮，2014）。除了政府网站的用户满意度测评外，对于移动电子政务的用户满意度研究也逐渐成为焦点。大部分学者结合政务微信平台的特性，从用户感知有用性和易用性等维度，探讨了移动电子政务用户满意度的作用机制（夏保国、常亚平，2014）。

在线下实体服务大厅方面，刘武从顾客期望、顾客抱怨、感知价值、感知质量以及顾客忠诚度五个方面，构建了政府满意度指数模型，并以沈阳市七个区的行政服务大厅为例，对线下行政服务中心的服务质量提升提出了针对性建议（刘武、朱晓楠，2006）。也有学者以地方政府政务服务窗口为抓手，通过对比工作人员与办事群众在服务认知上的分歧，分析地方政府服务窗口在提供公共服务过程中存在的问题（冯雪卉，2011）。

（二）政务服务用户满意度的影响因素

目前，在政务服务用户满意度影响因素的研究中，学者多基于线上或线下政务服务的某一方面进行分析。有的学者积极探索影响线下政务大厅服务效能的因素，利用主成分分析法，发现线下实体服务大厅的服务模式、服务人员规模、服务内容、投入经费均会对大厅服务效能产生影响（易兰丽等，2019）。有的学者利用 TAM 模型对线上电子政务门户网站以及移动政务客户端进行的影响因素剖析发现用户感知有用性和易用性（刘燕等，2010）、用户感知价值（Lee, Gim, & Yoo, 2009；谭婧，2018）、公民信任（France & Carter, 2008）、公民接触政府的行为方式（Reddick & Anthopoulos, 2014）等对用户满意度产生了显著影响。

在特定的情境中，政务服务满意度也受到财政支出、人口规模、客观绩效等因素的制约。赵耀运用面板数据模型，发现在政务服务过程中，通过优化公共财政支出结构是提升政务服务满意度的关键（赵耀，2015）。也有学者基于 GIS 分析与 SPSS 多元回归方法，指出城市人口规模、空间分布和人口社会构成显著影响城市公共服务资源配置的有效性（孟兆敏，2013）。在客观绩效对于政务服务满意度的作用机制上，有学者认为两者的关联性不强。政务服务满意度主要在于用户预期与感知价值之间的差距，这种差距主要受到以性别、年龄、收入等为主的用户特征（张再生、于鹏洲，2015）和社会特性的影响，与实际供给效果无关（Stipak，1979）。但也有大量的学者通过多元回归分析，发现当客观绩效的评价包括结果类指标的测定时，其与政务服务满意度之间存在显著的关系（Ryzin et al.，2010；Charbonneau & Van，2012）。

发展迅速的电子政务，使政府职能、组织结构与其运行都产生了一系列的变化，同样也对用户参与产生了深远影响。张艾荣将公民参与机制的变迁分为单向沟通层次、双向沟通层次以及联合决策层次，三种层次主要体现在信息流动与决策行为的差别（张艾荣，2008）。而针对公众参与行为的研究，学者们则多是从公众参与的政策领域、参与目的及参与途径三个方面加以衡量。在电子政务与公民参与关系上，黄丽娟分析了不同基础网络平台的各种政民互动途径的特征、功能、局限，弥补了在电子政务的背景下，政民互动途径理论研究的不足（黄丽娟，2008）。张廷君则通过用户参与行为的特征及其与公共部门之间的对话，探讨了政务服务平台的沟通效率，以及对于平台在公民与公共部门之间建立理想对话关系的作用（张廷君，2015）。在用户参与与满意度的关系上，大部分学者将公民参与视为其他因素与满意度之间的调节因素。明承瀚等利用结构方程模型，发现公共服务中心信息质量、系统质量及服务质量对公民满意度均有显著正向影响，公民参与则起到了显著的调节作用（明承瀚等，2016）。郑建君通过构建中介效应模型，发现政府职能转变和公共服务满意度之间显著正相关，而公民参与在其中表现出显著的链式多重中介作用（郑建君，2017）。

（三）研究评述

通过对关于政务服务用户满意度相关文献的梳理，发现有以下两点薄弱之处。

第一，在政务服务满意度的研究内容上，线上服务平台与线下服务中心的满意度评价相对割裂，缺少对线上线下相结合的一体化政务服务满意度的研究。由于线上和线下的平台存在优势互补，其相应的建设、管理、资源和服务均有所不同。仅针对线下或者线上的政务服务研究，所得到的结果存在片面性。而以线上线下一体化的政务服务为研究对象，有利于对服务全过程进行有效测评，实现全面科学的服务管理重构。

第二，目前关于政务服务用户满意度影响因素的研究缺乏对用户参与行为与结果这一维度的深入分析。政务服务的用户满意度与用户参与之间的作用机制尚不明晰。用户参与的反馈机制产生了怎样的实际效果？用户参与途径的拓展能否显著提升用户满意度？这些问题有待进一步深入分析。

三 构建用户满意度影响因素模型

随着线上线下政务服务的一体化，政府视角下客观的绩效评估虽必不可少，但用户视角下的满意度研究更是应该关注的重点。现有文献对于用户满意度的影响变量研究虽然较多，但是从没有在同一个模型里被检验过，同时对于用户参与互动的影响关注度不够。本研究试图基于现有的研究基础，从用户使用、政府客观绩效、参与互动（贾奇凡等，2018）和社会环境四个层面，探讨线上线下一体化政务服务用户满意度的影响因素及其机制。

（一）用户满意度

用户对政务服务的满意度可以提升对政府信任的水平（芮国强、宋典，2015）。用户满意度是指用户对公共产品或服务的总体评价，是一个多维概念（孙宗锋，2018）。满意度的指标体系既可以是整体满意度，也可以是多维满意度。对于整体满意度的测量，是直接询问用户对于泛指的公共服务或者服务的满意度（陈天祥、宁静，2010），但是整体满意度的测量存在用户理解差异的问题（King，2003）。多维满意度可以将满意度细分为对公共产品或服务的不同要素或者属性的满意度。线上线下一体化政务服务是政府基于互联网平台实现的线上和线下相结合的政务服务方式，因此在本研究中，用户满意度包含线上和线下两个维度。

(二) 用户使用层面的影响因素

用户使用层面的影响因素包括感知质量、用户期望以及用户特质。感知质量是指用户对政府提供的政务服务质量的判断，用户期望是指用户对获取政务服务过程以及结果的期待。各种顾客满意度模型已经验证了感知质量和用户期望对顾客满意度的影响（Fornell et al., 1996; Johnson et al., 2001），当这一模型从商业领域引入公共服务领域，这两个变量对用户满意度的影响依然显著（何华兵，2012）。在政务服务的使用过程中用户特质反映的是用户的社会经济条件，包括性别、年龄、收入和受教育水平。目前大多数的研究把用户特质作为控制变量（贾奇凡等，2018）。在提供政务服务过程中，用户特质是政府了解用户需求的重要因素。现有研究中用户特质与用户满意度之间的关系存在不同的结果，一些研究表明用户特质对用户满意度存在显著影响（焦李然，2014; Ho & Cho, 2017），但是另一些研究则未完全证实这一影响（李文彬、何达基，2016）。从个体心理视角分析，个体对事物的认知会受到其特质因素的影响（李文彬、赖琳慧，2016），不同特质的个体对于同样的政务服务的认知不同，其满意度也会存在差异，本研究将进一步验证这一关系。因此，本研究假设：

假设1：感知质量正向影响用户满意度——即感知质量越高（或低），用户满意度也会随之上升（或下降）。

假设2：用户期望负向影响用户满意度——即用户期望越高（或低），用户满意度会随之下降（或上升）。

假设3：用户特质对用户满意度的影响存在显著差异。

假设3a：性别对用户满意度的影响存在显著差异；

假设3b：年龄对用户满意度的影响存在显著差异；

假设3c：收入对用户满意度的影响存在显著差异；

假设3d：受教育程度对用户满意度的影响存在显著差异。

（三）政府客观绩效层面的影响因素

政府客观绩效是指基于成本效益分析对线上线上一体化政务服务进行量化评价，属于绩效评价的传统模式。在实际的研究过程中，针对政府提供的不同的公共服务，客观绩效测量指标的选择有所差异（曾莉、李佳源，2013）。关于政府客观绩效与用户满意度之间的关系，存在着两种完全相反的研究结果。一类研究发现二者之间不存在显著的相关性（Brown & Coulter, 1983; Kelly, 2003; 陆奇斌等, 2010），另一类研究结果发现，客观绩效和用户满意度之间有着显著的一致性（Im & Lee, 2012; 曾莉, 2013; 李文彬、何达基, 2016）。一般来说，客观绩效的测量可以分为投入类、效率类和效果类三个维度的指标（王欢明等，2015）。投入类指标是指政府对一体化政务服务的资源投入，包括财政投入的 GDP 比重以及线下服务大厅的区域面积比；效率类指标是指政府对一体化政务服务的投入产出比，关注政府的生产率，包括用户人均办事时间和用户人均享有服务人员数量；效果类指标是指政府对一体化政务服务的投入和产出是否达到预期的目标，包括只跑一次办事率和用户使用好评率。当一体化政务服务的客观绩效水平越高，提供的政务服务质量也会越高时，用户满意度也应该越高（李胜会、熊璨，2016）。因此，本研究提出以下假设。

假设 4：一体化政务服务的投入正向影响用户满意度——即一体化政务服务的投入越大（或小），用户满意度会随之上升（或下降）。

假设 4a：财政投入的 GDP 比重正向影响用户满意度——即财政投入的 GDP 比重越大（或小），用户满意度会随之上升（或下降）；

假设 4b：线下服务大厅的区域面积比正向影响用户满意度——即线下服务大厅的区域面积比越大（或小），用户满意度会随之上升（或下降）。

假设 5：一体化政务服务的效率正向影响用户满意度——即一体化政务服务的效率越高（或低），用户满意度会随之上升（或下降）。

假设 5a：用户人均办事时间负向影响用户满意度——即用户人均

办事时间越短（或长），用户满意度会随之上升（或下降）；

假设5b：用户人均享有服务的人员数量负向影响用户满意度——即用户人均享有服务人员数量越少（或多），用户满意度会随之上升（或下降）。

假设6：一体化政务服务的效果正向影响用户满意度——即一体化政务服务的效果越好（或差），用户满意度会随之上升（或下降）。

假设6a：只跑一次办事率正向影响用户满意度——即只跑一次办事率越高（或低），用户满意度会随之上升（或下降）；

假设6b：用户使用好评率正向影响用户满意度——即用户使用好评率越高（或低），用户满意度会随之上升（或下降）。

（四）参与互动层面的影响因素

用户参与互动是指用户在使用线上线下一体化政务服务的过程中，将其存在的问题和意见通过一定的途径向政府进行反映的过程，试图影响一体化政务服务的提供和改善。在线上线下一体化政务服务中，用户参与互动可能提升政府和用户之间的互动水平，进而对用户满意度产生影响。根据自我知觉理论，行为会影响态度（Bem，1972），用户参与互动是行为层面的变量，用户满意度是态度层面的变量，因而用户参与互动在理论上可影响用户满意度。一些研究发现用户参与能够提升用户满意度（Wong，2010），但是还有些研究中二者之间的关系未得到证实（王欢明、李鹏，2015）。在多元治理环境下，作为公共服务提供过程中的重要参与主体，用户的参与互动是线上线下一体化政务服务过程中的重要环节。从过程和结果的角度，用户参与互动层面可以分为参与渠道和互动反馈两个维度。参与渠道包括政府提供的线上和线下参与渠道，互动反馈是指用户所反映的问题通过参与渠道是否得到解决，用户对参与渠道过程的体验和互动反馈的结果直接影响着用户满意度的评价。如果用户从参与互动中获得一种心理上的满足感，有助于其满意度的提升（郑建君，2017）。因此，本研究假设：

假设7：参与渠道过程的体验正向影响用户满意度——即参与渠道过程的体验越好（或差），用户满意度会随之上升（或下降）。

假设8：互动反馈的结果正向影响用户满意度——即互动反馈的结果越好（或差），用户满意度会随之上升（或下降）。

（五）社会环境层面的影响因素

社会环境层面是指研究对象所处的地区层面的因素，主要包括人均GDP、人口规模和地区面积等因素。人均GDP代表着地方政府的经济水平。当一个地区的经济水平越高，政府提供的公共服务质量越高，用户的满意度水平也会越高。在一个特定的区域，政府所管辖的人口规模越大，用户满意度越低（孙宗锋，2018）。根据现有的研究，地区面积对不同公共服务的用户满意度的影响是不一样的，地区面积越大，治安满意度越低，而环保满意度越高（李文彬、何达基，2016）。在一体化政务服务领域，地区面积越大，用户享用一体化政务服务的成本会越高，用户满意度则会降低。因此本研究假设：

假设9：人均GDP正向影响用户满意度——即人均GDP越高（或低），用户满意度会随之上升（或下降）。

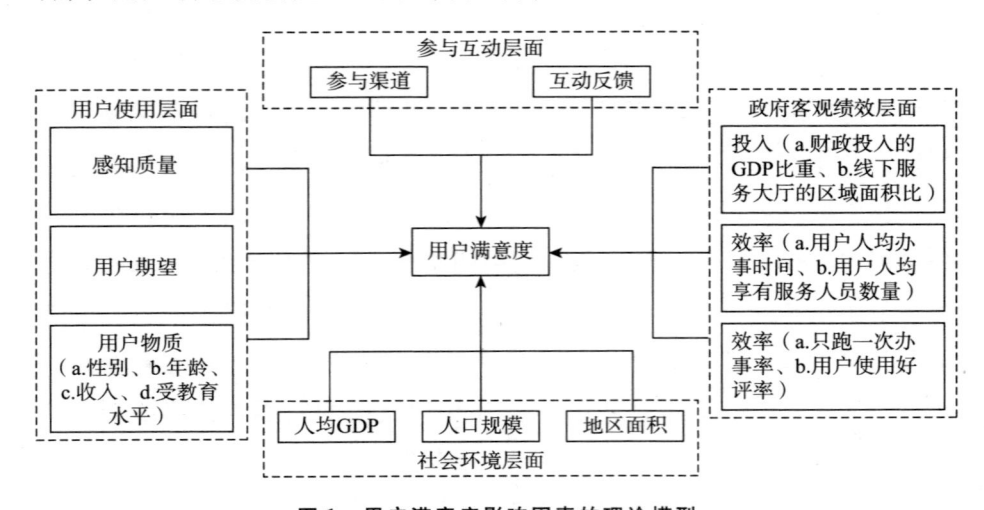

图1 用户满意度影响因素的理论模型

假设10：人口规模负向影响用户满意度——即人口规模越大（或小），用户满意度会随之下降（或上升）。

假设11：地区面积负向影响用户满意度——即地区面积越高（或低），用户满意度会随之下降（或上升）。

四 研究方法

（一）研究内容与目的

现有研究未将线上与线下政务服务的满意度结合起来进行研究，也缺少对用户参与行为与途径对满意度影响的深入分析。因此，本文将以上海"一网通办"为例，采用定量研究法，对上海各区线上线下一体化政务服务用户满意度的影响因素及其机制进行实证研究，以构建新的用户满意度模型，挖掘新的用户满意度生成机制，发现新的用户满意度调节机制。此外，本研究还有助于促进我国线上线下一体化政务服务水平的优化。

（二）案例选择

上海开通"一网通办"总门户，着力面向群众和企业的所有线上线下服务事项，通过审批服务事项的全程通办、全网通办、全市通办，已实现1274个事项接入全流程一体化在线服务平台，90%的事项实现"只跑一次、一次办成"，99%的民生服务事项实现全市通办，其在全国范围内产生了标杆作用，对用户体验感和满意度均产生了较大影响，因此选取该案例对线下与线上一体化政务服务满意度影响因素开展研究是具有代表性和适宜性的。

（三）变量及测量指标

1. 因变量

本研究的因变量是用户满意度，测量指标为满意和不满意。

2. 自变量

主要从用户使用、参与互动、政府客观绩效三个层面衡量,其中用户使用的测量维度划分为感知质量、用户期望、用户特质,参与互动的测量维度划分为参与渠道和互动反馈,政府客观绩效的测量维度划分为投入类、效率类和效果类,各自变量具体测量指标见表1。

表1 一网通办用户满意度自变量测量表

自变量	测量维度	测量指标	操作	指标来源
用户使用	感知质量	网站运行流畅	受访者使用0~5分打分制,其中0分表示非常差,5分表示非常好	(于施洋等,2016) (廖敏慧等,2015) (Siskos E 等,2014) (Y. S. Kang 等,2010)
		网站操作简易		
		信息内容全面		
		信息内容更新及时		
		信息内容适用		
		服务易获取性		
		服务操作便捷		
	用户期望	与预期相比的期望	操作同上	(蒋硕亮等,2018) (温新民,2016)
		对一网通办的可靠性期望		
		对一网通办满足需求期望		
	用户特质	性别	性别设置分类变量男=1,女=0;受访者年龄18~60岁及其以上,分为6个阶段,每个阶段依次编码1~6;每月收入3000元、5000元、8000元及以上,依次编码1~4;受教育程度从小学到硕士及以上学历,依次编码1~5	(Kelly J. M. et al.,2000)
		年龄		
		收入		
		受教育程度		
参与互动	参与渠道	线上参与业务办理	按照1~4依次编码	(芮国强等,2015) (李志刚等,2017) (张廷君,2015)
		线上参与投诉与建议		
		线下参与业务办理		
		线下参与投诉与建议		
	互动反馈	投诉建议能得到及时回应	受访者使用0~5分打分制,其中0分表示非常差,	(邹凯等,2011) (徐艳晴等,2014)
		投诉建议能得到满意回应		

续表

自变量	测量维度	测量指标	操作	指标来源
参与互动	互动反馈	线上线下咨询能解决实际问题	5分表示非常好	（张育英等，2016）（明承瀚，2016）
		线上线下会定期主动咨询用户建议		
政府客观绩效	投入类	各区一网通办建设财政投入占GDP比	按照一网通办当时财政投入、建设面积、GDP、区域面积计算	（王立华等，2011）（万莉等，2014）
		各区一网通办实体大厅占区域面积比		
	效率类	用户人均办事时间	按照问卷调查截止日期计算	（韩军等，2019）（尚虎平等，2017）
		用户人均享有服务人员数		
	效果类	只跑一次办事率		（王欢明等，2015）（王虹燕等，2017）
		用户使用好评率		
社会环境		各区人均GDP	按照2018年统计数据计算，其中人口规模以年末常住人口计算	（孙宗锋，2018）（李文彬等，2016）
		各区人口规模		
		各区地区面积		

资料来源：问卷调查、统计年鉴、统计公报或部门数据

3. 控制变量

为控制相关变量对用户满意度的影响，我们选取了用户特质和所处社会环境作为控制变量，用户特质产生的差异可能会对一网通办使用方式、习惯等方面产生影响，从而影响最终满意度，而社会环境作为一网通办所处的具体环境，直接或间接影响着其本身的建设水平、服务质量等，进而影响用户满意度。其中用户特质包括性别、年龄、收入和受教育程度，社会环境为上海各区人均GDP、人口规模和地区面积。

（四）样本及数据来源

选取研究样本为上海各区"一网通办"使用用户，用户使用和参与互动层面的数据主要源于问卷调查，政府客观绩效指标及社会环境数据主要源于样本统计年鉴、统计公报或部门数据。线下调查，在上海各区选取连续一周时间（不包含节假日休息时间），采用随机抽样调查

方法。问卷调查时每五人一个小组，在各区"一网通"办政务服务大厅进行问卷发放。随机抽样将 24 小时以每 3 小时为一个时段划分为 8 个时段，按照各区使用用户在上海各区人口比例，在每个时间段随机抽取 20~30 个人进行问卷调查，给予一定的物质奖励。线上调查，通过"找茬"活动的三个渠道、线上用户办理完后自动弹出、移动客户端合作调查等方式发放问卷，调查时间为期一周，填写后开展抽奖活动给予物质奖励。为调整样本偏差，运用 Bootstrap 法从原始样本中对整群样本进行重新放回的均匀抽样。

（五）数据分析

1. 信度和效度检验

信度检验，分别对用户使用、参与互动、政府客观绩效进行 Cronbach's α 系数检验，大于 0.7 表明量表具有较高的信度。

效度检验，采用因子分析法，若达到萃取共同因素积累变异量 60% 的标准，说明问卷的建构效度较好。

2. 描述性统计

本研究分别从用户使用、参与互动、政府客观绩效和社会环境展现其与用户满意度的关系，并运用 Pearson 展示不同因素与用户满意度的相关性。

3. Logistic 回归分析

由于本研究的因变量为二分变量，故采用二元 Logistic 回归模型作为分析工具。首先，似然比检验结果，观测 p 值用于分析模型整体是否有效。然后运用 Logistic 回归模型进行分析，观测每个 X 对 Y 的影响情况（显著性、影响程度等）。其中主要关注 p 值，判断 X 对 Y 是否呈现显著性的影响。回归系数值，当 p 值小于 0.05 时有意义。OR 优势比值与 1 作比较，越接近 1 影响程度越小，反之影响程度越大。R Pseudo R^2，用于说明模型整体情况。

参考文献

艾磊、赵辉,2015,《基于知识的推荐系统用户交互模型研究》,《软件导刊》第 3 期。

陈天祥、宁静,2010,《社会建设绩效测量:一项公民满意度调查》,《中山大学学报》(社会科学版)第 2 期。

冯雪卉,2011,《地方政府政务服务窗口工作人员服务能力提升研究》,湘潭大学硕士学位论文。

韩军、刘学芝,2019,《基于超效率 DEA 的公共文化服务供给效率及其影响因素研究》,《宏观经济研究》第 2 期。

何华兵,2012,《基本公共服务均等化满意度测评体系的建构与应用》,《中国行政管理》第 11 期。

黄丽娟,2008,《电子政务环境下的政民互动途径研究》,华中师范大学硕士学位论文。

贾奇凡、尹泽轩、周洁,2018,《行为公共管理学视角下公众的政府满意度:概念、测量及影响因素》,《公共行政评论》第 11 期。

蒋硕亮、潘玉志,2018,《大城市民生政策公民满意度指数及其影响因素分析》,《统计与决策》第 13 期。

焦李然,2014,《基于个体差异的政府服务质量公众满意度研究》,兰州大学硕士学位论文。

廖敏慧、严中华、廖敏珍,2015,《政府网站公众接受度影响因素的实证研究》,《电子政务》第 3 期。

李胜会、熊璨,2016,《地方政府社会保障财政支出效率与满意度研究》,《中国行政管理》第 2 期。

李文彬、何达基,2016,《政府客观绩效、透明度与公民满意度》,《公共行政评论》第 2 期。

李文彬、赖琳慧,2016,《公众满意度与政绩有关系吗?》,《华东经济管理》第 5 期。

李志刚、徐婷，2017，《电子政务信息服务质量公众满意度模型及实证研究》，《电子政务》第 9 期。

刘武、朱晓楠，2006，《地方政府行政服务大厅顾客满意度指数模型的实证研究》，《中国行政管理》第 12 期。

刘燕，2006，《电子政务公众满意度测评理论、方法及应用研究》，国防科学技术大学博士学位论文。

刘燕、陈英武、周长峰、张捷，2010，《基于 nnpls 的电子政务公众满意度测评》，《系统工程》第 3 期。

陆奇斌、张强、张欢、周玲、张秀兰，2010，《基层政府绩效与受灾群众满意度的关系》，《北京师范大学学报》（社会科学版）第 4 期。

马亮，2014，《城市政府网站的使用率与满意度：两岸三地的比较研究》，《电子政务》第 4 期。

孟兆敏，2013，《快速城市化背景下城市公共服务配置的有效性评价》，华东师范大学博士学位论文。

明承瀚、徐晓林、陈涛，2016，《公共服务中心服务质量与公民满意度：公民参与的调节作用》，《南京社会科学》第 12 期。

亓秋景，2012，《电子政务绩效评估指标体系研究》，苏州大学硕士学位论文。

芮国强、宋典，2015，《电子政务与政府信任的关系研究——以公民满意度为中介变量》，《南京社会科学》第 2 期。

尚虎平、雷于萱，2017，《政府潜绩评估的内容维度及评估指标的实证筛选研究》，《南京社会科学》第 8 期。

孙宗锋，2018，《城市公共服务满意度影响因素再探究——锚定场景法的应用》，《公共行政评论》第 5 期。

谭婧，2018，《政务微博公众满意度影响因素研究》，电子科技大学硕士学位论文。

万莉、程慧平，2014，《我国省级政府电子政务效率测算与分析》，《情报科学》第 12 期。

温新民，2016，《社区移动互联提升服务型政府建设质量研究》，《电子政务》第 4 期。

王虹燕、李杰，2017，《城市环境客观绩效对公众满意度的影响关系及改进策略研究》，《现代城市研究》第 3 期。

王欢明、李鹏，2015，《公交服务公众满意度的影响因素及测度》，《城市问题》第 5 期。

王欢明、诸大建、马永驰，2015，《中国城市公共服务客观绩效与公众满意度的关系研究》，《软科学》第 3 期。

王立华、苗婷、田祥龙，2011，《我国农村电子政务公共服务效率评价——基于 DEA 的实证分析》，《兰州大学学报》（社会科学版）第 5 期。

王益民，2019，《全球电子政务发展现状与趋势——〈2018 年联合国电子政务调查报告〉解读之一》，《行政管理改革》第 1 期。

夏保国、常亚平，2014，《政务微信的沟通机制研究——基于技术接受模型的视角》，《国家行政学院学报》第 3 期。

徐艳晴、周志忍，2014，《诊断与改进取向的公民满意度调查——英国警察服务满意度调查对我们的启示》，《国家行政学院学报》第 2 期。

易兰丽、杨慧、孟庆国、黄梅银，2019，《政务大厅服务效能影响因素实证分析》，《北京理工大学学报》（社会科学版）第 4 期。

于施洋、王建冬、童楠楠，2016，《大数据环境下的政府信息服务创新：研究现状与发展对策》，《电子政务》第 1 期。

张艾荣、黄宝荣，2008，《电子政务环境下的公民参与机制变迁研究》，《中国行政管理》第 8 期。

张廷君，2015，《城市公共服务政务平台公众参与行为及效果——基于福州市便民呼叫中心案例的研究》，《公共管理学报》第 2 期。

张育英、明承瀚、陈涛，2016，《行政审批服务质量与用户满意度的实证研究》，《中国行政管理》第 1 期。

张再生、于鹏洲，2015，《城市建设满意度对主观幸福感影响的实证研究》，《社会科学家》第 2 期。

赵耀，2015，《地方政府公共财政支出对公众公共服务满意度影响研究》，贵州大学硕士学位论文。

郑建君，2017，《政府职能转变与公民公共服务满意度之关系——基于政府透明度和公民参与的实证分析》,《哈尔滨工业大学学报》(社会科学版)第4期。

曾莉,2013,《公共服务绩效主客观评价的一致性论争:来自不同的声音》,《东南学术》第1期。

曾莉、李佳源,2013,《公共服务绩效主客观评价的契合性研究——来自H市基层警察服务的实证分析》,《公共行政评论》第2期。

邹凯、刘利、徐艳芳,2011,《社区服务中公众参与对公众满意的影响研究》,《软科学》第9期。

Bélanger, F., & Carter, L. 2008. Trust and risk in e-government adoption. *The Journal of Strategic Information Systems*, 17 (2): 165 – 176.

Bem D J. 1972. Self-Perception Theory. *Advances in Experimental Social Psychology*, 6: 1 – 62.

Brown K, Coulter P. 1983. Subjective and Objective Measures of Police Service Delivery. *Public Administration Review*, 43 (1): 50 – 58.

Charbonneau, É., & Van Ryzin, G. G. 2012. Performance measures and parental satisfaction with New York City schools. *The American Review of Public Administration*, 42 (1), 54 – 65.

Fornell C, Johnson M D, Anderson E W, et al. 1996. The American Customer Satisfaction Index: Nature, Purpose, and Findings. *Journal of Marketing*, 60 (4): 7 – 18.

Ho A T, Cho W. 2017. Government Communication Effectiveness and Satisfaction with Police Performance: A Large-Scale Survey Study. *Public Administration Review*, 77 (2): 228 – 239.

Im T, Lee S J. 2012. Does Management Performance Impact Citizen Satisfaction? *The American Review of Public Administration*, 42 (4): 419 – 436.

Johnson M D, Gustafsson A, Andreassen T W, et al. 2001. The evolution and future of national customer satisfaction index models. *Journal of Economic Psychology*, 22 (2): 217 – 245.

Kang Y S, Lee H. 2010. Understanding the role of an IT artifact in online service continuance: An extended perspective of user satisfaction. *Computers in Human Behavior*, 26 (3): 353 – 364.

Kelly J M. 2003. Citizen Satisfaction and Administrative Performance Measures: Is There Really a Link? *Urban Affairs Review*, 38 (6): 855 – 866.

King G, Murray C J L, Salomon J A, et al. (2003). Enhancing the Validity and Cross-Cultural Comparability of Measurement in Survey Research. *American Political Science Review*, 97 (04): 567 – 583.

Luk, S. C. Y. 2008. The impact of e-government in greater China: case studies of Hong Kong, Taiwan, and Singapore. In 17th Bienni-al Conference of the Asian Studies Association, Australia, July.

Lee, C. E., Gim, G., & Yoo, B. 2009. The effect of relationship quality on citizen satisfaction with electronic government services. *Marketing Management Journal*, 19 (2).

Oliver R L. 1992. An Investigation of the Attribute Basis of Emotion and Related Affects in Consumption: Suggestions for a Stage-Specific Satisfaction Framework. *Advances in Consumer Research*, 237 – 244

Reddick, C. G., & Turner, M. 2012. Channel choice and public service delivery in canada: comparing e-government to traditional service delivery. *Government Information Quarterly*, 29 (1), 1 – 11.

Reddick C., Anthopoulos L. 2014. Interactions with e-government, new digital media and traditional channel choices: citizen-initiated factors. *Transforming Government: People, Process and Policy*, 8 (3), 398 – 419.

Ryzin, G. G. V., Immerwahr, S., & Altman, S. 2010. Measuring street cleanliness: a comparison of New York city's scorecard and results from a citizen survey. *Public Administration Review*, 68 (2), 295 – 303.

Sivarajah, U., Irani, Z., & Weerakkody, V. 2015. Evaluating the use and impact of Web2.0 technologies in local government. *Government Information Quarterly*, 32 (4), 473 – 487.

Stipak, B. 1979. Are there sensible ways to analyze and use subjective indicators of urban service quality? *Social Indicators Research*, 6 (4), 421 – 438.

Stowers, G. N. 2004. *Measuring the Performance of e-Government*. http://www.businessofgovernment.org/sites/default/files/EGovernmentPerformance_0.pdf.

Siskos E, Askounis D, Psarras J. 2014. Multicriteria Decision Support for Global e-Government Evaluation. *Omega: International Journal of Management Science*, 46 (1): 51 – 63.

Swindell D, Kelly J M. 2000. Linking citizen satisfaction data to performance measures. *Public Performance & Management Review*, 24 (1): 30 – 52.

Verdegem, P., & Gino Verleye. 2009. User-centered e-government in practice: a comprehensive model for measuring user satisfaction. *Government Information Quarterly*, 26 (3), 487 – 497.

Wong S L, Liu H T, Cheng L J. 2011. Elucidating the Relationship Between Satisfaction and Citizen Involvement in Public Administration. *Public Management Review*, 13 (4): 595 – 618.

Research Proposal on Influencing Factors of User Satisfaction in Integrated Online and Offline Government Services:
A Case Study of "One Network, All Handled" Practice in Shanghai

Zhang Yu   Cheng Fei   Li Zhengrong   Huang Huajin   Kalin Grose

Abstract: With the application and development of information and communication technology in government departments, integrated online and offline government services become a national trend, however, the user satisfaction of integrated government services needs to be improved. In terms of research, The existing literature on user satisfaction evaluation of online services is relatively separated from offline services, and the online and offline government services are not studied with an integrated approach. Therefore, this paper takes integrated online and offline government services as the research object, and attempts to construct an theoretical framework of influencing factors of user satisfaction from four aspects: useruse, government objective performance, participation and interaction, and social environment. This study will take the integrated government services of "One Network, All Handled" in Shanghai as an example, collect relevant data of user satisfaction, conduct quantitative analysis, and determine the influencing factors of user satisfaction. Based on the findings, the paper will provide countermeasures and suggestions for further improving the user satisfaction of integrated online and offline government services.

Keywords：Online and Offline；Integrated Government Services；User Satisfaction；One Network, All Handled

编者按：

一篇结构完整、论证严密、逻辑清晰的研究方案是最终形成一篇优秀的研究论文的基础和保障，毕竟，只有严谨规范的研究设计和方法才能带来可靠可信的研究发现。在国外一些大学，博士生开题答辩的重要性和严格程度甚至超过最终的博士论文全文答辩，因为只有导师们确认了学生所采用的"渔"是恰当的，通过其所捕到的"鱼"才不会有偏差。目前，我国数字治理领域仍有相当数量的研究论文缺少规范的研究方法支撑，研究生对于研究方案的重要程度也还不够高。因此，本刊决定在继续发表完整的研究论文的同时，也发表一些优秀的研究方案，以提高数字治理学界对"渔"的重视。

本辑发表的这篇研究方案来自2019年复旦大学主办的数字治理暑

期班（又称"鲜笋营"）。"鲜笋营"专注于数字治理前沿问题，招收中外高校相关专业的研究生入营，并邀请来自国内外的学者担任导师。除了传统的课程培训，"鲜笋营"尤为强调对方法论的实际演练，将学生分为多个小组，要求他们基于政府管理人员的案例分享和在政府现场的实地调研，从实践问题中提炼出研究问题，并在导师们的全程个性化辅导下，设计研究方案，进行方案陈述，接受提问和点评。该文的雏形就是在 2019 年鲜笋营上，经过导师投票后获得"破土成竹"奖的研究方案。在鲜笋营结束后，这一研究方案又在导师团队的联合指导下继续打磨、优化，经过了多轮评审和修改，最终形成了终稿。

在这篇研究方案的产生过程中，参与授课和辅导的导师包括：数字政府学会创始主席，纽约州立大学奥尔巴尼校区政府技术研究中心创始主任 Sharon Dawes；*Government Information Quarterly*（SSCI 期刊）联合主编，联合国大学电子治理中心原主任、高级研究员 Tomasz Janowski；美国克拉克大学管理学院研究生院副院长、教授、数字政府学会常务理事及会员委员会主席张晶；复旦大学国际关系与公共事务学院教授，数字与移动治理实验室主任郑磊；中山大学政治与公共事务管理学院讲师、数字治理研究中心主任郑跃平；上海对外经贸大学副教授、上海中信信息发展股份有限公司大数据科学家陈瑶。

这篇研究方案虽然还谈不上完美，但希望能先开一个头，为新一代的数字治理学子们提供一个相对完整和规范的示范样本。从发表这篇研究方案开始，本刊将正式欢迎研究生提交"研究设计"类型的稿件，并邀请国内外优秀学者进行评审和指导，从中择优发表，从而给仍处于学术生涯早期的数字治理学子们一个展现和交流的平台，以助力我国数字治理学术共同体的可持续发展。

征稿启事

《数字治理评论》（*Digital Governance Review*）由教育部人文社会科学重点研究基地中山大学中国公共管理研究中心和中山大学政治与公共事务管理学院创办，是一本致力于推动数字治理领域研究的学术性集刊，由社会科学文献出版社出版，每年出版两卷。

刊物将秉持精益求精的态度，对稿件实行专家匿名评审，以期将其办成具有学术品味和质量的中文刊物。刊物将追踪数字治理理论前沿，回应数字治理实践中面临的问题，倡导规范严谨的学术研究，提升数字治理的研究质量。

本刊每卷刊登10篇左右的论文，主题涉及电子政务、电子服务、网络参与/电子参与、大数据与公共治理、开放数据、社交媒体与公共治理、移动政务、智慧城市等。此外，还有书评栏目，以推介和探讨数字治理领域的最新研究成果。

投稿指引：

（1）稿件字数在12000字左右为宜。但论述重要问题的稿件可不受此限制。

（2）请勿一稿多投。如遇到版权问题，均遵照《中华人民共和国著作权法》及有关国际法规执行。

（3）投稿格式参照本刊稿件体例和已出刊物，并附上作者简介，包括作者真实姓名、职称、职务、工作单位、详细地址、联系电话和电子邮件。

(4) 稿件投出三个月后,如未收到回复,可自行处理稿件。

投稿邮箱：digital_governance@126.com

联系人：郑跃平（zheng_yueping@126.com）

《数字治理评论》编辑部

稿件体例

《数字治理评论》(*Digital Governance Review*)采用严格匿名评审制度,致力于为国内外所有有志于中国电子政务、数字治理等研究的人士构建平等的交流平台,营造一个温暖的精神家园。现不拘作者专业、身份与地域,以聚焦数字治理领域为征稿标准,以学术品质为用稿标准,向国内外学术界、实务界热忱征集言之有物、论之有据、符合学术规范、遵守学术道德的论文、书评等。

稿件具体要求如下。

一 稿件形式

以研究性论文为主,字数以 12000 字左右为宜。同时,欢迎理论综述、书评等。

二 格式要求

1. 全文采用 Microsoft Office 软件编排;如打印,请用 A4 纸输出。正文内容以五号宋体、单倍行距编排,页边距上、下、左、右均不小于 2.54 厘米。

2. 稿件首页包括:中文标题、作者有关信息,包括姓名、所在单位、通信地址、邮政编码、联系电话、电子邮件,以及 300 字以内的作者简介。

3. 稿件次页包括：中文标题、英文标题、中文摘要（300 字以内）及中文关键词（3~5 个）、英文摘要（300 字以内）及英文关键词（3~5 个）。如稿件获基金、项目资助，须注明（包括项目编号）。

4. 正文内各级标题处理如下：一级标题为"一、二、三……"，二级标题为"（一）、（二）、（三）……"，三级标题为"1、2、3……"，四级标题为"（1）、（2）、（3）……"。一、二、三级标题各独占一行，其中一级标题居中，二、三级标题缩进两个字符左对齐；四级及以下标题后加句号且与正文连排。

5. 统计表、统计图或其他示意图等，均用阿拉伯数字连续编号，后加冒号并注明图、表名称；<u>表号及表名须标注于表的上方，图号及图名须标注于图的下方，末尾不加标点符号</u>。例："表 1……"、"图 1……"等；如图（表）下有标注补充说明或资料来源，格式为先标注补充说明，再另起一段标注资料来源（后不加句点），具体为："注"须标注于图表的下方，以句号结尾；"资料来源"须标注于"注"的下方，并按"正文引用"格式标注文献。

例 1：

表 3　自变量与官民比的二元相关分析（2006）

变量	与官民比皮尔逊相关系数
县均人口	-0.553***

注：N = 29，不包括北京和西藏。***、**和*分别表示相关系数通过 0.01、0.05 和 0.10 水平的显著性检验。

资料来源：国家统计局（2007）

三　注释体例

本刊注释体例，主要依照 2001 年美国心理学会出版的 APA 手册（第五版），并结合中文语法结构与写作习惯而定。基本做法是：稿件中凡采用他人研究成果或引述，应在正文中采用括号注与文末列参考文献形式予以说明。以下将按照正文引用、正文注释、文末参考文献三部分加以具体说明。

（一）正文引用

1. 在引文后以圆括号注明作者名（中文名字标注名与姓，外文名字只标注姓）、出版年份及页码。如引文之前已出现作者名，则在名字后直接用圆括号注明出版年份与页码。

例2："……"（Waldo，1948：25-27）

例3：夏书章（2003：3）认为"……"。

2. 正文中括号注的具体规范为：被引用著作作者超过3位（包括3位），只列第一作者，中文文献后加"等"，英文文献后加"et al."；引用相同作者同一年份内不同文献，则按照文中出现先后顺序，在年份后标出小写英文字母顺序；引用论文集文献，直接注明作者姓名，不必另标出文集主编姓名。

3. 引用原文文字过长（一般为三行以上）时，须将整个引文单独成段，并左缩进两个字符。段落字体为5号楷体，不加引号。

（二）注释

不宜在正文中出现但需要进一步澄清、引申的文字，采用当页脚注，用①、②、③……标注，每页重新编号。

（三）参考文献

1. 列于正文后，并于正文中出现的括号注一致，同时按照中文、英文依次排列。

2. 中文、英文文献都按照作者姓名拼音从A到Z排列。与正文括号注不同，文末参考文献中所有作者必须全部列出。英文文献姓在前，名的首字母大写，著作与期刊名用斜体字。

例4：夏书章主编，2003，《行政管理学》，广州：中山大学出版社。

例5：周雪光，2005，《逆向软预算约束：一个政府行为的组织分析》，《中国社会科学》第2期。

例 6：杨瑞龙，1999，《"中间扩散"的制度变迁方式与地方政府的创新行为——江苏昆山自费经济技术开发区案例分析》，载张曙光主编《中国制度变迁的案例研究》（第二集），北京：中国财政经济出版社。

例 7：Wildavsky, A. 1980. *How to Limit Government Spending*. Los Angeles：University of California Press.

例 8：O'Brien, K. J. & Luehrmann, L. M. 1998. Institutionalizing Chinese Legislatures：Trade-offs between Autonomy and Capacity. *Legislative Studies Quarterly*, 23（1）：420 – 430.

例 9：O'Donnell, G. 1999. Horizontal Accountability in New Democracies. In Schedler, A., Diamond, L. & Plattner, M. Eds. *The Self-restraining State：Power and Accountability in New Democracies*. Boulder：Lynne Rienner Publishers.

3. 其他未公开发表文献按照作者、年份、题名、出处顺序标注。学位论文类文献按照作者、年份、题名、毕业大学顺序标注，并注明为未发表的学位论文。网络文献按照作者、年份、题名、访问网站名称、访问路径顺序标注。

例 10：张康之，2006，《超越官僚制：行政改革的方向》，人民网：http：∥theory.people.com.cn/GB/40764/55942/55945/4054675.html。

例 11：周子康，1991，《中国地方政府编制管理定量分析的研究》（会议论文），北京：东部地区公共行政组织第十四届大会。

四 权利与责任

（一）请勿一稿数投。

（二）凡涉及国内外版权问题，均遵照《中华人民共和国著作权法》及有关国际法规执行。

（三）本刊刊登文章，均加入网络系统。若无此意愿，请来稿时注明。

（四）投稿 3 个月内未收到刊用通知者，请自行处理。

（五）本刊热诚欢迎国内外学者将已出版的论著赠予本刊编辑部，备"书评"之用，以期建设学术批评的气氛；本刊也热诚欢迎国内外学者或机构将数字治理领域的重要学术信息及时通报我们，以期将《数字治理评论》建设成学术交流的平台。

图书在版编目(CIP)数据

数字治理评论.第3辑/郑跃平,郑磊主编.--北京:社会科学文献出版社,2020.4
ISBN 978-7-5201-5656-1

Ⅰ.①数… Ⅱ.①郑… ②郑… Ⅲ.①公共管理-数字化-研究 Ⅳ.①D035-0

中国版本图书馆CIP数据核字(2019)第222472号

数字治理评论 第3辑

主　　编 / 郑跃平　郑　磊

出 版 人 / 谢寿光
责任编辑 / 杨　阳

出　　版 / 社会科学文献出版社·群学出版分社(010)59366453
　　　　　　地址:北京市北三环中路甲29号院华龙大厦　邮编:100029
　　　　　　网址:www.ssap.com.cn
发　　行 / 市场营销中心(010)59367081　59367083
印　　装 / 三河市尚艺印装有限公司
规　　格 / 开　本:787mm×1092mm　1/16
　　　　　　印　张:15　字　数:215千字
版　　次 / 2020年4月第1版　2020年4月第1次印刷
书　　号 / ISBN 978-7-5201-5656-1
定　　价 / 98.00元

本书如有印装质量问题,请与读者服务中心(010-59367028)联系

版权所有 翻印必究